Soziale Kognition zur Einführung

Für Verena, Mathilde und Johann

Tobias Schlicht

Soziale Kognition zur Einführung

JUNIUS

Junius Verlag GmbH
Stresemannstraße 375
22761 Hamburg
www.junius-verlag.de

Umschlaggestaltung: Florian Zietz
Titelbild: © iStock.com/RichVintage
Satz: Junius Verlag GmbH
Printed in the EU 2018
ISBN 978-3-88506-810-5

Bibliografische Information der Deutschen Nationalbibliothek
Die Deutsche Nationalbibliothek verzeichnet diese Publikation in der Deutschen Nationalbibliografie; detaillierte bibliografische Daten sind im Internet über http://dnb.d-nb.de abrufbar.

Zur Einführung ...

... hat diese Taschenbuchreihe seit ihrer Gründung 1977 gedient. Zunächst als sozialistische Initiative gestartet, die philosophisches Wissen allgemein zugänglich machen und so den Marsch durch die Institutionen theoretisch ausrüsten sollte, wurden die Bände in den achtziger Jahren zu einem verlässlichen Leitfaden durch das Labyrinth der neuen Unübersichtlichkeit. Mit der Kombination von Wissensvermittlung und kritischer Analyse haben die Junius-Bände stilbildend gewirkt.

Seit den neunziger Jahren reformierten sich Teile der Geisteswissenschaften als Kulturwissenschaften und brachten neue Fächer und Schwerpunkte wie Medienwissenschaften, Wissenschaftsgeschichte oder Bildwissenschaften hervor. Auch im Verhältnis zu den Naturwissenschaften sahen sich die traditionellen Kernfächer der Geisteswissenschaften neuen Herausforderungen ausgesetzt. Diesen Veränderungen trug eine Neuausrichtung der Junius-Reihe Rechnung, die seit 2003 von der verstorbenen Cornelia Vismann und zwei der Unterzeichnenden (M.H. und D.T.) verantwortet wurde.

Ein Jahrzehnt später erweisen sich die Kulturwissenschaften eher als notwendige Erweiterung denn als Neubegründung der Geisteswissenschaften. In den Fokus sind neue, nicht zuletzt politik- und sozialwissenschaftliche Fragen gerückt, die sich produktiv mit den geistes- und kulturwissenschaftlichen Problemstellungen vermengt haben. So scheint eine erneute Inventur der Reihe sinnvoll, deren Aufgabe unverändert darin besteht, kompetent und anschaulich zu vermitteln, was kritisches Denken und Forschen jenseits naturwissenschaftlicher Zugänge heute zu leisten vermag.

Zur Einführung ist für Leute geschrieben, denen daran gelegen ist, sich über bekannte und manchmal weniger bekannte Autor(inn)en und Themen zu orientieren. Sie wollen klassische Fragen in neuem Licht und neue Forschungsfelder in gültiger Form dargestellt sehen.

Zur Einführung ist von Leuten geschrieben, die nicht nur einen souveränen Überblick geben, sondern ihren eigenen Standpunkt markieren. Vermittlung heißt nicht Verwässerung, Repräsentativität nicht Vollständigkeit. Die Autorinnen und Autoren der Reihe haben eine eigene Perspektive auf ihren Gegenstand, und ihre Handschrift ist in den einzelnen Bänden deutlich erkennbar.

Zur Einführung ist in der Hinsicht traditionell, dass es den Stärken des gedruckten Buchs – die Darstellung baut auf Übersichtlichkeit, Sorgfalt und reflexive Distanz, das Medium auf Handhabbarkeit und Haltbarkeit – auch in Zeiten liquider Netzpublikationen vertraut.

Zur Einführung bleibt seinem ursprünglichen Konzept treu, indem es die Zirkulation von Ideen, Erkenntnissen und Wissen befördert.

Michael Hagner
Ina Kerner
Dieter Thomä

Inhalt

Anhang

1. Einleitung: Die Wissenschaften vom Gedankenlesen

Der junge Zauberlehrling Harry Potter wird eines Tages zu seinem Lehrer Professor Snape gerufen, weil dieser ihn in der magischen Kunst der Okklumentik unterweisen soll, der Kunst, den eigenen Geist gegen magisches Eindringen und Beeinflussung von außen zu schützen (Rowling 2003: 574–76). Denn Harrys verschlagener Gegenspieler in den Romanen von J.K. Rowlings Bestsellerreihe, Lord Voldemort, sei »hervorragend in Legilimentik«. Was nun das wieder sei, möchte Harry wissen. »Das ist die Fähigkeit, Gefühle und Erinnerungen aus dem Kopf einer anderen Person herauszuziehen«, erwidert Snape. – »Er kann Gedanken lesen?«, fragt Harry verängstigt. Aber Snape weist ihn zurecht: »Der Kopf ist kein Buch, das man willentlich aufschlagen und nach Belieben studieren kann. Gedanken sind nicht innen in den Schädel eingraviert, auf dass sie von einem Eindringling gelesen werden könnten.« Wer jedoch die Legilimentik beherrsche, doziert Snape, »ist unter gewissen Voraussetzungen in der Lage, in die Köpfe seiner Opfer einzutauchen und das, was er vorfindet, richtig zu deuten.«

In gewisser Weise handelt dieses Buch ebenfalls von der magischen Kunst der Legilimentik. Allerdings betrachten wir das Gedankenlesen als eine alltägliche Fähigkeit, die wir Menschen alle mehr oder weniger gut beherrschen. Denn zwar scheinen unsere Gedanken, Gefühle, Absichten usw. in unseren Köpfen verborgen zu sein, insofern wir sie jeweils nur selbst *erleben* oder *haben* können; wir glauben aber gleichwohl oft sehr gut zu *wissen*, was Andere denken, fühlen oder beabsichtigen. Was ist erforderlich, um auf diese Phänomene in den Köpfen Anderer zugreifen zu können? Auf welchen Wegen gelangen wir zu diesem Wissen? Von der Untersuchung dieser Strategien unter dem Titel der sozialen Kognition handelt diese Einführung.

Zentraler Bestandteil der »Legilimentik« ist unsere Fähigkeit, das Verhalten Anderer sowie unser eigenes anhand der Selbst- und Fremdzuschreibung von Überzeugungen, Gefühlen, Wünschen und Absichten zu erklären, zu antizipieren oder sich zu vergegenwärtigen. Philosophen und Psychologen verwenden für diese Fähigkeit zahlreiche verschiedene Bezeichnungen, u.a. den nicht minder mysteriösen Ausdruck »Mindreading«, also Gedankenlesen. Shaun Nichols und Stephen Stich benennen in ihrem gleichnamigen Buch sowohl die Assoziation zu Mystik und Telepathie als auch ihre Ehrfurcht vor dieser rätselhaften Fähigkeit, die unseren Alltag so grundlegend bestimmt (Nichols & Stich 2003: 2). Das Gedankenlesen hat in der Tat etwas Magisches, vor allem solange die geistigen Phänomene, die zugeschrieben werden, den Schleier des Mysteriösen selbst noch nicht vollständig abgelegt haben. Denn die zeitgenössische Philosophie des Geistes hat keineswegs aufgezeigt, inwiefern diese mentalen Zustände und psychischen Akte als natürliche, physikalisch beschreibbare Phänomene, z.B. als Gehirnvorgänge, aufgefasst werden können (vgl. Liptow 2013, Newen 2013). Dazu mehr in Abschnitt 1.3.

Aber je nach Kontext und Diskurs findet man in der Literatur auch die Bezeichnungen »Theorie des Geistes« (*theory of mind*), »Alltagspsychologie« (*folk psychology*), »Fremdverstehen« (*understanding others*) und »Mentalisierung« (*mentalizing*). Als *All-*

tagspsychologie bezeichnen Philosophen und Psychologen unser naives intuitives Verständnis des Mentalen, losgelöst von der wissenschaftlichen Disziplin der Psychologie. Untersucht man die Alltagspsychologie, so geht es darum, wie wir das Verhalten Anderer verstehen und vorhersagen. Antwort: häufig durch unsere Praxis, ihnen Kombinationen mentaler Zustände wie Überzeugungen und Wünsche zuzuschreiben. Sobald Kinder dazu explizit in der Lage sind, spricht man häufig davon, sie verfügten über eine *Theorie des Geistes*. Gemeint ist damit, dass sie das Verhalten Anderer als *durch* deren mentale Zustände (nicht durch deren äußeres Verhalten) verursacht verstehen. Zunächst ist es unbedenklich, diese Ausdrücke synonym zu verwenden, auch wenn sie unterschiedliche, teils ungewollte, Assoziationen wecken. Etwas unglücklich ist z.B., dass *Theorie des Geistes* oft nicht nur die Thematik selbst, sondern bereits eine konkrete Position zur Natur der sozialen Kognition benennt (nämlich die Theorie-Theorie, siehe Kapitel 2). Um solche Zweideutigkeiten zu vermeiden, verwende ich zur Benennung der Thematik meistens die Ausdrücke »soziale Kognition« oder »Fremdverstehen«, seltener auch »Gedankenlesen«.

»Soziale Kognition« bietet sich als neutraler Ausdruck an, auch weil er nicht derartige Verwirrung stiftet. Soziale Kognition umfasst allerdings weit mehr, als in diesem Buch besprochen werden kann. Sie umfasst z.B. weit mehr als bloß das Phänomen des Gedankenlesens oder die Zuschreibungspraxis psychischer Zustände zur Verhaltenserklärung. In der Sozialpsychologie bezeichnet der Begriff z.B. außerdem eine Bewegung, die insbesondere in den 1970er Jahren mithilfe der Methoden, Theorien und Techniken der kognitiven Psychologie sozialpsychologische Phänomene wie etwa die kognitive Dissonanz, Stereotypisierung, Selbstwissen und Selbsttäuschung sowie andere Themen untersuchte (siehe Fiske & Taylor 1991, 2017). Das kann hier nicht alles besprochen werden. Im Fokus steht die Frage, mit welchen Strategien wir die mentalen Zustände Anderer verstehen. Die Forschung der letzten fünfzig Jahre konzentrierte sich zunächst sehr stark auf die alltagspsychologische Erklärung und Vorhersage des Verhaltens, während die jüngere Forschung zunehmend andere Dimensionen sozialer Kognition in den Blick nimmt, die zwar ebenfalls mit unserem Verstehen mentaler Zustände zu tun haben, aber losgelöst vom Ziel der Verhaltenserklärung. Zur sozialen Kognition gehört allerdings auch der Phänomenbereich der Empathie – Phänomenbereich deshalb, weil der Ausdruck mittlerweile eine ganze Reihe verschiedener Phänomene von der emotionalen Ansteckung bis hin zum Mitgefühl (Batson 2009) bezeichnet, was zu einer gewissen begrifflichen Unschärfe und Unübersichtlichkeit in den Debatten geführt hat. Wie sich zeigen wird, fällt daher die Antwort auf die Frage, wie wir die mentalen Zustände Anderer verstehen, sehr komplex aus und bedarf der Erörterung nicht nur philosophischer Theorien, sondern auch der Deutung zahlreicher empirischer Befunde aus entwicklungspsychologischen und neurowissenschaftlichen Experimenten und Untersuchungen.

1.1 Homo socialis

Soziale Kognition ist ein universales und alltägliches Phänomen. Sie ist unausweichlich, weil wir uns gar nicht gegen sie entscheiden können. In unserem Alltag sind wir ständig von Menschen umgeben. Unser Zusammenleben setzt soziale Kognition voraus. Der Mensch ist auch nicht nur in einer Hinsicht, sondern in vielerlei Hinsicht ein zutiefst soziales Wesen. Das haben Philosophen spätestens seit Platon und Aristoteles immer wieder betont. Auch wenn andere Tiere ebenfalls Gemeinschaften bilden, bei der Jagd kooperieren und soziale Hierarchien kennen, so verfolgen sie dabei doch weitestgehend egoistische Ziele der Bedürfnisbefriedigung. Der Mensch hingegen bildet nicht nur politische und religiös motivierte Gemeinschaften, er kennt auch Wissenschaft sowie die diversen kollektiven Manifestationen von Sport und Kunst. Insbesondere im scheinbar biologisch fundierten Drang nach Kooperation sehen viele Forscher eine genuin menschliche Fähigkeit (Tomasello 2010). Damit verbunden ist Michael Tomasello zufolge auch die offenbar angeborene Neigung zu altruistischem Verhalten, das insbesondere Kleinkinder bedingungslos an den Tag legen. Menschen engagieren sich zudem gemeinnützig und ehrenamtlich in vielfältigen sozialen Gemeinschaften, spenden für wohltätige Zwecke und riskieren für Andere auch ihr Leben. Viele dieser Aspekte menschlichen Zusammenlebens werden ermöglicht und unterstützt durch die Sprache, die den Menschen ebenfalls wesentlich auszeichnet, aber auch ganz entscheidend durch Empathie und andere Formen sozialer Kognition, um die es hier geht.

Denn die Formen kollektiver Intentionalität, seien sie kooperativer oder kompetitiver Natur, sowie altruistisches Verhalten setzen die Fähigkeit voraus, sich in den Anderen hineinzuversetzen. Die geistigen Einstellungen Anderer zu verstehen und darüber nachzudenken ist erforderlich, um ihr Verhalten zu erklären und zu prognostizieren, um Interaktion zu koordinieren, Verabredungen zu treffen, Pläne zu schmieden oder sie, wie in politischen Kontexten, für sich und die eigene Position einzunehmen, sie zu täuschen oder zu manipulieren. Zu erkennen, was im Kopf eines Anderen vorgeht, welche Meinungen, Wünsche, Absichten und Gefühle jemand hat, bildet das Herzstück menschlicher Gesellschaften. Neuere Studien legen nahe, dass nicht nur Erwachsene, sondern bereits wenige Monate alte Säuglinge unwillkürlich die Perspektive einer anwesenden Person (z.B.

ihre Blickrichtung) berücksichtigen, selbst wenn dies die gegenwärtige Situation nicht erzwingt (Kovács et al. 2010). Wir machen uns ständig Gedanken darüber, warum Menschen dies oder jenes tun, wie es ihnen geht, was sie wünschen oder beabsichtigen, wodurch sie motiviert sind, was sie vom Handeln abhält usw. Diese Fähigkeit macht uns alle gleichsam zu Psychologen, zu ›Alltagspsychologen‹, die sich das Verhalten Anderer verständlich machen, indem sie ihnen Meinungen, Wünsche und andere geistige Einstellungen zuschreiben. Eine kurze E-Mail genügt und ich kann erfolgreich voraussagen, dass mein Freund mich zwei Wochen später im Flughafenterminal am anderen Ende der Welt erwartet, weil ich davon ausgehe, dass er gewisse Dinge *glaubt* und andere *beabsichtigt* sowie einige Meinungen über meine Absichten und Überzeugungen hegt. Mein Sohn öffnet die Kühlschranktür wohl, weil er etwas zu essen oder zu trinken *wünscht* und weil er *glaubt*, dort fündig zu werden. Meine Tochter betritt freudestrahlend das Zimmer. Vielleicht, weil sie *stolz* auf etwas ist oder einfach nur weil sie *erfreut* ist, mich zu sehen und mir etwas erzählen *möchte*? Auch unser eigenes Verhalten können wir so auf Nachfrage plausibilisieren oder rechtfertigen: »Aber ich *wollte* doch nur ...« – Wir sind oft davon überzeugt, dass solche Erklärungsversuche erfolgreich sind. Gleichwohl sind wir dabei nicht vor Fehleinschätzungen und Missverständnissen gefeit. Steven Pinker (1994: 94) illustriert dies mit einem amüsanten Beispiel: Sagt ein Mann zum anderen: »Ich habe vor unserer Hochzeit nicht mit meiner Frau geschlafen. Du etwa?« – Sagt der andere Mann: »Keine Ahnung. Wie hieß sie denn mit Mädchennamen?« – In diesem Dialog, bei dem nicht klar ist, ob es ein Missverständnis ist oder ob der zweite Mann sich lustig macht, spielen eine Reihe von Annahmen über die kommunikativen Absichten und Gedanken der beiden Männer eine Rolle (insbesondere die Ambiguität der Referenz des Ausdrucks »meine Frau«

ist natürlich wichtig, aber auch die Frage, ob der zweite Mann den ersten auf den Arm nehmen will oder ob er es ernst meint usw.). Unsere Annahmen über die hinter den Aussagen der Männer liegenden und sie leitenden Motive füllen die Lücken und eliminieren im Bestfall Mehrdeutigkeiten im Gesagten. Auch das ist ein Anlass sozialer Kognition.

Neben solchen Erklärungen können wir Verhaltensweisen mithilfe dieser Zustände antizipieren und vorhersagen, aber auch *regulieren* (McGeer 2007). Wir setzen unserem eigenen Verhalten sowie dem Anderer mithilfe unseres alltagspsychologischen Wissens Grenzen, insbesondere rationaler Art. Der Lernprozess, die Gefühle, Absichten und Gedanken Anderer zu verstehen geht einher mit der Fähigkeit, die eigenen Gefühle, Absichten und Gedanken Anderen transparent zu machen, d.h. sich verständlich zu machen. Die gegenseitige Zuschreibungspraxis in der unvermeidlichen sozialen Interaktion führt unweigerlich dazu, dass man sein eigenes Verhalten bestimmten rationalen Normen unterwirft und anpasst, weil man merkt, dass die Unterstellung einer bestimmten Überzeugung auch gewisse Verpflichtungen mit sich bringt. Nicht nur das Beherrschen alltagspsychologischer Prinzipien reguliert unser Verhalten; auch unsere Persönlichkeit, unser Selbstverständnis und unsere sozialen Rollen können zu Stereotypisierungen führen (»Sie ist eine Karrierefrau«, »Er kommt eben aus Bayern«, »Ich stehe hier und kann nicht anders«), die Anderen jeweils unser Verhalten, unsere Motive und unseren Geist offenlegen. Insofern hier nicht ständig explizite Zuschreibungen spezifischer mentaler Zustände erforderlich sind, um Andere zu verstehen, weil der Kontext und unsere Kenntnis der jeweiligen Person einen Teil der kognitiven Arbeit für uns verrichten, macht sich unser alltagspsychologisches Wissen in manchen Fällen gewissermaßen entbehrlich.

1.2 Ein interdisziplinäres Projekt

Wenn wir von sozialer Kognition sprechen, von welcher anderen Form von Kognition ist sie dann unterschieden? Kognitive Systeme zeichnen sich im Gegensatz zu unbelebten Gegenständen und Automaten dadurch aus, dass sie auf Umweltreize in flexibler Weise reagieren können, statt bloß starre Verhaltensweisen an den Tag zu legen. Diese Flexibilität verdanken wir, so eine gängige Annahme der Philosophie des Geistes und der Kognitionspsychologie, interner Informationsverarbeitung. Die soziale Kognition nun unterscheidet sich von der nicht-sozialen Kognition durch die Art der Information, die verarbeitet wird. Wie schon erwähnt, sind wir in unserem Alltag ständig von anderen Menschen umgeben. Aber eben nicht nur. Die unbelebten Naturobjekte und Artefakte unterscheiden sich grundsätzlich von Menschen und anderen Tieren. Wenn wir nun unsere Interaktion mit der Natur betrachten, so ist die von dem Sozialpsychologen Fritz Heider vorgeschlagene Unterscheidung zwischen nicht-sozialer »Dingwahrnehmung« und sozialer »Personenwahrnehmung« hilfreich (Heider 1958: 33). Personen nehmen wir Heider zufolge als »Handlungszentren« wahr, die »uns absichtlich nutzen oder uns schaden« können. Als Personen gelten hier allgemein Wesen, die eine subjektive Innenperspektive aufweisen und die Welt von einem individuellen Standpunkt aus erleben. In der physikalischen Natur orientieren wir uns mittels eines intuitiven Wissens über die Naturgesetze, welches es uns ermöglicht, das Verhalten unbelebter Gegenstände mit hoher Zuverlässigkeit vorherzusagen, wenn wir sie z.B. fallen lassen oder in anderer Form manipulieren. Insofern Personen allerdings selbst Handlungszentren sind, fällt uns die Vorhersage ihrer Verhaltensweisen ungleich schwerer; wir müssen dazu, wie Heider (1958: 13) sich ausdrückt, das »nicht- oder halbformulierte Wissen über zwischenmenschliche Beziehungen benutzen, wie es sich in unserer Alltagssprache und Alltagserfahrung ausdrückt«. Heider nennt dies »common-sense-Psychologie oder naive Psychologie«. Soziale Kognition im hier verwendeten Sinn betrifft demnach diejenigen informationsverarbeitenden Prozesse, die unserer Interaktion und Kommunikation mit anderen Menschen zugrunde liegen und sie mitunter auch leiten bzw. regulieren. Aufgrund der Komplexität der sozialen Beziehungen und der Vielfalt mentaler Zustände bei uns und anderen Personen ist die soziale Informationsverarbeitung für uns Menschen eine ungleich anspruchsvollere Aufgabe als die Informationsverarbeitung physikalischer Gegenstände. Dieser Band beschränkt sich somit auf eine der Kernfragen in derPhilosophie des Geistes und der Kognitionswissenschaft: *Wie führen Menschen ihre kognitive Fähigkeit aus, Informationen über andere Menschen und soziale Situationen zu verarbeiten, zu speichern, abzurufen und anzuwenden?*

Die sich daran anknüpfenden Fragen bezüglich der sozialen Kognition sind philosophischer, psychologischer und neurowissenschaftlicher Natur: Wie sollten wir die kognitiven Prozesse, die unserem Verstehen der geistigen Einstellungen anderer Personen zugrunde liegen, adäquat charakterisieren? Wie werden dabei mentale Zustände als solche konzipiert? Welche Rolle spielt unser Körper sowohl für die Konstitution der geistigen Zustände selbst als auch für unser Verstehen bzw. die Zuschreibung dieser Zustände? Andere Fragen in diesem Kontext betreffen Entwicklung und Ursprung der kognitiven Fähigkeit: Wie stellt sich die kognitive Entwicklung vom Kleinkind bis zum Erwachsenen im Hinblick auf die soziale Kognition dar? Gibt es typische Abläufe, eine allmähliche Entwicklung oder Brüche und grundlegende Wandlungen im Verstehen Anderer? Welche pathologischen oder sonst auffälligen Abweichungen von der typischen Entwicklung – etwa Autismus oder Schizophrenie – gibt es und worin bestehen die Ursachen für solche Abweichungen? Ein besseres Verständnis der Prozesse und Mechanismen der sozialen Kognition verhilft uns auch zu einem tieferen Verständnis dieser Einschränkungen im Fall von Autismus und Schizophrenie und unterstützt die Suche nach möglichen Therapiemaßnahmen und Unterstützungsangeboten für Betroffene. Angenommen, die Ursache aller mentalen Zustände liegt im Gehirn, so stellt sich die Frage, welche neuronalen Prozesse und Mechanismen für soziale Kognition – sowie folglich für Autismus und Schizophrenie – verantwortlich sind. Werden wir mit einem spezifischen neuronalen Mechanismus für soziale Kognition geboren oder gelingt uns das Verstehen anderer Personen mithilfe allgemeiner Lernmechanismen, die für andere kognitive Zwecke ebenso nützlich sind? Dies sind nur einige wenige der vielen spannenden Fragen, die derzeit untersucht werden und mehr oder weniger ausführlich in diesem Band zur Sprache kommen.

Insofern dieses Thema also an der Schnittstelle von Philosophie und empirischen Kognitionswissenschaften liegt, ist es nicht nur höchst spannend, sondern auch höchst komplex. Denn die zwangsläufige Interdisziplinarität impliziert nicht, dass die unterschiedlichen Wissenschaften Beiträge zu denselben Fragen liefern. Zwangsläufig sind die Fragen der Psychologen andere als die der Philosophen und der Neurowissenschaftler. Philosophen konzentrieren sich auf Natur und Ursprung der sozialen Kognition, während Psychologen sehr an der Entwicklung dieser Fähigkeit interessiert sind und Neurowissenschaftler die Grundlagen der sozialen Kognition im Gehirn erforschen. Eine Einführung in die soziale Kognition muss versuchen, dieser Komplexität gerecht zu werden. Daher kann sich die erörternde Darstellung nicht allein auf philosophische Aspekte dieses Themas konzentrieren, auch wenn die philosophische Theoriebildung der Schwerpunkt sein soll; vielmehr muss sie die Wechselwirkungen, theoretischen Argumentationen und empirischen Befunde in einer kohärenten und integrierten Überschau zu erfassen versuchen. Denn letztlich soll, so der Anspruch der Philosophen, die Theorie mit den am besten belegten empirischen Entdeckungen kompatibel sein und stabile erhobene Daten über die kognitive Entwicklung adäquat erklären können. Diese interdisziplinäre Komplexität hat den Vorteil, dass dieser Band hoffentlich für Forscher aller beteiligten Disziplinen von Interesse ist. Sie hat aber außerdem die Konsequenz, dass hier keine endgültigen Antworten auf die oben formulierten Fragen gegeben werden. Das Ziel des Bandes ist ein orientierender Überblick über das vielfältige und spannende Forschungsfeld der sozialen Kognition, der Anlass zu tiefergehender Lektüre bieten möchte.

1.3 Mentale Zustände: Intentionalität und Phänomenalität

Bei der sozialen Kognition geht es also um unser Wissen über den Geist, oder, um diese verdinglichende Redeweise zu vermeiden, um unser Wissen über geistige Fähigkeiten, Episoden und Zustände bei uns selbst und Anderen. Paradigmatische geistige Vorgänge und Zustände sind Gedanken, Empfindungen und Gefühle, Überzeugungen, Wünsche und Absichten. Ein Alltagspsychologe zu sein umfasst die Fähigkeit bzw. Praxis, sich das Verhalten anderer Menschen durch die Zuschreibung solcher geistigen Zustände verständlich zu machen und vorherzusagen. Wenn man also klären will, was es eigentlich heißt, ein Alltagspsychologe zu sein, bzw. aufklären möchte, was Alltagspsychologen eigentlich machen, dann setzt das bestimmte Annahmen darüber voraus, was mentale Zustände sind, was also eine Überzeugung, ein Wunsch oder ein Gefühl ist. Daher werden sich theoretische Ansätze zur Natur der sozialen Kognition auch abhängig davon unterscheiden, welche Auffassungen über mentale Zustände sie jeweils zugrunde legen.

Wie fast alle philosophischen Ausdrücke hat auch der Ausdruck »mentaler Zustand« keine klare Definition. Der Versuch, alle mentalen Phänomene durch ein einziges Merkmal auszuzeichnen, ist notorisch schwierig (Rorty 1981: 27 ff.). Die *intentionalen* und *phänomenalen* Eigenschaften mentaler Zustände werden jedoch gemeinhin als zentral für viele geistige Phänomene anerkannt. Was ist damit gemeint? Gemäß einer weit verbreiteten Ansicht in der Philosophie des Geistes sind Phänomene wie Wahrnehmungen und Überzeugungen dadurch gekennzeichnet, dass sie einen Inhalt haben bzw. (intentional) auf etwas gerichtet sind. Franz Brentanos (1874) Analyse folgend sind sie »intentional«, insofern sie die Welt als in bestimmter Weise beschaffen vorstellen. Zutreffende Überzeugungen richten sich auf Tatsachen, falsche Überzeugungen stellen die Welt anders vor, als sie tatsächlich beschaffen ist (Crane 2001). Auch Wahrnehmungen scheinen analog zu Überzeugungen die Welt als so-und-so beschaffen zu präsentieren (Searle 2015), auch wenn dies von einigen Philosophen bestritten wird (Byrne & Logue 2009). Unstrittig ist, dass *viele* geistige Phänomene in dieser Weise auf etwas gerichtet sind; strittig ist, ob tatsächlich *alle* geistigen Phänomene intentional sind. Eine weit verbreitete Theorie stellt sie als *Repräsentationen* mit einem intentionalen Gehalt und Erfüllungsbedingungen vor (Searle 1983, Siegel 2011). Von zentraler Bedeutung für unseren Kontext sind die sogenannten propositionalen Einstellungen wie z.B. Überzeugungen oder Wünsche. Sie können in der Regel mithilfe eines *dass-Satzes* ausgedrückt und sich selbst oder Anderen zugeschrieben werden. Daniela rennt, weil sie *meint, dass* das Geschäft bald schließt, Mathilde trainiert, weil sie sich *wünscht, dass* sie den Wettbewerb gewinnt. Mathilde mag auch *hoffen*, dass sie den Wettbewerb gewinnt, Danicla könnte *befürchten*, dass das Geschäft schließt. Propositionale Einstellungen bestehen aus einer *Einstellung*, d.h. einem mentalen Akt des Meinens, Wünschens, Hoffens, Befürchtens usw., sowie aus einem repräsentationalen Gehalt, auf den sich dieser Akt richtet. Der propositionale Gehalt (etwa *dass das Geschäft schließt*) steht für dasjenige, was der mentale Zustand repräsentiert, sei es eine Tatsache in der Welt oder eine fiktive Situation. Die vielleicht einflussreichste Theorie in der Philosophie des Geistes und den Kognitionswissenschaften ist die Repräsentationale Theorie des Geistes (Field 1978, Fodor 1978), der zufolge propositionale Einstellungen durch neuronale Vehikel (Prozesse, Mechanismen) in unserem Gehirn implementiert sein sollen. Der Gehalt dieser Repräsentationen ist die Proposition, z.B. *dass das Geschäft schließt.* Diese unterschiedlichen Repräsentationen sollen untereinander und mit der Umwelt über Input- und Output-Beziehungen interagieren. Einige philosophische Theorien der sozialen Kognition, z.B. die in Kapitel 2 vorgestellte Theorie-Theorie, basieren auf diesen Annahmen; andere wiederum, z.B. die in Kapitel 5 diskutierte enaktivistische Interaktionstheorie, stellen diese gesamte repräsentationalistische Konzeption mentaler Zustände infrage.

Das zweite hervorstechende Merkmal geistiger Phänomene besteht in ihrer Phänomenalität. Wahrnehmungszustände sowie Empfindungen weisen einen phänomenalen Aspekt auf, insofern es für uns immer irgendwie ist, sie bewusst zu erleben (Nagel 1974). Ein stechender Zahnschmerz fühlt sich für mich anders an als der erfrischende Schluck Wasser in der prallen Mittagshitze oder der ohrenbetäubende Lärm schreiender Kinder auf dem Spielplatz. Diesen Erlebnissen ist gemeinsam, dass sie sich *mir* auf eine spezifische Weise präsentieren. Ob sie auf etwas gerichtet sein oder etwas repräsentieren müssen, um diese Phänomenalität aufzuweisen, ist hier nicht entscheidend. Die unterschiedlichen Qualitäten von Empfindungen sind Gegenstand kontroverser Debatten, insbesondere hinsichtlich der möglichen Hindernisse, die sie für eine naturalistische Auffassung des bewussten Erlebens darstellen (Chalmers 1996). Sie werden in diesem Buch keine große Rolle spielen (siehe Liptow 2013).

Dennoch werfen diese beiden Eigenschaften geistiger Phänomene – Intentionalität und Phänomenalität – in philosophischer Hinsicht sowohl metaphysische als auch erkenntnistheoretische Fragen auf. Die zentrale *metaphysische* Frage lautet: Was sind diese Zustände genau? Sind sie z.B. Gehirnvorgänge und -zustände? Oder sind sie Zustände und Vorgänge einer anderen, womöglich nicht-physischen Art? Wie passen Phänomene mit diesen Eigenschaften in eine Welt, die wir fundamental als physikalisch beschaffen und mit den Mitteln der Naturwissenschaften erklärbar auffassen? Diese Fragen fasst man gewöhnlich unter dem Stichwort »Leib-Seele-Problem« zusammen, denn sie betreffen die Natur des Geistes und das Verhältnis der geistigen Zustände zu den im weitesten Sinne physikalischen Vorgängen der Natur. Diese metaphysischen Fragen bezüglich des Leib-Seele-Problems können in diesem Einführungsband größtenteils ausgespart werden (vgl. dazu Schlicht 2007). Wir setzen für die Zwecke dieses Bandes eine Form des Naturalismus voraus, dem zufolge geistige Phänomene Teil der Natur sind.

Die zentrale *erkenntnistheoretische* Frage lautet: Wie erlangen wir Wissen über geistige Zustände und Vorgänge? Die Fragen nach Möglichkeit, Ursprung und Strategien unseres Verstehens geistiger Zustände stellt sich sowohl in Bezug auf uns selbst – das ist das Problem des Selbstwissens – als auch in Bezug auf Andere – das ist das Problem des Fremdwissens, in dessen Kontext die Thematik der sozialen Kognition angesiedelt ist. In welchem Verhältnis stehen Selbstwissen und Fremdwissen zueinander? Gibt es eine Asymmetrie bezüglich unseres Zugangs zu diesen Zuständen und unserer epistemischen Autorität hinsichtlich entsprechender Überzeugungen darüber? Zwangsläufig kann jeder nur seine eigenen Empfindungen und Gedanken selbst *erleben*, nicht aber die Erlebnisse einer anderen Person. Das lässt allerdings die Frage offen, ob man etwas (und wenn ja was und wodurch) über die Empfindungen und Gedanken einer anderen Person wissen kann oder nicht. Denn es folgt nur dann, dass man überhaupt nichts über die geistigen Zustände Anderer wissen könne, wenn man die Annahme radikal bezweifelt, dass andere *überhaupt* geistbegabte Wesen sind. Dieser radikale Skeptizismus zieht sich auf die Position zurück, dass man lediglich Wissen über die Verhaltensweisen (oder Bewegungen) anderer Personen erlangen könne, daraus aber nicht mit Gewissheit ableiten könne, dass sie über geistige Zustände verfügten. Selbst Roboter oder (philosophische) Zombies (Chalmers 1996) könnten diese Verhaltensweisen an den Tag legen, ohne geistige Zustände mit intentionalen und/oder phänomenalen Eigenschaften zu haben.

Im Alltag sind wir allerdings selten Skeptiker dieser Art. Wir stellen uns höchst selten die Frage, *ob* ein anderer Mensch geistige Zustände hat oder nicht und *ob* wir irgendetwas darüber wissen können. Das generelle Problem des Fremdpsychischen (Avramides 2001) scheint ein rein theoretisches Problem zu sein, das die Rechtfertigung unserer faktischen Überzeugung betrifft, *dass* andere Menschen ebenfalls Gedanken, Gefühle, Absichten usw. haben. In diesem Zusammenhang ist interessant, dass wir dazu neigen, sogar mechanische und leblose Gegenstände zu personifizieren und als Wesen mit geistigen Zuständen zu behandeln. Man beschwert sich darüber, dass der Computer nicht *wisse*, wo die zuletzt vermeintlich gespeicherte Datei zu finden sei, oder dass das Auto nicht starten *wolle* usw. Ältere und abgelegene Kulturen verehrten und verehren beseelte Naturgewalten. Der Wind ist »verärgert«, die See »wütend«. Die Psychologen Fritz Heider und Marianne Simmel entwickelten bereits in den 1940er Jahren eine Filmanimation, in der geometrische Figuren – ein kleiner Kreis, ein kleines und ein großes Dreieck – sich auf dem Bildschirm hin und her bewegten (siehe Abbildung). Als sie Versuchspersonen baten, die Bewegungen der Figuren zu beschreiben, tendierten alle dazu, sie zu anthropomorphisieren, ihre Bewegungen als beabsichtigt und zielgerichtet zu beschreiben und mit Tätigkeitsverben sowie mithilfe mentaler Bezeichnungen für Empfindungen zu charakterisieren. So *jagte* z.B. das *bedrohliche* größere Dreieck den kleinen Kreis, der *verängstigt flüchtete*, während das kleinere Dreieck den Kreis zu retten *versuchte* (vgl. Helton 2017).

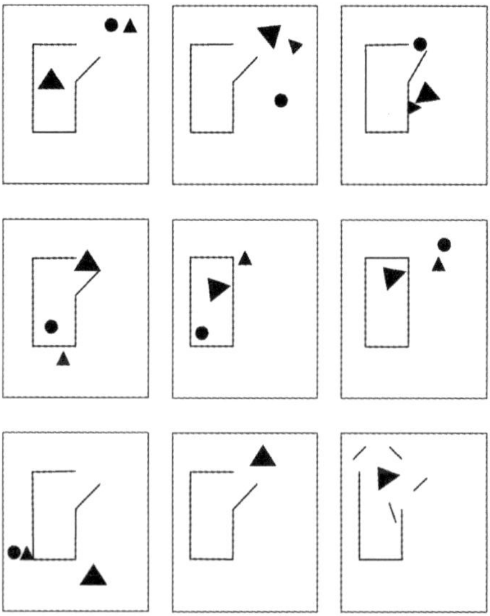

Abb. Heider & Simmel 1944

Der Skeptizismus bezüglich des Fremdpsychischen stellt ein erkenntnistheoretisches Problem dar, scheint aber in unserem Alltag keine Rolle zu spielen. Er ergibt sich vor allem für solche Positionen, die von einer strikten Trennung des Geistigen von Gehirn und Körper ausgehen, die wir hier nicht zugrunde legen. Alva Noë (2010) vermutet, dass unsere Festlegung auf die Existenz anderer geistbegabter Wesen überhaupt keine theoretische Annahme sei, sondern vielmehr eine Grundbedingung für die Art von Leben, die wir führen. Studien mit Neugeborenen und jungen Kindern legen die Vermutung nahe, dass wir nicht erst lernen müssen, *dass* Andere fühlen und denken, sondern schon von Geburt an unhinterfragt davon ausgehen (Trevarthen 1979). Mehr dazu in Kapitel 5. Auch hier lassen wir das skeptizistische Problem der *Existenz* des Fremdpsychischen beiseite und konzentrieren uns auf die Frage, *wie* wir ein Wissen über die geistigen Einstellungen Anderer erlangen. In diesem Buch geht es um die Strategien, Prozesse und Mechanismen, die uns Zugang zur fremden Psyche gewähren.

1.4 Kurzer Überblick über die Kapitel

Wie die Fähigkeiten, zusammengefasst unter den Stichworten des »Gedankenlesens« oder »Fremdverstehens« bzw. der »sozialen Kognition«, genau beschaffen sind und welche psychologischen Prozesse dabei genau ablaufen, sind Themen lebhafter interdisziplinärer Debatten. Das vorliegende Buch konzentriert sich auf diesen Aspekt der sozialen Natur des Menschen und möchte einen systematischen Überblick der theoretischen Ansätze liefern. Die Gliederung dieser Einführung orientiert sich grob an dem historischen Auftreten der derzeit meistdiskutierten Theorien: Dazu zählen die Hypothese, (1) dass wir wie Wissenschaftler Theorien über den Geist Anderer entwickeln und verändern (Kapitel 2), (2) dass wir mit angeborenen bereichsspezifischen Mechanismen ausgestattet sind, die sich im Lauf der Evolution ausgebildet haben (Kapitel 3), (3) dass wir Andere mithilfe unserer Einbildungskraft und bewussten Erfahrung gleichsam simulieren (Kapitel 4), sowie (4) dass wir oft die Emotionen, Absichten oder andere Einstellungen fremder Personen in konkreten sozialen Interaktionen unmittelbar wahrnehmen können, statt auf sie schließen zu müssen (Kapitel 5). Wir werden die jeweiligen theoretischen Ansätze exemplarisch und typologisch anhand der einflussreichsten Arbeiten ausgewählter Autoren untersuchen anstatt zu versuchen, allen Varianten der jeweiligen Positionen gerecht zu werden und einen vollständigen Überblick über die Literatur zu geben. Die Auswahl der erörterten Texte und Autorinnen und Autoren erfolgt jedoch nicht willkürlich, sondern spiegelt den Einfluss, den diese Theorien in der Debatte hatten und haben. Im Laufe der Diskussion der theoretischen Positionen kommen weitere wichtige Aspekte zur Sprache, die an dieser Stelle nur kurz genannt seien: Zum einen spielt der Beitrag der noch jungen Disziplin der sozialen Neurowissenschaft sowie speziell die bahnbrechende Entdeckung von Spiegelneuronen im Zusammenhang mit der Simulations-Theorie eine wichtige Rolle. Zum anderen müssen auch Störungen der sozialen Kognition und Interaktion angesprochen werden, insofern die Analyse solcher Störungen je nach Theorie unterschiedlich ausfällt.

2. Theorie-Theorien

Vor ziemlich genau vierzig Jahren warfen die Psychologen David Premack und Guy Woodruff (1978) die Frage auf, ob Schimpansen eine »Theorie des Denkens« (*theory of mind*) besitzen. Ihr Aufsatz wird häufig als Startschuss der heutigen Debatte über soziale Kognition angesehen. Allerdings wollten sie tatsächlich darauf hinaus, dass sowohl Schimpansen als auch Menschen beim Verstehen der geistigen Einstellungen Anderer auf eine Theorie zurückgreifen, auch wenn es eine implizite, also ihnen nicht bewusste Theorie sein sollte. Daher reservieren wir für die Zwecke dieses Bandes den Ausdruck ›Theorie des Geistes‹ für diese spezifische Position, die uns die erste Antwort auf die Frage liefert, wie soziale Kognition funktioniert. Das folgende Kapitel klärt, was damit eigentlich gemeint ist, und beginnt mit einigen Erläuterungen zu den philosophischen Grundlagen, denen sich eine Diskussion konkreter Versionen der Theorie-Theorie anschließt.

2.1 Anthropologische Science Fiction

Vom Behaviorismus zum Funktionalismus

Jede philosophische Theorie über unser Verständnis der geistigen Zustände anderer Personen impliziert eine spezifische Auffassung über die Natur dieser geistigen Zustände. Ein kurzer historischer Rückblick soll helfen, die heutigen Varianten der Theorie-Theorie zu motivieren und besser zu verstehen. Die Grundidee lässt sich zu den Arbeiten von Wilfrid Sellars zurückverfolgen (Sellars 1957/1999), dessen Philosophie außerdem als Inspirationsquelle für den Funktionalismus in der Philosophie des Geistes gilt (Putnam 1967). Aber sowohl die Theorie-Theorie als auch der Funktionalismus entstanden aus den ihnen unmittelbar vorausgehenden Konzeptionen des Geistigen, insbesondere dem Behaviorismus, eine in der ersten Hälfte des 20. Jahrhunderts sowohl in der Philosophie als auch in der Psychologie populäre Auffassung. Der Behaviorismus besagt, dass geistige Tätigkeiten Reizereignisse aus der Umwelt mit (motorischen) Reaktionen verknüpfen. Es regnet, also öffne ich den Regenschirm. Außer Assoziationen zwischen Reizen und Reaktionen kann man dieser Position zufolge nichts über geistige Phänomene sagen und wissen. Die bis dahin »offizielle Doktrin« (Ryle 1969: 7) des Dualismus schroff ablehnend, konzipierten Behavioristen geistige Phänomene nicht als innere Episoden, sondern als Verhaltensweisen bzw. -dispositionen (Watson 1913). Einige Philosophen verteidigten den Behaviorismus als logisch-sprachliche These über die *Bedeutung* der Ausdrücke für geistige Zustände wie z.B. »Schmerz«, »Wunsch«, »Überzeugung« usw. (Ryle 1969). Doch der Behaviorismus konnte nicht überzeugen. Man kann Schmerzen empfinden, ohne eine der damit assoziierten Verhaltensweisen zu zeigen, und ein Schauspieler kann diese Verhaltensweisen an den Tag legen, ohne Schmerzen zu empfinden. Außerdem treten mentale Zustände nicht isoliert auf. Wir beobachten einen Mann, der mit einem Regenschirm in der Hand das Haus verlässt. Er denkt offenbar, dass es regnet oder regnen wird. Selbst wenn er diesen *Gedanken* hegt, wird ihn das nur dann dazu bewegen, den Regenschirm mitzunehmen oder gar zu öffnen, wenn er zugleich auch *wünscht*, nicht nass zu werden, und *glaubt*, dass der Regenschirm ihn davor bewahrt. Jeder mentale Zustand ist Teil eines ganzen Netzwerks von geistigen Zuständen – Absichten, Überzeugungen, Wünschen. Und es gibt natürlich eine Reihe alternativer Erklärungen des Verhaltens dieses Mannes. Er könnte den Schirm als Mordwaffe verwenden oder verschenken wollen; er könnte ein Versprechen halten wollen, indem er den Schirm seiner rechtmäßigen Besitzerin zurückgibt usw. Es gibt also keine eindeutige Beziehung zwischen Reizen, spezifischen Verhaltensweisen und konkreten geistigen Einstellungen. Einige Verhaltenserklärungen mögen abwegiger sein als andere, besonders vor dem Hintergrund von Kontextwissen (über die Wettervorhersage etwa). Dieses Kontextwissen schreiben wir der Person ebenfalls zu und favorisieren diejenige Erklärung, die unter den Umständen die vernünftigste zu sein scheint, d.h. diejenige, die ihm genau die Gedanken zuschreibt, die er haben *sollte* (Dennett 1987). Aber mangels einer eindeutigen Beziehung scheint die Annahme plausibler, dass die geistigen Einstellungen vielmehr die *Ursachen* der Verhaltensweisen und -dispositionen sind, statt mit diesen identisch zu sein. Daraus ergibt sich die Annahme, dass wir über die Gedanken, Empfindungen und Gefühle Anderer etwas erfahren, indem wir berechtigte *Schlussfolgerungen* über die *inneren Ursachen* ihres Verhaltens anstellen.

Hier kommt Sellars ins Spiel, denn in einem Stück »anthropologischer Science Fiction« entwirft er den Mythos von Jones, einem genialen Mitglied einer prähistorischen Gemeinschaft von Behavioristen, den »Ryleianern«, die zwar noch nicht über mentale Phänomene sprechen, aber bereits über eine Sprache verfügen, Ausdrücke für die öffentlichen Gegenstände in ihrer Umwelt entwickelt haben sowie sogar von elementaren logischen Operatoren wie Negation, Konjunktion und Quantifizierung Gebrauch machen. Sellars (1957/1999: 81) fragt nun, welche Ressourcen zu dieser Sprache hinzutreten müssten, »um sie in die Lage zu versetzen, sowohl andere als auch sich selbst als Lebewesen zu erkennen, die *denken*, *beobachten*, *Gefühle* und *Empfindungen* haben, und zwar so, wie wir diese Ausdrücke gebrauchen« (Sellars 1957/1999: 82). Die entscheidenden Anreicherungen bestünden im semantischen und theoretischen Diskurs. Jones, der Held der Geschichte, bemerkt eines Tages, dass sich seine Mitmenschen auch dann intelligent verhalten, wenn keine offensichtlichen Äußerungen oder Verhaltensweisen beobachtet werden können, und entwickelt eine Theorie über das Sprachverhalten seiner Mitmenschen. Sellars fährt fort: »*Und nehmen wir an, dass ihm nichts anderes als das offene Sprachverhalten als Modell dieser Episoden dient*, die am Beginn jener Ereignisse stehen, die in offenem Sprachverhalten gipfeln ... *dann läuft die Theorie darauf hinaus, dass es sich bei offenem Sprachverhalten um die Kulmination eines Vorgangs handelt, der mit ›innerer Rede‹ beginnt.*« (Sellars 1957/1999: 93) Die inneren Äußerungen, die *Gedanken*, werden in Jones' Theorie zu den theoretischen Ursachen des Verhaltens. So gelingt es Jones, das Verhalten seiner Mitmenschen erfolgreich zu deuten und vorherzusagen; er bringt ihnen diese Strategie bei und merkt, dass er sie auch auf sich selbst anwenden kann. Er formuliert nicht nur den Satz »Johann denkt, dass p«, sondern auch die Selbstzuschreibung »Ich denke, dass p«, basierend auf analogen Beobachtungsdaten. Die Theorie behandelt die inneren Episoden so wie die Äußerungen als intentional sich auf etwas richtend, etwas bedeutend, und wird analog zu *allen* anderen möglichen Theorien betrachtet, d.h., sie ist offen für Weiterentwicklungen; die postulierten Episoden gelten als »theoretische Entitäten«. Es kann zunächst offenbleiben, woraus diese unbeobachtbaren inneren Entitäten (die Gedanken) bestehen, obwohl sich empirisch herausstellen könnte, dass sie physiologischer Natur sind. Sellars erklärt sogar, es spreche bereits jetzt einiges für die Annahme, »dass diese *Gedanken* mit bestimmten komplexen Ereignissen in unserer Großhirnrinde, deren Funktionsprinzip dem einer Rechenmaschine gleicht, ›identifiziert‹ werden müssen« (Sellars 1957/1999, 95).

Mit dieser originellen Spekulation über den Ursprung unserer Alltagspsychologie formuliert Sellars die Kernidee funktionalistischer Theorien, die Ausdrücke für mentale Zustände wie z.B. »Schmerz«, »Wunsch«, »Überzeugung« als Bezeichnungen für kausale Rollen bzw. Funktionen analysieren (daher »Funktionalismus«). Jeder einzelne mentale Zustand ist durch eine funktionale Rolle charakterisiert, die er in der mentalen Ökonomie einer Person spielt. Die Identität eines geistigen Zustands ergibt sich aus seinen Relationen zu Umweltbedingungen und -reizen, zu anderen inneren Zuständen und zu Verhaltensweisen. Eine Schmerzempfindung z.B. steht in kausalen Beziehungen zu sensorischen Ursachen (Verletzungen eines Körperteils etwa), zu Überzeugungen und Wünschen (die Schmerzempfindung und ihre Ursache betreffend) sowie zu bestimmten Verhaltensweisen wie Wehklagen. Diese später von Hilary Putnam (1967) entwickelte rein funktionale Analyse mentaler Zustände in der Debatte zum Leib-Seele-Problem hat den Vorteil, dass sie in ihrer Abstraktheit metaphysisch neutral ist, da sie keine Aussage über die physische Realisierung solcher Funktionen trifft. So könnten mentale Zustände letztlich Gehirnzustände sein, die entsprechende Funktionen erfüllen; sie könnten aber als funktionale Zustände auch anders realisiert sein. Diese Frage kann der Funktionalist zunächst offenlassen, denn worauf es seiner Meinung nach ankommt, ist die spezifische kausale Rolle, die der Zustand hinsichtlich des Verhaltens spielt (zur Charakterisierung verschiedener Spielarten des Funktionalismus vgl. Schröder 2004: 86–114). Auch bindet die funktionale Analyse mentale Zustände nicht an bestimmte Verhaltensweisen oder -dispositionen und vermeidet somit die Probleme des Behaviorismus. Schmerzempfindungen müssen nicht zwangsläufig in Wehklagen resultieren.

Die den Funktionalismus ergänzende Theorie darüber, wie sich die funktionalen Rollen mentaler Zustände angeben lassen, nennt man auch deshalb »Psychologie der Überzeugungen und Wünsche« (*belief-desire psychology*), weil sie sich in der Erklärung von Verhaltensweisen genau darauf beruft. Der alternative Ausdruck »Alltagspsychologie« betrachtet diese Vorgehensweise analog zu unserem basalen Wissen über allgemeine Gesetzmäßigkeiten, die das Verhalten physikalischer Objekte oder Lebewesen bestimmen, was man als »Alltagsphysik« (*folk physics*) und »Alltagsbiologie« (*folk biology*) bezeichnen könnte. Mit solchen Bezeichnungen bezieht man sich jeweils auf einen Korpus intuitiver Annahmen innerhalb dieser Bereiche, die sich von den jeweiligen Theorien der entsprechenden wissenschaftlichen Disziplinen Psychologie, Physik und Biologie unterscheiden, vor allem darin, dass sie häufig im Detail falsch sind, selbst wenn sie für viele praktische Zwecke hinreichend und nützlich sein mögen, um sich in der Welt zu orientieren (McCloskey et al. 1983).

Doch die von David Lewis (1972/1989) vorgeschlagene, sich an Sellars' Mythos anschließende Analyse theoretischer Ausdrücke setzt voraus, dass die alltagspsychologische Zuschreibung propositionaler Einstellungen auf einer wahren Theorie beruht. Theorien liefern Erklärungen für bestimmte Phänomenbereiche mittels der Annahme einer Menge theoretischer Entitäten, die zur Hervorbringung dieser Phänomene erforderlich sein sollen. Andernfalls beziehen sich die eingeführten theoretischen Ausdrücke wie »Überzeugung« auf gar nichts. David Lewis zufolge gleichen Bezeichnungen mentaler Zustände (z.B. »Schmerz«) theoretischen Ausdrücken anderer Wissenschaften. Der Begriff des Elektrons erhält seine Bedeutung durch die kausale Rolle, die jenes innerhalb derjenigen wissenschaftlichen Theorie zugewiesen bekommt, welche den Ausdruck einführt. Der Ausdruck »Elektron« ist vor dem Hintergrund dieser Theorie verständlich und dient zur Erklärung verschiedenster Phänomene wie z.B. chemischer Reaktionen oder der Leitfähigkeit bestimmter Materialien. Analog dazu denkt sich Lewis die »Psychologie des gesunden Menschenverstandes als eine termeinführende wissenschaftliche Theorie«, die es freilich bereits vor jeder professionellen Wissenschaft gab (Lewis 1972/1989: 33). Ausdrücke für mentale Zustände sind, so Lewis, ebenfalls als Inhaber einer spezifischen kausalen Rolle eindeutig bestimmt und innerhalb einer »alltagspsychologischen Theorie« gerechtfertigt. Dadurch werden mentale Zustände implizit durch die Alltagspsychologie definiert.

Der Status der Alltagspsychologie

So wird verständlich, inwiefern *Gedanken* innerhalb von Jones' *Theorie* als theoretische Entitäten einer »Theorie des Geistes« betrachtet werden können, insbesondere mit der Annahme, dass diese häufig nicht direkt beobachtbar sind. Deshalb sprechen Premack und Woodruff (1978: 515) auch von einer Theorie des Geistes bei der Schimpansin Sarah:

> »Eine einzelne Person hat eine Theorie des Denkens, wenn sie sich selbst und anderen mentale Zustände zuschreibt. Ein solches System von Schlussfolgerungen kann mit Recht als Theorie betrachtet werden; denn derartige Zustände sind nicht direkt beobachtbar, und das System kann dazu dienen, das Verhalten anderer vorherzusagen.«

Allerdings müssen die zugeschriebenen mentalen Zustände nicht zwangsläufig unbeobachtbare bleiben, wie auch Lewis betont, der die Alltagspsychologie mit der Theorie eines Detektivs vergleicht, deren theoretische Entitäten Menschen (nämlich Verdächtige) sind. Für Lewis ist die Alltagspsychologie hauptsächlich – wenn auch nicht ausschließlich – eine Ansammlung von »Plattitüden«, die jedermann akzeptiert (vgl. Lewis 1994). Diese stellen kausale Verknüpfungen zwischen Gedanken, Sinnesreizen und Verhaltensweisen her. Soziale Kognition beruht dann wesentlich auf theoretischen Schlussfolgerungen, insofern die Einführung von Ausdrücken für mentale Zustände aus alltagspsychologischen Plattitüden abgeleitet wird. Paul Churchland (1981/2007) betrachtet die Alltagspsychologie ebenfalls als wissenschaftliche Theorie, betont aber eher ihre Unzulänglichkeiten und gibt zu bedenken, dass die Alltagspsychologie viele mentale Phänomene weder erklären könne noch gar zu erklären versuche, etwa die Dynamik von Geisteskrankheiten, Kreativität, Intelligenzunterschiede, den Nutzen von Schlaf usw. (Churchland 1981/2007: 195 f.). Außerdem stehe ihre Terminologie quer zur Terminologie in den Naturwissenschaften; sie stagniere ohne jeglichen Fortschritt seit den frühesten Zeugnissen, die wir von ihr haben. Daher vertritt er die Auffassung, »dass unsere Alltagskonzeption psychologischer Phänomene eine radikal falsche Theorie ist«, deren Prinzipien und ontologische Festlegungen wir irgendwann aufgeben müssten, sobald uns eine adäquate neurowissenschaftliche Erklärung des Verhaltens zur Verfügung stünde (ebd. 189). Mit der Absetzung der Alltagspsychologie *eliminiert* er aber auch die mit den theoretischen Ausdrücken bezeichneten Überzeugungen, Wünsche, Empfindungen usw.

Daniel Dennett (1971) widerspricht Churchland und Lewis; er hält die »intentionale Einstellung«, wie er unsere alltägliche Praxis nennt, das Verhalten Anderer durch Zuschreibung von mentalen Zuständen zu erklären und vorherzusagen, für unverzichtbar, allerdings aus *pragmatischen* Gründen, da uns das nötige physikalische Wissen fehle, um dieses Verhalten von einem rein physikalischen Standpunkt zu erklären. Aus der erfolgreichen Zuschreibungspraxis folge allerdings nicht, dass die betreffende Person tatsächlich die entsprechenden Überzeugungen und Wünsche mit exakt diesem Inhalt habe – ja, diese Praxis impliziere überhaupt keine ontologischen Festlegungen auf die Existenz solcher Zustände. Wir behandeln die betreffende Person lediglich so, *als ob* sie in der gegebenen Situation die mentalen Zustände hätte, die sie haben *sollte*. Dennett trennt sauber zwischen dieser alltagspsychologischen Redeweise, die eine Rationalitätsannahme macht, und den tatsächlich ablaufenden kognitiven Prozessen im Gehirn, die soziale Kognition ermöglichen. Jerry Fodor (1975, 1990) hingegen deutet die Alltagspsychologie *realistisch* mit dem Argument, dass diese kausalen Handlungserklärungen nur deshalb erfolgreich seien, weil sie meistens zutreffen; und wenn sie zutreffen, dann müssten die zugeschriebenen propositionalen Einstellungen auch existieren, realisiert in der Gehirnstruktur, damit sie Verhaltensweisen verursachen können. Denn, so warnt er, wenn die Alltagspsychologie mit ihrem intentionalen Vokabular sich tatsächlich als falsch erweisen sollte, wie Churchland vermutet, dann wäre dies die größte intellektuelle Katastrophe in der Geschichte der Menschheit: »If we're that wrong about the mind, then that's the wrongest we've ever been about anything.« (Fodor 1990: xii) Daher postuliert er eine »Sprache des Denkens«, einen Code, der im Gehirn realisiert ist und diejenige Systematizität und Produktivität aufweist, die für die logischen Eigenschaften von Gedanken und sprachlichen Äußerungen charakteristisch ist.

So wenig man aber den Eliminativen Materialisten darin folgen muss, die Alltagspsychologie in Konkurrenz zu einer wissenschaftlichen Theorie zu betrachten, so wenig ist man darauf festgelegt, mit »Alltagspsychologie« die Lewis'schen Plattitüden zu bezeichnen. Alternativ kann man sich damit auch auf die den Zuschreibungen propositionaler Einstellungen zugrunde liegenden kognitiven Mechanismen beziehen, die diese Erklärungs- und Vorhersagepraxis erst ermöglichen. Block (1980) nennt diese Auffassung »Psychofunktionalismus« in Abgrenzung zum »Common-sense-Funktionalismus« à la Lewis. Die alltagspsychologische Auffassung von mentalen Zuständen könnte sich stark davon unterscheiden, wie diese Zustände auf subpersonaler Ebene charakterisiert werden sollten. Die funktionale Charakterisierung mentaler Zustände kann dann auch auf Information zurückgreifen, die nicht in den bekannten Plattitüden enthalten ist, sondern nur in aufwendigen Laborexperimenten zum Vorschein kommt. Demnach wäre mit Alltagspsychologie eine kognitive Psychologie gemeint, d.h. »a rich body of information about the mind that is utilized by the mental mechanisms responsible for mindreading« (Nichols & Stich 2003: 8). In ihren Erklärungen kognitiver Phänomene berufen sich Kognitionswissenschaftler häufig auf solche Wissensstrukturen, die eher als Ansammlung von Regeln statt als vollständige Theorie im engen Sinne angesehen werden sollten. Ein berühmtes Beispiel für eine solche Regelstruktur ist die von Noam Chomsky postulierte Universalgrammatik, die eine allgemeine Syntax zum Erwerb natürlicher Sprachen bereitstellt. Die Regeln dieser Grammatik sind uns nicht bewusst und können auch nicht bewusst gemacht werden, aber ihre Existenz erklärt einige hervorstechende kulturübergreifende Gemeinsamkeiten beim kindlichen Spracherwerb. Die Regelstruktur hat eher *impliziten* Charakter, genau wie die Regeln, die unsere visuelle Wahrnehmung z.B. von biologischer Bewegung oder Belebtheit leiten, wie Untersuchungen mit Lichtpunktdisplays zeigen (Johansson 1973). Die

Regeln, nach denen es unserem visuellen System gelingt, anhand von höchst spärlicher Information absichtliche Bewegungen zu erkennen und voneinander zu unterscheiden, bleiben zwangsläufig unbewusst und entziehen sich unserer Kenntnis. Analog dazu könnte es sich bei den kognitiven Strukturen, die der sozialen Kognition zugrunde liegen, um eine unbewusste (*tacit*) Theorie bzw. Regelsammlung dieser Art handeln.

Abhängig davon, welcher Form von philosophischem Funktionalismus man anhängt, gelangt man höchst wahrscheinlich zu stark divergierenden funktionalen Charakterisierungen mentaler Zustände, da sich die uns bekannten Plattitüden nicht mit den subpersonalen Mechanismen der kognitiven Psychologie decken müssen. Die in diesem und den folgenden Kapiteln diskutierten Theorien zur sozialen Kognition sind als Vorschläge zur Charakterisierung unserer kognitiven Mechanismen zu betrachten, die eine Zuschreibung mentaler Einstellungen erlauben. Dabei liegt der Fokus nicht nur auf der Frage, wie wir diese Mechanismen adäquat beschreiben sollten, sondern auch auf der Frage, ob diese Mechanismen (bzw. einzelne Aspekte) *erlernt* oder *angeboren* sind. Wenn dabei von einer Theorie des Geistes die Rede ist, so ist dies in der Regel nicht im Lewis'schen Sinne einer Ansammlung von Plattitüden zu verstehen, die wir bewusst kennen und verwenden, sondern im Sinne unbewusster kognitiver Mechanismen, die im Gehirn implementiert sind. Die nativistischen Positionen, die in Kapitel 3 besprochen werden, gehen häufig davon aus, dass die angeborenen Aspekte als bereichsspezifische Module aufzufassen sind; außerdem setzen sie die Akzente deutlich anders als diejenigen, die einen empiristischen Ansatz vertreten. Daher ist diesen Ansätzen ein eigenes Kapitel gewidmet.

Dieser Abschnitt sollte in Form eines knappen historischen Abrisses deutlich machen, inwiefern Sellars' Science Fiction über

Jones zum Funktionalismus bezüglich mentaler Zustände und schließlich zur Debatte über den Status der Alltagspsychologie in Analogie zu einer wissenschaftlichen Theorie führte. Die Kernidee aus Sellars' Mythos, dass wir in der sozialen Kognition auf eine Theorie rekurrieren, bleibt in den modernen Versionen der Theorie-Theorie erhalten. Die Kontur der Theorie-Theorie wird in den folgenden Abschnitten deutlicher, insbesondere auch im Hinblick auf die Fragen, *wie* und *wann* denn eine solche Theorie erlernt werden könnte und welche Implikationen dies für die sozial-kognitiven Fähigkeiten von Kleinkindern hat. Hier stehen vor allem auch Belege aus der Entwicklungspsychologie im Fokus.

Empirismus vs. Nativismus

Konkrete Vorschläge, wie unsere sozial-kognitiven Fähigkeiten in einer Theorie fundiert sein könnten, unterscheiden sich hauptsächlich in Bezug auf die Frage: Ist die relevante Theorie erlernt oder angeboren? Dabei ist die einfachste Lesart von »angeboren«, dass sie eben nicht erlernt wird. Positionen, denen zufolge die Theorie erlernt wird, heißen *empiristisch*; Positionen, denen zufolge sie nicht erlernt wird, heißen *nativistisch*. Debatten über diese Positionen reichen zurück bis in die Antike, u.a. zu Platons Lehre, der zufolge alles Lernen nur Wiedererinnerung sei. Platonische nativistische Positionen gehen davon aus, dass Wissen, Wissensstrukturen, Fähigkeiten oder Begriffe schon bei der Geburt vorliegen. Eine prominente Hypothese innerhalb der Kognitionswissenschaft nimmt einen Entwicklungs- bzw. Reifungsprozess eines angeborenen Moduls für soziale Kognition an, vor dem Hintergrund einer massiv modularen Architektur des Geistes. Die Details dieses Ansatzes werden weiter unten ausführlich diskutiert.

Empiristische Gegenpositionen behaupten dagegen, dass Begriffe und Wissen über Sinneserfahrungen erst erworben werden. Die nächsten Kapitel stellen die Vorzüge und Probleme beider Positionen exemplarisch an prominenten Versionen der Theorie-Theorie vor, da hier unmöglich der Fülle von Vorschlägen in der Literatur Rechnung getragen werden kann. Zunächst sei die empiristische Version der Theorie-Theorie diskutiert, die insbesondere von den Entwicklungspsychologen Alison Gopnik und Henry Wellman in zahlreichen Schriften entwickelt wurde. In ihrer Argumentation für die These, dass das sozial-kognitive Wissen einer wissenschaftlichen Theorie gleicht, die von Kindern erlernt wird, heben sie vor allem die Brüche in der Entwicklung hervor, vor allem den einschneidenden »Theorienwandel« im fünften Lebensjahr, wenn Kinder beginnen zu verstehen, das Andere falsche Überzeugungen haben können. Nativisten heben dagegen die Kontinuitäten in der sozialen Kognition im Kindesalter hervor und kritisieren, dass Empiristen nicht verständlich machen können, wie die Theorie *erlernt* werden könne. Das darauf folgende dritte Kapitel erörtert daher die Argumente für eine nativistische Version exemplarisch anhand der modularistischen Theorie von Simon Baron-Cohen und der »Kernwissen«-Theorie von Elisabeth Spelke und Susan Carey (Spelke & Kinzler 2007, Carey 2009).

2.2 Kinder als Wissenschaftler

Innerhalb der Psychologie gilt Alison Gopnik als paradigmatische Vertreterin der Theorie-Theorie. Zusammen mit ihren Kollegen Andrew Meltzoff und Henry Wellman hat sie diese Hypothese in zahlreichen Schriften detailliert ausgearbeitet und verteidigt (Gopnik & Wellman 1992, Gopnik & Meltzoff 1997,

Gopnik 2010). Der Kerngedanke von Gopniks Version der Theorie-Theorie lautet, dass wir den Geist eines Anderen wie ein Wissenschaftler seinen genuinen Forschungsgegenstand untersuchen: Wir rekurrieren in unserem alltäglichen Verstehen Anderer buchstäblich auf eine Theorie des Geistes (*theory of mind*) als Menge von Annahmen und psychologischen Gesetzmäßigkeiten oder Daumenregeln darüber, wie Menschen sich in bestimmten Situationen verhalten. Sie betont, dass es sich bei den Theorien der Kinder »durchaus um wissenschaftliche Theorien« handele, »allerdings sind sie eher unbewusst als bewusst und werden weder auf Papier festgehalten noch auf wissenschaftlichen Konferenzen vorgestellt, sondern sind im Gehirn des Kindes codiert« (Gopnik 2010: 115).

> »On this view children develop a succession of theories of the mind that they use to explain their experience and the behavior of themselves and others. Like scientific theories, these intuitive or naive theories postulate abstract coherent mental entities and laws, and they provide predictions, interpretations, and explanations. The theories change as children confront counterevidence, gather new data, and perform experiments. One consequence of this view is that the philosophical doctrine of first-person authority is incorrect; our knowledge of our minds is as theoretical as our knowledge of the minds of others.« (Gopnik 1999: 840)

Diese Thesen bedürfen der Erläuterung. Die folgende Darstellung konzentriert sich auf die Fragen, wie die Analogie zu wissenschaftlichen Theorien und dem Theorienwandel gerechtfertigt wird, wie diese Position kognitive Entwicklung und Lernfortschritt der Kinder erfasst, wie Selbst- und Fremdzuschreibung konzipiert werden. Die zentrale Aussage dieses Ansatzes lautet, dass sich die kognitive Entwicklung des Kindes analog zur Theorierevision in den Wissenschaften vollzieht. Schon

Kleinkinder konstruieren demnach simple Theorien über die Welt, verändern sie und ersetzen sie mitunter durch radikal neue Theorien, wenn die alte Theorie neue Evidenz nicht erfassen kann. Gopnik, Meltzoff und Kuhl (2003) sprechen vom »Forschergeist in Windeln«, wenn sie ausdrücklich Kleinkinder mit Wissenschaftlern gleichsetzen. Gopnik & Wellman (1992) sowie Gopnik, Meltzoff und Kuhl (2003) und Wellman (2014) machen die Analogie zwischen Kind und Wissenschaftler besonders stark, indem sie die Struktur, Funktion und Dynamik wissenschaftlicher Theorien auch in den Welterklärungen von Kleinkindern wiederzufinden glauben.

Theorieneigenschaften

Zu den *strukturellen Eigenschaften* wissenschaftlicher Theorien zählen folgende: Häufig werden unbeobachtbare Entitäten wie Schwerkraftzentren, Quarks, Strings u.a. angenommen, um beobachtete Phänomene zu erklären. Wie schon von Lewis hervorgehoben, erhalten solche theoretischen Ausdrücke ihre Funktion und Bedeutung durch ihre Stellung innerhalb der Theorie und durch ihre kausalen Beziehungen zu anderen Entitäten. Auch die Alltagspsychologie weise solche strukturellen Eigenschaften auf, so Gopnik und Wellman, da Verhaltensweisen durch Rekurs auf propositionale Einstellungen erklärt und vorhergesagt würden, die in der Regel nicht beobachtet werden können (selbst wenn Gefühle und Absichten körperlich zum Ausdruck kommen). Sobald Kinder sprechen können, rekurrieren sie auf solche mentalen Zustände, um das Verhalten Anderer sowie ihr eigenes zu erklären. Diese propositionalen Einstellungen sind netzwerkartig miteinander verknüpft.

Zu den *funktionalen Eigenschaften* wissenschaftlicher Theorien gehört, dass sie Vorhersagen bestimmter Phänomene erlauben, Erklärungen liefern und gleichwohl anfällig für Fehler sind und damit Veränderungen unterliegen. So liefert eine Theorie über die Planetenbahnen und die Konstellationen der Gestirne Vorhersagen darüber, dass die Venus sowohl als Abendstern als auch als Morgenstern in Erscheinung tritt. – Alltagspsychologische Regeln erlauben, das Verhalten von Menschen vorherzusagen, die noch gar nicht geboren wurden. Die Daumenregel »Verletzungen führen in der Regel zu Schmerzverhalten« erlaubt mir die Vorhersage, dass mein Sohn gleich weinen wird, wenn er mit dem Kopf gegen die offene Kühlschranktür läuft, die er beim Herumtoben wahrscheinlich übersieht.

Zu den *dynamischen Eigenschaften* wissenschaftlicher Theorien gehört, dass sie empirisch falsifizierbar und korrigierbar sein müssen und sich wegen dieser Fehleranfälligkeit zwangsläufig wandeln. Thomas Kuhn (1967) beschreibt verschiedene Phasen dieses Theoriewandels. Spricht neue Evidenz gegen eine bisher vorherrschende Theorie, so wird in der Regel versucht, die Belege zu ignorieren oder als Zufälle abzutun. Es folgen Ad-hoc-Anpassungen und Zusatzannahmen, um die alte Theorie mit den neuen Belegen in Einklang zu bringen, bis schließlich eine neue elegantere Theorie erforderlich wird, die die alte überflüssig macht und ablöst. Die griechische Mythologie ordnete Abendstern (*Hesperos*) und Morgenstern (*Phosphoros*) zwei unterschiedliche mythologische Wesen zu, selbst als deren Identität mit dem Planeten Venus bereits bekannt geworden war. Später wurde diese Mythologie zugunsten einer wissenschaftlichen Theorie über die Gestirne aufgegeben. Dieses Muster erkennen Gopnik und Wellman auch bei Kindern, insbesondere im Zeitraum vom dritten bis fünften Lebensjahr, in dem sie Theorien entwerfen, testen, anpassen und schließlich zugunsten einer neuen Theorie verwerfen: Zunächst versuchen auch noch Zweijährige, das Verhalten Anderer auf der Basis von Wahrnehmungen und Wünschen zu verstehen, die sie aber noch nicht als mentale Zustände erkennen. Im Laufe des zweiten Jahres aber beginnen sie zu verstehen, was Andere auf der Basis ihrer Wahrnehmungen wissen können, wenn sie mit ihnen interagieren (Moll et al. 2007).

In der kognitiven Entwicklung können wir verschiedene Phasen des Verstehens mentaler Zustände unterscheiden (vgl. Wellman 2014: 27): Kinder erwerben den Begriff des Wunsches früher als den Begriff der Überzeugung. Betty Repacholi und Alison Gopnik (1997) konnten zeigen, dass Kinder im Laufe ihres zweiten Lebensjahres verstehen, dass sich die Präferenzen Anderer von den eigenen unterscheiden können und demnach subjektiv sind. Eine Erwachsene kostete im Beisein der Kinder jeweils Brokkoli und Kekse und zeigte eine starke Präferenz für Brokkoli, aber Abneigung hinsichtlich der Kekse, die die Kinder natürlich bevorzugten. Sobald die Erwachsene mehrdeutig ihre Hand ausstreckte und fragte, ob sie noch ein paar mehr haben könne, reichten ihnen zwar 18 Monate alte Kinder den Brokkoli, die 14 Monate alten jedoch die Kekse. Die älteren Kinder konnten ihre eigenen Vorlieben von denen der Erwachsenen unterscheiden. Aber selbst Zweijährige verstehen Überzeugungen noch nicht als repräsentationale Zustände, sondern eher als Kopien der Welt, wie Wellman sich ausdrückt. Im Als-ob-Spiel Zweijähriger zeigt sich zudem ein erstes Verständnis davon, dass ein Gegenstand mehrere Bedeutungen haben bzw. dass man ihm aus verschiedenen Perspektiven unterschiedliche Funktionen zuweisen kann. Kinder müssen wissen, was man gewöhnlich mit einem Telefon tun kann, um dann eine Banane als solches spielerisch zu verwenden. Das erfordert Einbildungskraft, denn das Kind »entkoppelt« die Funktion von dem Telefon und überträgt sie auf die Banane (Tomasello 2002: 104 f.; vgl. Leslie 1987). Dadurch lernt das Kind »auch etwas über den Geist, nämlich dass der Geist die Dinge mit Bedeutung ausstattet« (Dornes 2006: 132). Das Als-ob-Spiel setzt voraus, dass das Kind (wenigstens implizit) versteht, zu welchem Zweck – mit welcher Absicht – ein Erwachsener einen Gegenstand (etwa ein Werkzeug) benutzt, um ihn dann spielerisch zu einem anderen Zweck zu verwenden. Uta und Chris Frith (2003) betrachten dieses Verständnis von Perspektivität als wichtige Stufe im Laufe des Erwerbs einer vollständigen Theorie des Geistes. Im Als-ob-Spiel wird die Fähigkeit deutlich, Alternativen zur Realität zu konstruieren, »mögliche Welten« oder »Kontrafaktizität«, so Gopnik (2010: 94 ff.). Gegen die Theorien von Freud und Piaget, denen zufolge Kleinkinder auf die reale Gegenwart beschränkt seien, konnten Kognitionswissenschaftler zeigen, dass diese schon sehr früh Möglichkeiten in Betracht ziehen und imaginäre Welten erfinden. Das Als-ob-Spiel verdeutlicht den engen Zusammenhang zwischen kontrafaktischem Denken und einem Verständnis von Kausalzusammenhängen.

Mit etwa drei bis vier Jahren können Kinder dann bereits verstehen, dass andere Menschen von ihren Überzeugungen geleitet sind, und geben deren mentale Einstellungen als Erklärungen ihres Verhaltens an, d.h., sie entwickeln allmählich eine Wunsch-Überzeugungspsychologie. Sie zeigen zudem ein Verständnis von Lüge und Täuschung (Siegal & Peterson 1998), vom Unterschied zwischen einer Emotion und dem Ausdruck einer Person (Harris et al. 1986) sowie allgemein vom Unterschied zwischen Erscheinung und Realität (Flavell et al. 1986). Sie erklären Verhaltensweisen jetzt auf der Basis von Wahrnehmungen und Wünschen: Wenn Mama den Keks essen möchte, wird sie danach greifen, da er direkt vor ihr liegt. Die Theorie eines dreijährigen Kindes ist aber, so Gopnik, zunächst noch eine (justierte) Wunsch-Wahrnehmungs-Theorie, obwohl die Kinder bereits anspruchsvolle Begriffe wie Überzeugung, Traum, Denken etc. gehäuft verwenden. Gopnik und Wellman werten diese Ergänzungen als Reparaturen der nicht-repräsentationalen Theorie des Geistes. Den Überzeugungsbegriff leiten sie offenbar aus dem Wahrnehmungsbegriff ab; er ist zunächst noch nicht repräsentational, d.h., analog zur Wahrnehmung wird der Überzeugungsbegriff über rein kausale Verbindungen zur Umwelt verstanden. Überzeugungen kopieren gleichsam den Weltzustand und werden immer veridisch gewertet, d.h., Dreijährige zeigen noch kein Verständnis des Unterschieds zwischen dem, was der Fall ist, und dem, was jemand glaubt.

Verstehen falscher Überzeugungen

Einen radikalen Theoriewandel meinen Gopnik und Wellman (1992) insbesondere im Alter von vier bis fünf Jahren zu beobachten, wenn Kinder explizit das Verhalten Anderer durch Zuschreibung *falscher* Überzeugungen erklären. Diese Leistung, die Dreijährigen noch meist misslingt, betrachten die Psychologen als entscheidenden Hinweis auf den Wandel hin zu einer *repräsentationalen Theorie des Geistes.* Denn im Laufe des fünften Lebensjahres erkennen Kinder schließlich, dass Überzeugungen auch fehlrepräsentieren können. Dies belegt das Verständnis, dass das Handeln der Menschen durch ihre Auffassung von der Umwelt, nicht zwangsläufig durch den Umweltzustand selbst geleitet ist. Dies belegen Forscher in sogenannten *false belief tasks*, also Aufgaben, die ein solches Verständnis falscher Überzeugungen überprüfen. Das erfolgreiche Abschneiden der älteren Kinder in solchen Tests erklären Gopnik und Wellman (1992, 2012) mit diesem Theoriewandel. Die Kinder geben ihre bisherige Theorie des Geistes angesichts ihrer mangelnden Vorhersagekraft auf. Mit vier bis fünf Jahren machen sich Kinder das Verhalten Anderer nicht mehr anhand ihres eigenen Modells der Welt, sondern anhand der Repräsentationsweise des Anderen, die dem Zustand der Welt nicht zwangsläufig entsprechen muss, verständlich; kurz, sie scheinen zu verstehen, dass jeder die Welt auf eine eigene Weise zu repräsentieren vermag und dies für seine oder ihre Handlungsentscheidungen zentral ist. Angesichts der Tragweite dieser experimentellen Befunde für die Debatte über die kognitiven Grundlagen der sozialen Kognition lohnt sich ein ausführlicher Exkurs zu diesen Experimenten, die wiederum auf den bahnbrechenden Artikel von Premack und Woodruff zurückgehen.

Premack und Woodruff (1978) wollten herausfinden, in welchem Maß es Menschenaffen gelang, die Handlungen von Menschen zu antizipieren und anhand geistiger Zustände zu verstehen. Dazu zeigten sie ihnen Videos, in denen ein Mensch jeweils vergeblich versuchte, aus einem Tierkäfig heraus bestimmte für ihn unerreichbare Gegenstände zu ergreifen. Im Anschluss an die Videovorführung sollten die Affen aus einer Auswahl das richtige Foto wählen, etwa das eines Stocks, um an ein Bund Bananen zu gelangen oder das eines Schlüssels, um den Käfig zu öffnen. Die Schimpansin Sarah z.B. wählte überwiegend das zum Video passende Foto. Die beiden Forscher folgerten aus solchen und ähnlichen Experimenten, dass die Affen über eine Theorie des Denkens verfügen, da sie dem Menschen vermeintlich den Wunsch nach Bananen zuschreiben und dies nutzen, um sein Verhalten vorherzusagen. In der darauf folgenden, kontroversen Debatte erwiesen sich vor allem einige Philosophen als Spielverderber. Die Affen konnten die Aufgaben auch ohne die Zuschreibung von Meinungen und Wünschen gelöst haben, indem sie sich allein auf den Zustand der Welt beschränken, ohne zu berücksichtigen, dass der Mensch die Welt *repräsentiert.* Denn in den Tests spielten Fehleinschätzungen der Menschen, die die Affen hätten erkennen müssen, keine Rolle.

Die Philosophen schlugen vor, den Besitz einer Theorie des Denkens bei Kindern (und Affen) zu testen, indem man bei ihnen ein Verständnis *falscher* Überzeugungen nachweist. Wenn ich verstehe, dass die Handlungen einer anderen Person nicht durch den *tatsächlichen Zustand* der Welt, sondern durch ihre *Annahmen* über den tatsächlichen Zustand der Welt motiviert sind, dann beziehe ich mich auf das *Denken* dieser Person. Dieser Nachweis kann aber nicht erbracht werden, indem man testet, ob ich der Person Gedanken zuschreibe, die mit dem tatsächlichen Zustand der Welt übereinstimmen. Denn dann könnte ich mich in meiner Erklärung ihres Verhaltens auch auf den Zustand der Welt bezogen haben. Aber ein Abweichen des Inhalts der Überzeugung von der Realität kann zutage fördern, dass ich tatsächlich verstanden habe, dass die Person die Welt als auf eine bestimmte Weise beschaffen annimmt und dabei falsch liegt (Bennett 1978, Dennett 1978, Harman 1978). Welche dramatischen Folgen für das Handeln falsche Überzeugungen haben können, zeigen eindrücklich Dramen wie Shakespeares *Romeo und Julia*.

Der Artikel von Premack und Woodruff samt dieser sich anschließenden Debatte setzte eine intensive Forschungstradition in Gang, sowohl in der Primatologie als auch vor allem in der Entwicklungspsychologie. Doch die Erforschung dieser geistigen Fähigkeit bei Kleinkindern war in den letzten fast vierzig Jahren ungleich erfolgreicher als die Forschung bei Menschenaffen. In rasantem Tempo entwickelten Psychologen neue Methoden und experimentelle Anordnungen, mit denen sie die sozial-kognitiven Fähigkeiten und deren Entwicklung bei Kleinkindern minutiös offenlegen konnten. Insbesondere der von den österreichischen Psychologen Heinz Wimmer und Josef Perner (1983) entwickelte, auf den oben genannten Vorschlägen basierende, Test zum Verständnis falscher Überzeugungen (*false belief task*) kann als einschneidend bezeichnet werden.

In diesen Tests sollen Kinder unterschiedlichen Alters anhand einer ihnen erzählten Geschichte über eine andere Person nachdenken, deren Handlungen von einer falschen Überzeugung geleitet sind. Diese Aufgaben nehmen verschiedene Formen an: In manchen geht es darum, dass ein Spielzeug von einem zum anderen Ort gelegt wird, was zwar das getestete Kind, aber nicht die Figur, um die es geht, mitbekommt (*unerwarteter Transfer*). Wimmer und Perner (1983) erfanden die Figur Max, der in Anwesenheit der Mutter Schokolade in eine Schublade in der Küche legt und danach die Szene verlässt. In seiner Abwesenheit nimmt die Mutter die Schokolade heraus und legt sie in den Kühlschrank. Nun wird das Kind gefragt, wo Max wohl zunächst die Schokolade suchen werde, sobald er zurückkehrt. Wenn es antwortet, dass Max in der Schublade nachsehen werde, hat es verstanden, dass Max die falsche Überzeugung hat, dass sich die Schokolade (gemäß seinem Wissensstand) noch dort befindet. Diese falsche Überzeugung wird Max' Handeln motivieren.

In anderen Aufgaben geht es darum, dass eine bekannte Verpackung nicht den typischen, sondern einen überraschenden Inhalt aufweist. Dem Kind wird z.B. eine ihm bekannte *Smarties*-Packung gezeigt. Danach gefragt, was seiner Meinung nach in der Packung sei, vermutet das Kind natürlich Smarties darin. Nach dem Öffnen zeigt sich aber, dass in Wirklichkeit ein Stift darin verpackt ist. Nachdem die Packung wieder verschlossen wurde, wird das Kind gefragt, was tatsächlich darin sei und was es selbst zuvor geglaubt hat, das darin war oder was wohl ein anderes Kind glauben werde, was darin sei. Das Kind soll also seine eigene falsche Überzeugung erinnern oder die falsche Überzeugung eines anderen Kindes vorhersagen und dabei sein eigenes Wissen über den tatsächlichen Inhalt zurückhalten (Hogrefe et al. 1986).

Von einem Verständnis falscher Überzeugungen *zweiter Ordnung* spricht man, wenn das Kind versteht, dass eine andere Person eine falsche Überzeugung über die *Überzeugung* einer dritten Person haben kann statt über die Welt, wenn also das Kind z.B. versteht, dass Maria *glaubt*, dass Peter *glaubt*, dass der Eisverkäufer noch im Park ist, wobei sie falsch liegt, wenn Peter das z.B. nicht mehr glaubt, unabhängig davon, wo sich der Eisverkäufer gerade befindet (Perner und Wimmer 1985).

Das verblüffende Ergebnis der ersten Studie von Wimmer & Perner (1983) und zahlreichen Folgestudien – Wellman et al. (2001) führten eine Meta-Analyse von 178 Studien durch – lautet: Bis zum Alter von drei bis vier Jahren geben Kinder mehrheitlich die falschen Antworten, während Vier-bis-Fünfjährige die Tests mehrheitlich bestehen. Die Vielzahl dieser Studien demonstriert einen konstanten, kulturübergreifenden, deutlichen und bemerkenswerten Einschnitt in der kognitiven Entwicklung. (Dabei sollen die individuellen Unterschiede und länderspezifischen Besonderheiten nicht unbeachtet bleiben. Interessant ist z.B. der Umstand, dass Kinder mit Geschwistern die Aufgaben früher bewältigen als Einzelkinder [Perner et al. 1994]. Der beeindruckende Befund hängt also gleichwohl von kontextuellen Faktoren ab.) Und diesen Einschnitt werten Vertreter der Theorie-Theorie als Stütze ihrer These, dass es sich hier um einen radikalen Theoriewandel handle, der einer kopernikanischen Wende gleichkommt. Während zweijährige Kinder verschiedenste Vorhersagen treffen können, die mit Wünschen und Wahrnehmungen Anderer in Zusammenhang stehen, gelingt ihnen das noch nicht in Bezug auf Aspekte, die mit dem repräsentationalen Charakter mentaler Zustände zu tun haben.

2.3 Theoriewandel und Bayesianische Lernmechanismen

Um diese empiristische Version der Theorie-Theorie zu plausibilisieren, müssen Gopnik und Wellman angeben, wie denn die Theorie des Geistes erlernt werden könnte und wie Kinder Theorien zugunsten neuer Theorien aufgeben. Denn sie müssen den Einwand von nativistischer Seite kontern, dass die geistigen Leistungen der Kinder zu komplex seien, um allein dadurch erklärt werden zu können, dass unaufhörlich Reize von außen auf sie einwirken. Gopnik und Wellman (2012) haben aber in den letzten Jahren Vorschläge entwickelt, um diesem Einwand zu begegnen. Dabei geben sie selbst offen zu: »the theory-theory has suffered from a central theoretical vagueness. The representations that underpin theories and the learning mechanisms that underpin theory change have both been unclear« (Gopnik & Wellman 2012: 1088). Sie bezeichnen dieses Revival der Theorie-Theorie auch als »Konstruktivismus«, in Anlehnung an Piagets Theorie, der zufolge unser Wissen über die Welt und Andere ebenfalls im Sinne empirischer Theorien konstruiert wird. Gopniks (2010: 115) Ausgangspunkt ist die Annahme, dass das Gehirn auch ganz unabhängig von sozialer Kognition »eine Art unbewusster Kausalkarte [anfertige], ein akkurates Bild dessen, wie die Welt funktioniert«. Die theoretische Annahme solcher kognitiver Karten ist in der Kognitionswissenschaft seit Edward Tolmans (1948) Versuchen an Ratten und anderen Experimenten üblich. Allerdings formulieren Kinder auch bereits Hypothesen über Kausalzusammenhänge und nutzen ihr Wissen, um neue Kausalverbindungen zu verstehen. Gopnik (2010: 120 ff.) schildert ein Experiment, für das sie den sogenannten »Blicket-Detektor« erfand, eine einfache Kiste, die Töne macht und aufleuchtet, wenn man bestimmte Bauklötze – die Blickets – darauf platziert: »In einem der ersten Versuche, die wir unternahmen, brachten wir den Kindern bei, dass ein bestimmter Klotz ein Blicket war, der die Maschine aktivierte, und dann kombinierten wir diesen mit einem Nicht-Blicket und legten beide auf die Maschine. Natürlich sprang die Maschine trotzdem an. Einer der Vierjährigen ...« formulierte kontrafaktisch: »Angenommen ... dass du den Blicket jetzt nicht draufgelegt hättest, ... dann wär's nicht gegangen.« (Gopnik 2010: 122) Obwohl in Wirklichkeit ein Mitarbeiter im Hintergrund die Maschine an- und ausschaltet, lernen die Kinder schnell den (scheinbaren) Zusammenhang zwischen Blickets und dem Funktionieren der Maschine; sie experimentieren mit den Klötzchen, um herauszufinden, welches die Blickets sind usw.

Kinder legen Gopnik zufolge auch entsprechende *psychologische Kausalkarten* an: »Theorien des Geistes statt der materiellen Welt, Alltagspsychologie statt Physik.« (Gopnik 2010: 126) Sie suggeriert, dass die kognitiven Mechanismen, mit denen Kinder zwischen zwei und sechs Jahren eine Karte des Geistes anlegen, um so »die Kausalbeziehungen zwischen Wünschen, Überzeugungen, Emotionen und Handlungen zu verstehen«, dieselben seien wie beim Verständnis des Zusammenhangs zwischen Blicket und Blicket-Detektor (Gopnik 2010: 133). Dazu gehört die Einsicht, dass Menschen sich aufgrund ihrer unterschiedlichen geistigen Prozesse und Zustände auch unterschiedlich verhalten.

Die Fähigkeit der Kinder, Kausalbeziehungen zu verstehen, verbessert sich im Laufe ihrer Entwicklung, was Gopnik zu dem Schluss veranlasst, dass »sie mit einem leistungsfähigen Mechanismus zum kausalen Lernen auf die Welt kommen« (Gopnik 2010: 157). Unabhängig von dem angenommenen Theoriewandel und Lernmechanismus geht sie somit auch von *angeborenen* kognitiven Strukturen aus, die die Konstruktion von Theorien – »innate intuitive theories« – möglich machen. Der Ansatz ist also nicht ausschließlich empiristisch.

Aber wie konzipieren Gopnik und Wellman die konkreten Lernmechanismen? Um das Verstehen solcher Kausalbeziehungen aufgrund von Kausalkarten zu modellieren, greifen Computerwissenschaftler auf die Wahrscheinlichkeitsrechnung zurück, denn beim Lernen ist es entscheidend zu wissen, mit welcher Wahrscheinlichkeit bestimmte Möglichkeiten eintreten könnten. Auch wenn Kinder früh Regelmäßigkeiten beobachten können, folgt Ereignis B keineswegs *stets* auf Ereignis A. Vielmehr macht Ereignis A das Auftreten von Ereignis B *wahrscheinlicher*. Und diese Wahrscheinlichkeit unterliegt ständiger Veränderung angesichts neuer Faktoren und Information bzw. Evidenz. Selbst das Rauchen führt nicht in allen Fällen zu Lungenkrebs, obwohl viele der Aussage »Rauchen verursacht Krebs« zustimmen. Gopnik und Wellman (2012) – siehe auch Wellman (2014) – berufen sich auf probabilistische Kausalmodelle und die Theorie des Bayesianischen Lernens aus dem Kontext des Maschinenlernens, weil diese Kausalmodelle mindestens folgende Vorteile mit sich bringen: »First, they describe structured models that represent hypotheses about how the world works. Second, they describe the probabilistic relations between these models and patterns of evidence in rigorous ways. As a consequence they both represent conceptual structure and allow learning« (Wellman 2014: 210).

Bayes' Theorem

In der medizinischen Diagnostik sind wahrscheinlichkeitsbasierte Schlüsse unerlässlich, um von mehrdeutigen Symptomen und fehleranfälligen Testergebnissen auf etwaige Krankheiten zu schließen. Ein Beispiel: Bei der Routineuntersuchung durch die Kinderärztin schneidet der vierjährige Johann im Sehtest schlecht ab. Was ist die Ursache dafür? Hypothese H1: Da der Test erst um 18 Uhr stattfand, war Johann eventuell müde oder hatte keine Lust zu kooperieren und die Fragen zu beantworten. Hypothese H2: Johann hat von Geburt an ein schlechtes Sehvermögen. Da keine erbliche Vorbelastung innerhalb der Familie bezüglich schlechter Sehfähigkeit bekannt ist und sich Johann auch ansonsten nicht über Sehschwierigkeiten beschwert, scheint H1 auf den ersten Blick mit höherer Wahrscheinlichkeit zuzutreffen. Doch weitere Evidenz (insbesondere eine gründliche Untersuchung durch die Augenärztin) kann uns davon überzeugen, dass H2 mit höherer Wahrscheinlichkeit zutrifft. Die Einschätzung der Wahrscheinlichkeiten muss also angesichts neuer Evidenz (in diesem Fall Messungen) angepasst werden; neue Information verändert unsere ursprüngliche Auffassung über die Welt.

Computerwissenschaftler berufen sich hier deshalb auf Reverend Thomas Bayes (1702–1761), weil dieser eine simple Formel lieferte, mit der man die Diskrepanz zwischen der Wahrscheinlichkeit einer Hypothese vor und nach dem Eintreffen neuer Information errechnen kann:

$$P(H/E) = [P(E/H)\,P(H)] : P(E).$$

Dieser Satz von Bayes setzt Vorhersagen und empirische Evidenz in ein systematisches Verhältnis. Die Formel berechnet die Wahrscheinlichkeit, mit der eine Hypothese zutrifft, abhängig von ihrer Plausibilität (unabhängig von der gegenwärtigen Situation) und ihrer Wahrscheinlichkeit in Bezug auf die konkrete Situation (Evidenz). Damit löst man das Problem, dass zwar mehrere Hypothesen über die tatsächliche Kausalstruktur der Welt zutreffen könnten, sich aber gleichwohl hinsichtlich der Wahrscheinlichkeit, mit der sie zutreffen, unterscheiden. Lernen wird möglich, indem man diese Wahrscheinlichkeiten mithilfe von Bayes' Theorem justiert und sein Modell der Welt abhängig von eintreffender Information ständig auf den neuesten Stand bringt. Bezogen auf das obige Beispiel wollen wir die (bedingte) Wahrscheinlichkeit berechnen, dass H2 zutrifft, unter der Bedingung, dass E eingetreten ist [P (H2/E)], wobei E die Evidenz bezeichnet, dass Johann auch bei der Augenärztin schlecht abschneidet. Dazu müssen wir zunächst die bedingte Wahrscheinlichkeit betrachten, mit der dieses Ereignis eintreten würde, wenn H2 zutreffen würde [P (E/H2)], multipliziert mit der Apriori-Wahrscheinlichkeit, dass H2 – losgelöst von E – zutrifft, d.h. der Wahrscheinlichkeit der Hypothese H2, dass Johann ein schlechtes Sehvermögen hat. Dies dividiert man schließlich durch die Apriori-Wahrscheinlichkeit, mit der das Ereignis – Johanns Abschneiden beim Sehtest – losgelöst von H2 – eintreten wird. P (H2) und P (E) betrachten die beiden Faktoren unabhängig voneinander, während P (E/H2) Hypothese und Ereignis aufeinander bezieht. Dieser Wert variiert von Hypothese zu Hypothese, P (E) bleibt für alle Berechnungen konstant.

Anfangs ist meine Überzeugung, dass H2 zutrifft [P (H2)], gering, da ich die Wahrscheinlichkeit, dass H1 (Johann ist müde) zutrifft, höher einschätze [P (H1)]. Dieser Wert wird auch als *prior* bezeichnet. P (H2/E), die resultierende (bzw. *posterior*) Wahrscheinlichkeit, gibt uns hingegen den Grad unserer Überzeugung bezüglich H2 an, *nachdem* wir die neue Evidenz (das Abschneiden bei der Augenärztin) in Rechnung gestellt haben. Dies führt uns dazu, unsere Überzeugungen hinsichtlich der Wahrscheinlichkeiten von H1 und H2 anzupassen, d.h. in diesem Fall umzukehren. Es ist nun viel wahrscheinlicher (so gut wie sicher), dass Johann von Geburt an ein schlechtes Sehvermögen hat; er war nicht einfach müde oder lustlos, als die Kinderärztin ihn untersuchte. Die entscheidende Posterior-Wahrscheinlichkeit von H2 ist proportional zu ihrer Prior-Wahrscheinlichkeit und ihrer Kompatibilität mit der neuen Evidenz.

Dieses Beispiel illustriert formal den Lernprozess, der sich in der Abwägung unterschiedlicher Hypothesen manifestiert. Gopnik und Wellman verwenden statt der Bezeichnung »Hypothese« den Ausdruck »Kausalkarte«. Kausalkarten stellen Kausalbeziehungen in der Welt unterschiedlich dar und können anhand von Bayes' Theorem hinsichtlich ihrer Wahrscheinlichkeit berechnet werden. Allerdings behauptet niemand, dass wir diese Berechnungen *bewusst* anstellen. Vielmehr verfahren die entsprechenden Mechanismen im Gehirn ohne unser Wissen dieser Regel gemäß. Gopnik und Wellman können sich dabei auch auf die Zustimmung zahlreicher Hirnforscher berufen, die davon ausgehen, dass der Satz von Bayes generell die Gehirntätigkeit hinsichtlich Wahrnehmung und Kognition treffend charakterisiert. Chris Frith (2010: 128) bezeichnet das Gehirn z.B. ebenfalls als »eine Karte voller Hinweise, die etwas über zukünftige Möglichkeiten aussagen«. Indem es die statistischen Wahrscheinlichkeiten solcher Möglichkeiten berechnet, »lernt unser Gehirn, ohne einen Lehrer zu brauchen«. All dies erfolgt unbewusst. Wir werden auf Bayes' Theorem bei der Erörterung der sozialen Wahrnehmung in Kapitel 5 zurückkommen.

Experimentieren und Kulturelles Lernen

Gopnik und Wellman (2012) sehen darin die Möglichkeit einer Erklärung dafür, wie Kleinkinder prinzipiell mithilfe neuer Eindrücke von einer strukturierten Hypothese zur anderen wechseln und sogar tiefgreifende Umbrüche in ihren Modellen über die Welt und andere Personen begründen könnten. Diesen kognitiven Fortschritt könnten Empiristen somit besser erklären als Nativisten. Allerdings wurde oben bereits erwähnt, dass auch die Empiristen keinesfalls völlig ohne die Annahme angeborener Lernmechanismen auskommen. Die Kernthese der Theorie-Theorie lautet, dass die Theorie des Geistes dennoch einem Lernprozess unterliegt, der schon bei bei Geburt einsetzt. Kinder verwenden laut Gopnik und Wellman im Grunde dieselben Werkzeuge wie Wissenschaftler, um ihr Lernen über die kausale Struktur der Welt voranzutreiben: Sie können schon im Kleinkindalter (1) statistische Analysen vornehmen, (2) selbst Experimente durchführen und (3) aus den Experimenten Anderer lernen, vor allem aus denen ihrer Eltern.

(1) Bereits Jenny Saffran et al. (1996) belegten die Sensibilität acht Monate alter Babys für statistische Muster hinsichtlich benachbarter Silben zur Segmentierung von Wörtern. Sie können nach kürzester Zeit z.B. anhand der Lautfolge »prettybaby« korrekt die Wörter *pretty* und *baby* identifizieren, auf der Basis der statistischen Abhängigkeiten der Silben; d.h., sie gehen nicht davon aus, dass z.B. »*tyba*« ein Wort ist. Dasselbe zeigten Saffran et al. (1999) für Tonsequenzen und Joe Kirkham et al. (2002) für visuelle Reize. Fei Xu & Vashti Garcia (2008) belegten das Wissen von Kindern in diesem Alter über statistische Konzepte mit einem Experiment, in dem die Kinder zwei transparente Kisten mit roten und weißen Bällen sahen. Manchmal waren in der Kiste überwiegend rote und nur wenige weiße Bälle, manchmal mehrheitlich weiße mit wenigen roten Bällen. Nachdem die Versuchsleiterin die Seiten der Kiste zugedeckt hatte, entnahm sie vor den Augen der Babys nacheinander fünf Bälle – vier rote und einen weißen, wenn überwiegend weiße darin waren und entsprechend umgekehrt –, also ein statistisch eher unwahrscheinliches Ereignis. Die kleinen Babys schauten die Versuchsleiterin in diesem Fall länger an, als wenn ein statistisch wahrscheinlicheres Ereignis eintrat und demonstrierten dadurch, dass sie die Wahrscheinlichkeiten gegeneinander abwägen können. Kinder stellen schon früh Schlussfolgerungen über Kausalbeziehungen

an, was Gopnik in mehreren Versuchen mit dem Blicket-Detektor nachwies:

> »Wir können sogar beweisen, dass diese Kleinkinder unbewusst Wahrscheinlichkeiten berechnen. Wir zeigten ihnen einen Klotz, der den Detektor in sechs Versuchen zwei Mal aktivierte, und einen anderen, der ihn in vier Versuchen zwei Mal aktivierte. Vierjährige, die noch keine einfachen Additionen vornehmen können, stellten fest, dass der zweite Klotz eine stärkere Wirkung auf den Detektor ausübte als der erste Klotz.« (Gopnik 2010: 167; siehe Gopnik et al. 2001, Kushnir & Gopnik 2005, Sobel et al. 2004)

(2) Der beste Weg, um verschiedene Hypothesen zu testen, ist jedoch das Experiment selbst, bei dem die Kinder – wie Wissenschaftler – absichtlich auf die Welt einwirken:

> »One way to learn a causal structure, in particular, is to perform planned interventions on the world – experiments. Experiments can not only provide you with more evidence about a causal structure, they can provide you with evidence that is designed to eliminate many possible hypotheses and can help you discriminate between just the most relevant hypotheses.« (Gopnik & Wellman 2012: 8)

Kinder beginnen bereits kurz nach der Geburt zu experimentieren, ihre Experimente werden nach und nach komplexer. Schon Kleinkinder erforschen systematisch ihre Umgebung hinsichtlich neuer möglicher Kausalzusammenhänge und Affordanzen, also Handlungsangebote (Gibson 1982), die physische Dinge ihnen bieten. Zum Begriff der Affordanzen kehren wir in Kapitel 5 ausführlich zurück. Angesichts der Intensität, mit der die Kinder die Welt auf diese Weise erkunden, bezeichnet Gopnik (2010: 174) sie als »Kausallernmaschinen«.

(3) Neben den eigenen Experimenten können Kinder aber – wie Wissenschaftler auch – von den Experimenten Anderer lernen. Dazu gehört das Lernen durch Imitation bzw. das kulturelle Lernen, das mitunter auch als wesentlich menschliche Errungenschaft gegenüber anderen Tieren angesehen wird (vgl. Hurley & Chater 2005). Hier spielt natürlich die visuelle Wahrnehmung eine besondere Rolle. Kritiker der Theorie-Theorie wenden häufig ein, dass soziale Kognition hier lediglich von einem rein passiven Beobachterstandpunkt aus konzipiert und untersucht werde. Hingegen biete die aktive Interaktion mit Anderen den paradigmatischen Hintergrund für soziale Kognition (Gallagher 2001). Allerdings stellt die Beobachtung, wie hier deutlich wird, nur eine von drei wichtigen Quellen für soziale Information dar. Im Vordergrund steht auch für Gopnik und Wellman das eigene Experimentieren des Kindes, wozu auch die Versuche gehören, z.B. die Mutter oder den Vater aktiv zur Interaktion zu bewegen sowie in gestische und mimische Protokonversationen zu verwickeln.

Außerdem konzipiert der hier im Hintergrund stehende Bayesianische Lernansatz Kognition überhaupt als aktives Testen von Hypothesen und Erwartungen. Es gibt empirische Belege dafür, dass dieser Erklärungsrahmen auch auf soziale Kognition angewendet werden kann. Kindern gelingt es, ihr Vorwissen mit neuer Evidenz im Einklang mit dem Bayesianischen Lernmechanismus zu integrieren, um schließlich auch unbeobachtbare, »versteckte«, also rein theoretische Variablen wie mentale Zustände anzunehmen (Gopnik et al. 2004, Gopnik et al. 2001). Speziell im Hinblick auf Rückschlüsse bezüglich geistiger Ursachen konnten Tamar Kushnir, Fei Xu und Henry Wellman (2010) zeigen, dass Kinder im Alter von zwanzig Monaten statistische Bayesianische Regeln nutzen, um auf die Wünsche einer anderen Person zu schließen. Statistische Regularitäten erleichtern den Kindern zu erkennen, welche Objekte geistbegabt (Personen) sind und welche nicht, da Menschen im Gegensatz zu physischen Objekten andere, reziproke Kontingenzmuster zeigen. In einer Studie von Kazuaki Shimizu et al. (2004) betrachteten schon kleine Babys ein seltsames klumpenartiges Objekt als geistbegabt, bloß weil die Versuchsleiterin es reaktionsfähig ausgestattet hatte. Es konnte mit einem Zwitschern reagieren, sobald das Baby sich bewegte. Weil das Zwitschern durch das Baby veranlasst war, sahen sie diese Reaktion als Ausdruck eines belebten und geistbegabten Objekts statt einer Maschine. Die statistischen Regularitäten benutzen Kinder auch, um Schlussfolgerungen über individuelle geistige Einstellungen zu ziehen. Gopnik erzählte Kindern, dass ein Stoffhase, der in einem Korb saß, sich vor manchen Tieren fürchte, vor anderen hingegen nicht. Sie spielte dann Interaktionen des Hasen mit verschiedenen Tieren durch und bat die Kinder herauszufinden, vor welchen Tieren sich der Hase fürchtet. Vierjährige zogen – analog zum Blicket-Detektor – die richtigen Schlussfolgerungen und nahmen sogar das betreffende Tier aus dem Korb des Hasen, damit er keine Angst zu haben brauchte (Schulz & Gopnik 2004). Aufgrund dieser Parallelen beim Kausallernen von Kindern bezüglich physischer und psychischer Zusammenhänge ist Gopnik davon überzeugt, dass in beiden Fällen analoge Prozesse ablaufen und somit die soziale Kognition anhand derselben Prinzipien vonstattengeht wie die Kognition in anderen Bereichen.

Gopnik und Wellman gelten als exponierteste Vertreter der Theorie-Theorie in ihrer empiristischen Variante. Nachdem die Theorie-Theorie zuletzt angesichts neuer theoretischer Alternativen (die in den Folgekapiteln diskutiert werden) in Misskredit gekommen war, liefern sie in diesen jüngeren Arbeiten zum Theorienwandel und Lernfortschritt sowie zur Sensibilität für statistische Häufigkeiten eine gute Erklärung für bestimmte Phänomene in der kognitiven Entwicklung von Kindern im Alter von zwei bis fünf Jahren. Kinder benutzen offenbar ihre Schlussfolgerungen aus statistischen Regularitäten in einer Weise, die über bloßes Assoziieren hinausgeht (Gweon & Schulz 2011). Eine Theorie des Geistes wird demnach erworben, sie ist nicht angeboren; allerdings gestehen Gopnik und Wellman zu, dass wichtige kognitive Grundlagen für das Verständnis mentaler Zustände angeboren sind. Diese manifestieren sich insbesondere im Nachahmungsverhalten von Neugeborenen (Meltzoff & Moore 1977), das auf eine angeborene Kopplung äußerer Wahrnehmung von Handlungen Anderer mit innerer Wahrnehmung der eigenen propriozeptiven bzw. kinästhetischen Zustände hinweise. Aufgrund von diesen und anderen Hinweisen (siehe auch Kapitel 5) spricht Gopnik auch von einer »stark angeborenen Komponente« unserer Theorie des Geistes (Gopnik 1999: 839). Doch im Vordergrund steht für sie der Lernzuwachs, da die Theorie des Geistes im Lauf der Kindesentwicklung mehrere Stadien und Wandlungen durchlaufe, von einer wunschzentrierten zu einer überzeugungszentrierten Alltagspsychologie. D.h., der Erwerb von Wissen über psychologische Zustände erfolgt in mehreren Schritten. Gopnik und Wellman nennen zudem eine Reihe von Studien, in denen das Abschneiden der Kinder bei diversen Aufgaben nicht gut in die Erklärungsmuster des Nativismus passe.

Insbesondere sehen Gopnik und Wellman (1992) einen qualitativen Sprung im Alter von vier bis fünf Jahren, wenn Kinder falsche Überzeugungen verstehen. Allerdings gibt es hier ein Problem. Eine Reihe bahnbrechender und viel diskutierter Experimente mit anderen Methoden legen nahe, dass Kleinkinder schon mit etwa zehn Monaten bis eineinhalb Jahren *implizit* falsche Überzeugungen verstehen, selbst wenn sie dies nicht *explizit* äußern können. Diese Studien werden häufig zur Unterstützung nativistischer Positionen angeführt, da sie auf angeborene Fähigkeiten hinwiesen. Träfe diese Deutung zu, dann wäre das ein schwerwiegendes Problem für die hier diskutierte Theorie-Theorie, da der kognitive Einschnitt im Alter von vier bis fünf Jahren als eines der Hauptargumente für den grundsätzlichen Theoriewandel angeführt wird. Deshalb ist es angemessen, dass wir uns im folgenden Kapitel solchen nativistischen Alternativen zuwenden. In diesem Zusammenhang sollen diese neuen Aufgaben zu falschen Überzeugungen sowie ihre alternativen Deutungen eingehend diskutiert werden.

3. Modularitäts-Theorien

Es wurde deutlich, dass Gopnik und Wellman zwar einen starken Akzent darauf legen, dass unser Wissen über die Einstellungen Anderer in großem Maße erlernt ist und wir deshalb unser alltagspsychologisches Wissen analog zu einer wissenschaftlichen Theorie betrachten sollten. Allerdings sind sie auch auf angeborene kognitive Strukturen und Fähigkeiten angewiesen. Vertreter eines Nativismus hinsichtlich der sozialen Kognition legen einen sehr viel stärkeren Akzent auf die angeborenen Aspekte unserer Mechanismen zur sozialen Kognition. Die Fähigkeit zur sozialen Kognition wird demnach nicht erlernt, sondern beruht auf vorhandenen Mechanismen, die durch angemessene Erfahrungen ausgelöst oder angesteuert werden. Wie diese angeborenen Mechanismen genau zu beschreiben sind, wird kontrovers diskutiert. Außerdem unterscheiden sich die diversen Ansätze dieser Theoriefamilie in der Antwort auf die Frage, was als angeboren bestimmt wird: konkrete Inhalte bzw. Begriffe oder Verarbeitungsprozesse und Mechanismen. Zu den prominentesten Ansätzen des ersten Typs zählt die Theorie des *Kernwissens*, entwickelt von Elisabeth Spelke (2003) und Susan Carey (2009); Theorien des zweitens Typs sind fast ausschließlich von Fodors (1983) Pionierarbeiten zur modularen Architektur des Geistes inspiriert. Dazu zählen die *Modularitäts-Theorien* der Psychologen Alan Leslie (1994) und Simon Baron-Cohen (1995) sowie der Erklärungsansatz des Philosophen Peter Carruthers (2013). Beide systematischen Ansätze werden in den folgenden Abschnitten exemplarisch diskutiert. Insbesondere Baron-Cohen ist für seine

Arbeiten zum Autismus bekannt, was in diesem Kapitel ebenfalls erörtert wird. Schließlich kehren wir zu den oben angekündigten Befunden zu einem vermeintlichen *impliziten* Verständnis falscher Überzeugungen bei Kleinkindern zurück. Die Anzahl der Studien auf diesem Gebiet ist noch vergleichsweise gering. Die Erörterung dieser spannenden gegenwärtigen Debatte muss aus Platzgründen gemessen an ihrer Bedeutsamkeit verhältnismäßig knapp ausfallen, soll aber gleichwohl einen repräsentativen Einblick in das Spektrum der Deutungen gewähren.

3.1 Careys und Spelkes Theorie des Kernwissens

Die Entwicklungspsychologinnen Susan Carey und Elisabeth Spelke (Carey & Spelke 1996) weisen in ihrer Auseinandersetzung mit Gopniks Vorschlag zunächst darauf hin, dass Kleinkinder nicht lediglich Theorien konstruieren und überarbeiten, sondern zudem eine Reihe anderer kognitiver Strukturen zur Verfügung haben. Sie lernen durch Erfahrung den üblichen Ablauf eines Restaurantbesuchs eher anhand eines *Skripts* als eine Theorie darüber zu entwickeln. Außerdem erwerben sie Begriffe anhand von *Prototypen* oder *Schemata* (z.B. Tisch und Stuhl oder Katze) und Buchstaben und Zahlen anhand von *Listen*. Carey und Spelke teilen zwar Gopniks Ansicht, dass die Analogie zwischen wissenschaftlichen Theorien und kognitiver Entwicklung von Kindern erhellend ist, allerdings schlagen sie ein alternatives Bild des Beginns dieser Entwicklung vor.

»In contrast to Gopnik, we suggest that children's initial cognitive endowment consists of a set of innate core systems of knowledge which have some, but not all, of the properties of later developing intuitive theories and scientific theories.« (Carey & Spelke 1996: 517)

Formen des Kernwissens bestimmen sie anhand bereichsspezifischer Wissenssysteme. Mit Belegen aus entwicklungspsychologischen Studien unterscheiden sie mindestens vier spezialisierte kognitive Systeme zur Repräsentation von Objekten, Akteuren, Zahlen und geometrischen Beziehungen (Carey & Spelke 1996, Spelke 2000, Kinzler et al. 2007). Spelke et al. (2013) spekulieren auch über die Möglichkeit eines fünften, aber noch nicht detailliert erforschten Systems, das auf unsere sozialen Fähigkeiten spezialisiert ist, Andere als Mitglieder »unserer Gruppe« zu identifizieren und mit ihnen und den Mitgliedern anderer Gruppen zu interagieren. So lautet die zentrale Idee:

> »The core systems hypothesis states that infants represent and reason about the world in a way that accords with five specific, distinctive, and unitary bodies of principles.« (Spelke et al. 2013: 11)

Jeder repräsentierte Bereich (Objekte, Akteure, Zahlen etc.) folgt spezifischen Prinzipien. Schon zwei Monate alte Kinder können anhand weniger Prinzipien wie *Kohäsion*, *Kontinuität* und *Kontakt* die Grenzen, Bewegungsabläufe, internen Beziehungen (von Teilen) und verdeckten Positionen von festen stabilen und deutlich umgrenzten Körpern repräsentieren. Sie verstehen, dass sie den Prinzipien der mechanischen Kausalität genügen, also voneinander abprallen statt sich durch einander hindurchzubewegen, und zu Boden fallen, wenn sie losgelassen werden usw. Der Repräsentation von Akteuren hingegen liegen andere Prinzipien zugrunde, etwa dass sie im Unterschied zu leblosen Körpern biologischer, selbstinitiierter und zielgerichteter Bewegungen fähig sind. Zentral für unser Anliegen ist die Beobachtung, dass wir Personen grundsätzlich anders als physische Objekte repräsentieren. Kinder wie Erwachsene, aber auch nichtmenschliche Primaten wenden solche Prinzipien allein auf Entitäten innerhalb eines Bereichs über verschiedene Sinnesmodalitäten hinweg an. Zu der Evidenzbasis für diese theoretische Annahme gehört allerdings auch, dass schon Kleinkinder, aber auch Erwachsene diese Prinzipien über eine große Bandbreite von kontextuellen Unterschieden hinweg anwenden. Die Systeme funktionieren also kontextunabhängig. Die Theorie besagt, dass diese Subsysteme mit konkreten Funktionen den Kern und die Grundlage unseres gesamten Wissens (»core knowledge«) bilden; alle weiteren Wissensbestände bauen darauf auf. Einige Eigenschaften dieser Systeme stechen heraus: Sie sind *angeboren* und *bereichsspezifisch*; entstammen aus *phylogenetisch alten* Systemen, die darin repräsentierte Information ist *eingekapselt.* Jedes dieser Subsysteme ist *modular organisiert* und zeichnet sich durch *unterschiedliche Prinzipien* aus, die die Informationsverarbeitung leiten. Carey und Spelke beziehen sich explizit auf die modularistischen Theorien von Fodor (1992) und Leslie (1994), deren Kernidee sie aufnehmen. Dazu unten mehr.

Es lassen sich somit einige wesentliche Unterschiede zu Gopniks und Wellmans Theorieentwurf festmachen: Theorien werden erworben und erstrecken sich über diverse Wissensgebiete; Kernwissen ist angeboren und thematisch eng fokussiert. Theorien sind offen für Revisionen, während die Kernsysteme weitestgehend stabil und unverändert bleiben, aber nicht aufgrund von Lernprozessen durch andere Systeme ersetzt werden. Die Begriffe der Kernsysteme werden angereichert und reifen. Das gilt auch für die Theorie des Geistes:

»Theory of mind thus appears to depend on an early-developing (possibly innate) system of knowledge that is elaborated over development, as are other core knowledge systems.« (Carey & Spelke 1996: 522)

Carey und Spelke nehmen für sich in Anspruch, dass sie besser als der konstruktivistisch-empiristische Ansatz von Gopnik und Wellman z.B. pathologische Befunde zu autistischen Kindern erklären können. Autismus gilt allgemein als stark bereichsspezifisches Defizit im Hinblick auf soziale Kognition. Autistischen Kindern und Erwachsenen fällt es schwer, in zwischenmenschlicher Interaktion die Gefühle, Absichten und anderen mentalen Einstellungen von Personen zu erkennen; ja, sie haben mitunter sogar Probleme, Personen überhaupt anders denn als Objekte zu betrachten. Ob solche bereichsspezifischen Defizite sich mithilfe einer Theorie des Kernwissens bzw. mit einem modularistischen Ansatz plausibler verständlich machen als mit einem allgemeinen inferentiellen Mechanismus, werden wir unten im Zusammenhang mit Baron-Cohens Modularitäts-Theorie erörtern.

Die Belege für die Existenz dieser Repräsentationssysteme stammen sowohl aus Studien mit Erwachsenen als auch aus Studien mit Kleinkindern. Allerdings liefern Carey und Spelke nicht dezidiert Argumente dafür, warum Kernsysteme gerade *diese* Kombination von Eigenschaften aufweisen sollten und warum sie angeboren sein müssen. Renée Baillargeon (2002) teilt zwar ihre Ansicht, dass Kernwissen womöglich angeboren sei, sie erlaubt aber starke Veränderungen gerade im ersten Lebensjahr und geht nicht davon aus, dass Kinder bei Geburt schon mit derart robustem Wissen ausgestattet sind, sondern eher mit angeborenen Lernmechanismen. Aus ihren Studien zum frühen impliziten Verständnis falscher Überzeugungen ergeben sich zudem die Argumente gegen die empiristische Theorie-Theorie (siehe unten). Die Kernwissenshypothese ist aber auch deshalb umstritten, weil Kleinkinder entsprechendes Wissen auch durch Erfahrung in den ersten Wochen nach der Geburt erworben haben könnten. Wellman (2014: 197) kritisiert die Kernwissenshypothese für ihre sehr strikten Abgrenzungen und starke Diskontinuität zwischen dem anfänglichen Kernwissen Neugeborener und den kognitiven Fähigkeiten Erwachsener. Obwohl er ebenfalls zugesteht, dass es grundlegendes Basiswissen geben müsse, argumentiert er, dass die Kernsysteme stärker miteinander interagieren müssten, als Carey und Spelke erlauben. Akteure seien zwar von rein physischen Objekten wesentlich verschieden, sie würden bereits von Kindern ebenfalls als prototypische physische bzw. biologische Entitäten konzipiert. Absichtsvoll ausgeführte Handlungen bedürften eines intentionalen Akteurs mit physischen Eigenschaften. Daher scheint ihm die Annahme zutreffender, dass Kinder Akteure und Objekte als integrierte überlappende Entitäten wahrnehmen würden (2014: 200). Auch bezweifelt er, dass die Kernsysteme, wie Carey und Spelke glauben, für alle Zeiten unveränderlich bleiben müssten. Stattdessen betont er auch hier die Möglichkeit von Lernfortschritten, die mit seinem Bayesianischen Ansatz sehr gut erklärt werden könnten. Da auch Bayesianische Lernprozesse stets auf Ausgangswissen angewiesen sind (Hypothesen), wäre es lediglich eine empirische Frage, wie das Ausgangswissen konzipiert werden müsste. – Die Theorie des Kernwissens wurzelt u.a. in Kants Kategoriensystem angeborener Begriffe, allerdings beziehen sich Carey und Spelke, wie angedeutet, dezidiert auf die Arbeiten Jerry Fodors und seiner Anhänger zur modularen Architektur des Geistes. Daher wenden wir uns im folgenden Abschnitt etwas ausführlicher dieser Konzeption kognitiver Architektur zu, um diese Position näher zu charakterisieren.

3.2 Baron-Cohens Modularitäts-Theorie

Modularität des Geistes

Die These der Modularität des Geistes gehört zu den klassischen Annahmen der Kognitionswissenschaft (Chomsky 1980, Fodor 1983, Pinker 1997). Module und Kernsysteme gleichen sich in vielerlei Hinsicht, aber die These der Modularität des Geistes hat weitreichende Konsequenzen für die Konzeptualisierung und Entwicklung geistiger Fähigkeiten. Fodors repräsentationalistische und komputationale Theorie des Geistes ist einer der einflussreichsten Ansätze in der Philosophie des Geistes und Kognitionswissenschaft (vgl. dazu die Texte in Münch 1992 und in Schlicht & Smortchkova 2018). Kognition wird verstanden als diskrete Verarbeitung mentaler Repräsentationen mittels syntaktischer Operationen, wobei die Repräsentationen als symbolische Einheiten einer im Gehirn implementierten Sprache des Geistes aufgefasst werden. Die These der modularen Architektur des Geistes betrifft die architektonische Arbeitsteilung im Gehirn:

»Our cognitive architecture resembles a confederation of hundreds or thousands of functionally dedicated computers (often called modules) designed to solve adaptive problems endemic to our hunter-gatherer ancestors. Each of these devices has its own agenda and imposes its own exotic organization on different fragments of the world. There are specialized systems for grammar induction, for face recognition, for dead reckoning, for construing objects, and for recognizing emotions from the face. There are mechanisms to detect animacy, eye direction, and cheating. There is a ›theory of mind‹ module, and a multitude of other elegant machines.« (Tooby & Cosmides 1995: xiii-xiv)

Bezüglich der kognitiven Architektur des Gehirns formuliert Fodor strikte Kriterien dafür, was als sogenanntes Modul gilt, denn er erlaubt neben genetisch bestimmten und miteinander interagierenden Modulen auch zentrale kognitive Prozesse, die nicht modular sind (Fodor 1983: 101): »Roughly, modular cognitive systems are domain specific, innately specified, hardwired, autonomous, and not assembled« (Fodor 1983: 37). Module sind auf die Verarbeitung je unterschiedlichen Inputs aus der Außenwelt spezialisiert und leiten ihre kognitiven Produkte an bereichsunspezifische Systeme wie z.B. die Aufmerksamkeit sowie Arbeits- und Kurzzeitgedächtnis weiter, die auf die Outputs verschiedener Module zugreifen können. So kann die in Modulen verarbeitete Information in Handlungen münden. Wie die Kernsysteme sind die von Fodor angesetzten Module *angeboren* und in ihrer Informationsverarbeitung *eingekapselt* und *bereichsspezifisch*. Bereichsspezifisch arbeiten insbesondere die diversen Wahrnehmungssysteme. Diese Module reagieren *automatisch* nur auf Signale aus ihrem Bereich, etwa visuelle oder akustische Signale, und sind in einer bestimmten neuronalen Architektur im Gehirn realisiert. Außerdem arbeiten die Module *eingekapselt*, d.h. isoliert und unbeeinflusst von anderen kognitiven Informationen und Prozessen, was eine sehr schnelle und effektive Verarbeitung garantiert. Dieses Merkmal von Modulen wird häufig mit der bekannten Müller-Lyer-Illusion verdeutlicht: Hier unterliegt die Wahrnehmende der Täuschung, dass sie zwei gleich lange Linien systematisch wahrnimmt, als wären sie unterschiedlich lang, selbst wenn sie weiß (oder gar nachgemessen hat), dass sie dieselbe Länge haben. Das in den zentralen Systemen vorhandene explizite Wissen über die Länge der Linien hat keinen Einfluss auf den illusorischen Charakter der visuellen Wahrnehmung. Dies wird als Indiz für die Modularität der visuellen Wahrnehmungssysteme gedeutet. Die These der modularen Architektur der Kognition verdankt einen Großteil ihrer Plausibilität dem Umstand, dass wir sehr viel Information parallel und äußerst rasch und effektiv verarbeiten können.

Während Fodor Module lediglich für einige geistige Fähigkeiten, insbesondere Wahrnehmung und Sprache, annimmt, argumentieren Carruthers (2006), Sperber (2002), Pinker (1997) u.a. für eine »massiv« modulare Architektur des Geistes:

> »The mind contains a number of innately channeled conceptual modules, designed to process conceptual information concerning particular domains ... A naïve physics system, a naïve psychology or ›mind-reading‹ system, a folk-biology system, an intuitive number system, a geometrical system for re-orienting and navigating in unusual environments.« (Carruthers 2002: 663)

Anhand von Carruthers' Aufzählung erkennt man schnell die inhaltliche Nähe (Zahlen und geografische Orientierung) zu den von Carey und Spelke angenommenen Kernwissensystemen. Allerdings weicht Carruthers' Modulbegriff von demjenigen Fodors signifikant ab. In Fodors strengem Modulbegriff sind alle aufgezählten Merkmale notwendiger Bestandteil eines Moduls, während jedes Merkmal für sich genommen noch keine Modularität erzwingt. Von Fodors ursprünglich neun Merkmalen übernimmt z.B. Carruthers lediglich einige wenige: Module sind ihm zufolge isolierbare, bereichsspezifische und über ihre Funktion identifizierbare Verarbeitungssysteme, deren Operationen nicht dem Willen unterliegen und sich dem Einfluss anderer kognitiver Operationen entziehen mögen sowie in eindeutigen neuronalen Strukturen (die über das Gehirn verteilt sein mögen) lokalisierbar sind. Bezeichnenderweise verlangt Carruthers nicht, dass ein Modul angeboren sein müsse. Vielmehr erlaubt er, im Einklang mit Karmiloff-Smith (1998), dass sich Module auch im

Laufe der Gehirnentwicklung nach der Geburt durch entsprechende Inputs ausbilden können. Ähnlich argumentieren auch Scholl und Leslie (1999), dass selbst Module erst »online« gehen müssten und sich dann intern weiterentwickeln könnten.

Die Modularitäts-Theorie hinsichtlich einer Theorie des Geistes, wie sie prominent Leslie (Leslie et al. 1994, Scholl & Leslie 1999), Baron-Cohen (1995) und Carruthers (2006) vertreten, kann auch als nativistische Variante der Theorie-Theorie angesehen werden; es gibt aber systematische Unterschiede zur empiristischen Variante. Alan Leslie, Ori Friedman und Tom German (2004: 531) betrachten die Fähigkeit, den Geist zu verstehen als »sozialen Instinkt«; etwas über unbeobachtbare abstrakte Zustände wie Überzeugungen zu *lernen* setze voraus, dass man auf solche Zustände überhaupt erst aufmerksam werde, und zwar durch angeborene Module, die nach und nach in Betrieb gehen, ausgelöst von entsprechenden Reizen.

Modularität und Entwicklung

Baron-Cohens (1995) Theorie scheint in diesem Bereich die detaillierteste und prominenteste zu sein, auch wenn er von Mechanismen statt von Modulen spricht, da nicht alle Mechanismen Fodors Begriff eines Moduls entsprächen. Er sieht es als ungelöstes empirisches Problem an, welche Merkmale für ein Modul wesentlich sind und welche Aspekte dieser Mechanismen angeboren sein könnten (1995: 57). Aufbauend auf Leslies (1994) Arbeiten unterscheidet er zunächst vier Mechanismen, die für die soziale Kognition relevant sind und sich in einer bestimmten ontogenetischen Abfolge ausbilden, von denen aber bereits drei im ersten Lebensjahr aktiviert werden: (1) Der *Intentionalitäts-Detektor* (*Intentionality Detector* oder ID) ist ein Wahrnehmungsmechanismus, der bewegte Stimuli auf der Basis von volitionalen mentalen Zuständen wie Absicht und Wunsch verarbeitet. Er wird aktiviert durch Reize, die wie ein Handelnder (*Akteur*) wirken, einschließlich Menschen und Tiere, aber auch Wolken und Billardkugeln. Dies harmoniert mit Fritz Heiders und Marianne Simmels (1944) Entdeckung, dass wir spontan eine große Klasse von Reizen als absichtsvoll handelnde Wesen interpretieren, selbst die Bewegungen geometrischer Figuren. Elisabeth Warrington und Tim Shallice (1984) entdeckten Defizite bei Patienten mit lokal begrenzten Hirnschäden, die bestimmte Dinge nicht als belebt kategorisieren konnten. Davon unterscheidet Baron-Cohen (2) einen *Blickrichtungs-Detektor* (*Eye Direction Detector* oder EDD), der Informationen über die Ausrichtung der Augen eines Akteurs auf ein Objekt in der Welt liefert. Augenstellung und Blickrichtung sind sozial höchst relevante Reize, liefern sie doch Informationen darüber, worauf ein Gegenüber intentional gerichtet ist, woran er oder sie Interesse hat, was er oder sie begehrt. Schon zwei Monate alte Kinder zeigen ein deutlich größeres Interesse an Gesichtern und schauen viel länger auf die Augen als auf andere Aspekte des Gesichts eines Anderen (Johnson et al. 1991). Phylogenetisch interessant ist in diesem Zusammenhang die physiologische Besonderheit, dass anders als bei den über 200 Primatenarten die weiße Augenhaut nur beim Menschen stark vergrößert und deutlich sichtbar ist; dadurch können Augenstellung und -bewegungen sowie Blickrichtung einfacher nachvollzogen werden (Kobayashi & Kohshima 2001, Tomasello 2010: 65).

Diese beiden Module erlauben schon dem Kleinkind die Repräsentation dyadischer intentionaler Beziehungen, aber noch nicht das gemeinsame Fokussieren eines Objekts mit einem anderen Akteur in Szenen geteilter Aufmerksamkeit. Dies leistet (3) der *Mechanismus für geteilte Aufmerksamkeit* (*Shared Attention*

Mechanism oder SAM), der Informationen der beiden anderen Module (über Blickrichtung und zielgerichtete Handlungen) benutzt, um eine triadische Beziehung mit einem anderen Akteur und einem Objekt herzustellen oder zu repräsentieren. Dies ist Kindern ab neun bis zwölf Monaten möglich (Tomasello 2001). Sie verfolgen nicht nur den Blick von Anderen (Scaife & Bruner 1975), sie beginnen auch, die Aufmerksamkeit Anderer (teils mit Zeigegesten) auf bestimmte Objekte zu lenken, zu demonstrativen Zwecken oder um etwas zu erreichen; sie können demonstrierte Verhaltensweisen imitieren und sehen Erwachsene als soziale Bezugspunkte (z.B. zur Absicherung) an. Aufgrund der Bedeutsamkeit der Fähigkeit zu geteilter Aufmerksamkeit bezeichnet Tomasello (2001: 77) diesen Einschnitt in der kognitiven Entwicklung als »Neunmonatsrevolution«. Bis zu diesem Zeitpunkt zeigen Kinder natürlich eine große Bandbreite von Interaktionen mit Objekten und anderen Menschen, z.B. durch Greifbewegungen oder Gefühlsausdrücke. Allerdings bleiben diese Interaktionen selbst dyadisch, d.h., sie interagieren *entweder* mit einem Objekt *oder* mit einem Mitmenschen. Geteilte Aufmerksamkeit, also eine echte triadische Beziehung, liegt vor, wenn die Interaktionen der Kinder eine »Koordination ihrer Interaktionen mit Gegenständen und Menschen beinhalten, die in einem referentiellen Dreieck von Kind, Erwachsenem und Gegenstand oder Ereignis resultieren, auf den bzw. das beide ihre Aufmerksamkeit gemeinsam richten« (Tomasello 2001: 78). Die Funktion von SAM ist die Ermöglichung triadischer Repräsentationen wie z.B. *Mutter sieht, dass ich die Puppe sehe*. Die dyadische Beziehung, dass ich die Puppe sehe, ist eingebettet in die zusätzliche dyadische Beziehung, dass Mutter mich und die Puppe sieht.

Schließlich beschreibt Baron-Cohen (4) den *Theorie-des-Geistes-Mechanismus* (*Theory-of-Mind-Mechanism* oder TOMM), das »Juwel in der Krone« seines Modells (Baron-Cohen 2005). Leslie (1987) zufolge wird dieser bereits Ende des zweiten Lebensjahres aktiviert und zeichnet für das Als-ob-Spiel Zweijähriger verantwortlich. Da TOMM die Repräsentation der Beziehungen von Akteuren zu propositionalen Einstellungen ermöglicht, liegt er der Fähigkeit zur *Metarepräsentation* zugrunde. Wie wir weiter unten noch diskutieren werden, impliziert Leslies Theorie, dass Kinder im zweiten Lebensjahr bereits wenigstens implizit falsche Überzeugungen verstehen sollten. Baron-Cohen (2005) allerdings verlegt das Einsetzen von TOMM auf den Zeitraum um den vierten Geburtstag, im Einklang mit Wimmers und Perners (1983) Entdeckung über das Abschneiden Drei- und Vierjähriger bei Aufgaben zum Verstehen falscher Überzeugungen. Damit erfasst Baron-Cohen die entwicklungspsychologischen Daten zum Verstehen falscher Überzeugungen analog zur empiristischen Theorie-Theorie, die an dieser Stelle ebenfalls den entscheidenden Einschnitt ansetzt. TOMM verarbeitet die repräsentationalen Outputs der drei vorausgehenden Module weiter zur Repräsentation und zum Verständnis genuin *epistemischer* Zustände wie Gedanken und Überzeugungen sowie von Beziehungen zwischen mentalen Zuständen. Erst TOMM erlaubt es dem Kind, die volle Bandbreite an mentalen Zuständen zu repräsentieren und zu verstehen, insbesondere falsche Überzeugungen. Wesentlich für diese Möglichkeit, repräsentationale Zustände zu repräsentieren (Metarepräsentation), ist ein Verständnis nicht nur der Gerichtetheit und Aspektgestalt (Perspektivität) intentionaler Zustände (schon bei ID, EDD und SAM), sondern auch der Möglichkeit der Fehlrepräsentation, was erst TOMM ermöglicht. ID und EDD nimmt er auch bei anderen Tieren an, während er SAM und TOMM für den Menschen reserviert.

Nachdem Baron-Cohen (1995) zunächst aus Sparsamkeitsüberlegungen vier Mechanismen unterschieden hatte, erweiterte er seine Theorie kürzlich um zwei weitere Mechanismen, auch wenn er an den Grundzügen seines Modells festhält (Baron-Cohen 2005). Er fügt nun (5) ein *Empathie-System* (*The Empathizing SyStem* oder TESS) zur Verarbeitung von Informationen über affektive Zustände hinzu. Bereits im ersten Lebensjahr unterstützt ein Emotions-Detektor (*The Emotion Detector* oder TED) die Wahrnehmung von Gefühlen in dyadischen Beziehungen zu Erwachsenen und macht diese Information für SAM zugänglich, während TESS erst nach dem ersten Geburtstag aktiv wird. Damit verändert Baron-Cohen aber bewusst auch den Fokus weg von einer Theorie über das »Gedankenlesen« (*mindreading*) hin zu einer Theorie der Empathie (*empathizing*). Diesen Schritt motiviert er folgendermaßen:

> »Where the 1994 Mindreading System was a model of a passive *observer* (because all the components had simple decoding functions), the 2004 Empathizing System is a model of an observer impelled towards *action* (because an emotion is triggered in the observer which typically motivates the observer to *respond* to the other person).« (2005: 474)

In der neuen Version seiner Theorie komme TESS gegenüber TOMM größere Bedeutung zu, so Baron-Cohen, da TESS nicht bloß *Vorhersagen* und *Erklärungen* von Verhalten, sondern insbesondere angemessene empathische *Reaktionen* auf die emotionalen Zustände Anderer erlaube. Baron-Cohen erklärt, es mache einen wichtigen Unterschied, ob ich urteile *Ich sehe, dass du Schmerzen hast* oder ob ich beteure *Ich bin am Boden zerstört, weil du Schmerzen hast.* Für das erste *Urteil* sei TOMM ausreichend, aber erst TESS ermögliche die zweite *Reaktion*, für die das Hervorbringen eines emotionalen Zustands im Beobachter selbst entscheidend sei – ein sogenannter *self-affective state.* Mit dieser Gegenüberstellung von kognitivem Gedankenlesen und emotionaler Empathie scheint Baron-Cohen einen eher an emotionaler Ansteckung, Sympathie oder Mitleid orientierten Empathiebegriff zugrunde zu legen. Diese Konzeption ist allerdings nicht konkurrenzlos, wie die Diskussion unten in Kapitel 4 zeigt. Insbesondere phänomenologische Empathiebegriffe sind enger an das Erleben und Verstehen der geistigen Verfasstheit des Anderen geknüpft und von den damit oft einhergehenden emotionalen Zuständen streng unterschieden. Doch dazu mehr im nächsten Kapitel im Zusammenhang mit der Simulations-Theorie.

Durch die Hervorhebung des aktiven Charakters der Empathie nimmt Baron-Cohen allerdings bereits Reparaturen vor, die von Kritikern häufig gegen Versionen der Theorie-Theorie vorgebracht wurden: Und zwar geht es dabei um den charakteristisch *interaktiven* Charakter sozialer Kognition, der von Vertretern der Theorie-Theorie und Modularitäts-Theorie nicht deutlich genug berücksichtigt werde (Gallagher 2001, Reddy 2008). Der Einwand macht geltend, dass es für die Natur der sozialen Kognition einen wesentlichen Unterschied bedeute, ob wir Andere lediglich passiv und unbeteiligt beobachten oder ob wir mit ihnen interagieren und ihnen dadurch völlig anders begegnen als unbelebten Naturdingen. Die Analogie zwischen der Alltagspsychologie, die sich mit Personen beschäftigt, und Theorien in den Naturwissenschaften, die sich mit Naturdingen befassen, ist insofern eher begrenzt, da Bäume und Planeten gerade nicht mit uns in derselben Weise interagieren. Baron-Cohen scheint einem solchen Einwand mit dieser Modifikation Rechnung tragen zu können, wenn er den aktiven, responsiven und reziproken Charakter der sozialen Kognition – über die Empathie – in den Mittelpunkt rückt.

Baron-Cohen möchte mithilfe dieser zusätzlichen Module ein differenzierteres Bild insbesondere auch krankhafter Fälle zeichnen, die durch Defizite in der Fähigkeit zur sozialen Kognition charakterisiert sind. Denn eine wichtige Motivation für die Ansetzung bereichsspezifischer Mechanismen, die isoliert voneinander beeinträchtigt sein können, sind für ihn pathologische Befunde z.B. zu Autismus, in denen allein diese Mechanismen gestört zu sein scheinen. Da dieses komplexe Syndrom auf den ersten Blick eine modularistische Theorie zu stützen scheint, diese Deutung allerdings nicht konkurrenzlos ist, sei im folgenden Kapitel diese Störung der sozialen Kognition etwas ausführlicher diskutiert.

3.3 Autismus als Störung der sozialen Interaktion

Die Entwicklungsstörung des Autismus ist äußerst komplex; schon die Rede von *dem* Autismus ist irreführend, insofern die Störung ein großes Spektrum umfasst und nur wenige solide Fakten bekannt sind. Es ist in erster Linie eine neurologische Entwicklungsstörung auch mit genetischen Ursachen, die die Entwicklung des Geistes schon sehr früh stark beeinträchtigt. Dabei ist Autismus gerade im Kleinkindalter notorisch schwer zu diagnostizieren. Sehr viel mehr Männer als Frauen sind davon betroffen. Hans Asperger, der autistische Störungen als einer der Ersten beschrieben hat, spricht rückblickend von einer »Extremvariante des männlichen Charakters« (Asperger 1965). Dies führt Baron-Cohen (2009) sehr viel später zu der Hypothese, dass Autismus eine extreme Ausprägung der männlichen Intelligenz sei, die zur Systematisierung tendiere. Und obwohl das Autismus-Spektrum noch viele Rätsel aufgibt, stechen doch – gerade auch im Vergleich zu anderen Entwicklungsstörungen – drei Charakteristika hervor, die immer wieder auftreten (Frith 2013): (1) Defizite in der sozialen Kognition und reziproken Interaktion, (2) Defizite in der verbalen und nonverbalen Kommunikation. Das betrifft nicht allein die Sprachverwendung, sondern auch die Sensibilität für und Motivation zu kommunikativen Gesten. (3) Die Tendenz zu repetitiven Aktivitäten z.B. im Spiel und ein im Allgemeinen sehr enges Spektrum an Interessen.

In unserem Zusammenhang konzentrieren wir uns auf die möglichen Erklärungen der Störungen in sozialer Kognition und Interaktion. Autisten sind wenig bis gar nicht sensibel für soziale Signale jeglicher Art und haben große Schwierigkeiten, in der sozialen Interaktion angemessen zu agieren und zu reagieren. Außerdem ist ihre Vorstellungskraft beeinträchtigt, weshalb autistische Kinder z.B. kaum zu Als-ob-Spielen in der Lage sind. Da Autismus sich schon so früh bemerkbar macht, ist es den betroffenen Kindern nicht möglich, sich entlang dem ihnen geebneten Weg des kulturellen Lernens normal zu entwickeln und einen emotionalen Kontakt zu anderen Menschen herzustellen. Sie sind sehr stark auf Hilfe angewiesen, um ihr Leben zu meistern, auch weil die soziale Interaktion und die Fähigkeiten zur sozialen Kognition einen so großen Stellenwert im menschlichen Alltag haben. Einer der Entdecker der Krankheit, Leo Kanner, spricht folgerichtig schon 1943 von einer »extremen autistischen Einsamkeit«, die er bei elf Kindern als übergreifende Gemeinsamkeit diagnostizierte. Dabei sind z.B. sogenannte hochfunktionale Autisten zu kognitiven Höchstleistungen in der Lage. Kim Peek, der Dustin Hoffman für seine Rolle als Autist in dem Film *Rainman* inspirierte, kann offenbar ein Buch in etwa einer Stunde lesen und sich den Text wörtlich merken (Frith 2013).

Baron-Cohen vermutet, dass autistische Kinder deshalb sich selbst und Andere nicht (oder nur eingeschränkt) als mit mentalen Zuständen ausgestattete Personen verstehen, weil bei ihnen der TOMM-Mechanismus versagt. Er spricht von Geistesblindheit bzw. »Mindblindness« (Baron-Cohen 1995) und stützt diese These durch seine Nachweise des mangelhaften Abschneidens autistischer Patienten bei Aufgaben zum Verständnis falscher Überzeugungen. Zusammen mit Uta Frith und Alan Leslie führte er kurze Zeit nach der ersten Studie von Wimmer und Perner (1983) eine entsprechende Studie mit autistischen Kindern sowie zwei Kontrollgruppen – gesunde Kinder und Kinder mit Down-Syndrom – durch. Trotz ihrer Intelligenz und anderweitigen Begabungen schneiden die meisten Autisten bei solchen Aufgaben wesentlich schlechter ab als Kinder mit Down-Syndrom (Baron-Cohen et al. 1985). Obwohl autistische Kinder wahrscheinlich ähnlichen sozialen Umgebungen und Reizen ausgesetzt sind wie alle anderen Kinder, zeigen sie bereichsspezifische Defizite hinsichtlich sozialer Kognition. Autistische Kinder tendieren allgemein dazu, Handlungsabläufe in ihrer rein physikalischen Abfolge nachzuerzählen, statt auf Absichten oder Wünsche Bezug zu nehmen (Harris 1989), und haben generell Schwierigkeiten, geistige von physischen Phänomenen genau zu unterscheiden. Diese Beeinträchtigungen sind in zahlreichen Studien sehr gut belegt (Happé 1994).

Die beste Erklärung dafür, so Baron-Cohen, sei die Annahme einer Schädigung ihres TOMM-Moduls, dessen Funktion in der Verarbeitung dieser bereichsspezifischen Information besteht. Schon auf den von Baron-Cohen skizzierten Entwicklungsstufen zeigen autistische Kinder starke Verzögerungen und Beeinträchtigungen in der Entwicklung, z.B. in geteilter Aufmerksamkeit und im Als-ob-Spiel. Er spekuliert, dass selbst bei Autisten TED funktionstüchtig sein könnte, da sie Basisemotionen wie Furcht, Freude und Wut erkennen können; aber TESS und TOMM (zum Verstehen epistemischer Zustände) seien bei ihnen wahrscheinlich beeinträchtigt. Bei Psychopathen hingegen seien wahrscheinlich TED und TOMM intakt, da auch sie mentale Zustände verstehen und erkennen, dass jemand Schmerzen hat; allerdings sei bei ihnen TESS beeinträchtigt, da sie anderen Schmerzen zufügen können, ohne die entsprechenden emotionalen Reaktionen hervorzubringen (Blair et al. 1997). Das autistische Gehirn zeigt Abweichungen hinsichtlich der Struktur der Nervenzellen sowie der neuronalen Aktivierung im Gehirn (Frith 2013, Kapitel 4). Die strukturellen Unterschiede sind auf sehr frühe Prozesse vor der Geburt zurückzuführen, sie können nicht erworben sein. Aber es ist nicht bekannt, ob diese Unterschiede ein Defizit in einem anatomisch oder funktional wohlumgrenzten Modul ausmachen. Spekulationen darüber sind angesichts des Standes der sozialen Neurowissenschaft zu verfrüht. Allerdings konnten Messungen mit funktionaler Magnetresonanztomografie zeigen, dass Gehirnregionen, die bei gesunden Versuchspersonen während der »Mentalisierung« stark aktiviert werden, bei Autisten weniger stark aktiviert sind (Castelli et al. 2000). Wenn sich also die Hypothese eines komplexen Gedankenlesenetzwerks im Gehirn bestätigen sollte, dann könnte bei Autisten hier die neurologische Ursache für die Beeinträchtigungen von Autisten in sozialer Kognition zu suchen sein.

Entscheidend für die Hypothese einer domänenspezifischen Beeinträchtigung ist auch der Umstand, dass Autisten bei der Beurteilung »falscher Fotografien« besser abschneiden als bei der Beurteilung von Menschen mit falschen Überzeugungen. Hierbei wird nicht ein Verständnis mentaler Repräsentationen, sondern physikalischer Repräsentationsmechanismen wie Fotoapparaten getestet (Leekam & Perner 1991). Das getestete Kind betrachtet dann eine Kamera, die ein Foto einer Szene macht, das Foto selbst bleibt jedoch verborgen. Dann wird die Szene verändert und das Kind gefragt, wo sich der Gegenstand auf dem Foto befindet und wo er sich wirklich befindet. Diese Aufgaben können Autisten gut bewältigen. Daher kann das Scheitern in *False-Belief*-Aufgaben nicht in Defiziten bei Gedächtnis-, Aufmerksamkeits- oder Lern- und Sprachleistungen gesucht werden. Allerdings ist nicht erwiesen, dass Autismus Evidenz für ein angeborenes Theorie-des-Geistes-Modul im Gehirn liefert. Die Implikation wäre ja, dass alle, deren TOMM-Modul intakt ist, auch die diversen Aufgaben zum Verstehen falscher Überzeugungen meistern müssten. Aber auch taube Kinder, die bei hörfähigen Eltern aufwachsen, zeigen Beeinträchtigungen und Verzögerungen bei genau diesen Aufgaben, obwohl sie keine der charakteristischen neurologischen Störungen aufweisen (Gale, deVilliers, deVilliers & Pyers 1996, Peterson 2009). Patienten, die unter Schizophrenie (Corcoran & Frith 1997) oder einer Borderline-Störung leiden (Fonagy 1989), zeigen ebenfalls Zeichen von »Geistesblindheit«. Hinzu kommt, dass ein signifikanter Anteil der als autistisch diagnostizierten Personen auch in den *False-Belief*-Aufgaben gut abschneidet. Francesca Happé (1995) berichtet, dass je nach Aufgabe und Studie zwischen fünfzehn und sechzig Prozent der Autisten solche Aufgaben bestehen. Auch der Versuch einer Replikation der Studie von Baron-Cohen et al. (1985) durch Rüdiger Kißgen und Roland Schleifer (2002) scheiterte, da 37 Prozent der getesteten Kinder die Aufgaben bestanden.

Ob die Studien zu Autisten belegen, dass bei ihnen ein klar spezifiziertes Modul wie TOMM beschädigt sein müsse, ist fraglich. Meist gehen die Entwicklungsstörungen mit Verzögerungen auf zahlreichen anderen Gebieten einher. Vertreter der empiristischen Version der Theorie-Theorie erklären das Defizit damit, dass Autisten keine alltagspsychologische Theorie erlernen, da sie keine empirischen sozial-relevanten Informationen anhäufen (Wellman 2014: 28). Aber so populär die Hypothese auch sein mag, dass Autismus durch einen *Mangel* an theoretischem Wissen erklärt werden könnte, so muss auch sie kritisch hinterfragt werden. Die prominente Autistin Temple Grandin wurde durch Oliver Sacks' Schilderung ihres Falles bekannt. Sie war die Titelheldin seines Buches *Eine Anthropologin auf dem Mars* und schildert sehr aufschlussreich, wie ihr die spontanen sozialen Interaktionen anderer Kinder lange Zeit mysteriös vorkamen, sie sich aber nun dieser sozialen Signale bewusst sei. Sacks (1995: 272) schreibt: »She can infer them, but she herself cannot perceive them, cannot participate in this magical communication directly ... Knowing this intellectually, she does her best to compensate, bringing immense intellectual effort and computational power to bear on matters that others understand with unthinking ease.« Dies legt nahe, dass Grandin gerade keine *Theorie* des Geistes fehlt; sie ist vielmehr darauf angewiesen, sich eine Theorie zu erarbeiten, über bewusste Schlüsse andere Menschen zu verstehen, um ihre Defizite in der Sensibilität für soziale Signale auszugleichen.

Plausibler ist die Hypothese, dass Autisten Schwierigkeiten in der *automatisch* ablaufenden reziproken Interaktion haben. Uta und Chris Frith (Frith & Frith 2008) unterscheiden mindestens zwei grundsätzlich verschiedene Formen sozialer Kognition: einen schnellen, relativ unflexibel und automatisch ablaufenden Prozess, der unbewusste Routinen involviert, und einen eher langsamen, aber flexiblen und eher kontrolliert ablaufenden Prozess, der Routinen involviert, die dem Bewusstsein zugänglich sind. Diese Differenzierung wird auch im nächsten Abschnitt in Bezug auf die Erklärung des sogenannten Entwicklungsparadoxes eine wichtige Rolle spielen, wenn es darum geht, ein implizites von einem expliziten Verständnis falscher Überzeugungen zu unterscheiden. Uta Frith (2013) berichtet, eine hochfunktionale Autistin habe erklärt, sie könne zwar die Absichten, Überzeugungen usw. anderer Personen herausfinden, aber nicht in realen Situationen, sondern *offline*, nach langen Überlegungen. Peter Hobson (1992: 165) zitiert eine intelligente Autistin mit den Worten, sie habe nicht gewusst, dass es Personen gibt, bis sie sieben Jahre alt war. Auch jetzt müsse sie sich immer wieder klarmachen, dass es andere Personen gibt. Sie wisse nicht, was sie mit ihnen anfangen solle. Diese Unfähigkeit von Autisten im direkten Umgang mit anderen Menschen legt auch eine Studie von Senju et al. (2009) nahe, in der sich herausstellte, dass auch Erwachsene mit dem Asperger-Syndrom die mentalen Zustände Anderer verstehen können, wenn sie explizit aufgefordert werden, darüber nachzudenken. Sie haben offenbar gelernt, ihr Defizit zu kompensieren. Allerdings hilft ihnen dies nicht im Hinblick auf ein adäquates Verständnis Anderer in sozialer Interaktion, die ein »spontanes Gedankenlesen« erforderlich macht. Senju und Kolleginnen legen nahe, dass Menschen mit Asperger-Syndrom nicht in der Lage sind, spontan sozial-relevante Information und die mentalen Zustände Anderer zu verarbeiten. Insofern sie durch kompensatorische Strategien die typischen Aufgaben zur Repräsentation falscher Überzeugungen meistern können, spricht dies sowohl gegen eine modularistische als auch gegen eine empiristisch-theoretische Erklärung.

Weitere Hypothesen über die Ursachen der Defizite in sozialer Kognition bei Autisten nehmen z.T. größere Rücksicht auf deren zusätzliche Defizite in rein sensomotorischen Fähigkeiten, die mit *sozialer* Kognition nur bedingt zu tun haben, aber allgemein abträglich für die kognitive Entwicklung der Kinder sind. Shaun Gallagher (2004) macht darauf aufmerksam, dass die Theorie-des-Geistes-Defizit-Erklärung von Autismus einige andere hervorstechende – vor allem nicht-soziale – Symptome des Autismus nicht erklären könne, z.B. die stark eingeschränkten Interessen, das zwanghafte Beharren auf Gleichförmigkeit, zahlreiche auffällige sensomotorische Verhaltensweisen wie die Übersensibilität für Reize, die oft sehr guten Gedächtnisleistungen usw. Dies gesteht auch Baron-Cohen (2009) zu. Gallagher hält die bereits genannten Erklärungen des Autismus allerdings deshalb für verfehlt, da er die jeweils zugrunde liegenden Erklärungen sozialer Kognition durch die Theorie-Theorie und die Modularitäts-Theorie zurückweist. Wenn die Theorie-Theorie keine adäquate Erklärung sozialer Kognition liefert, dann kann sie auch keine adäquate Erklärung des Autismus – verstanden als Störung der sozialen Kognition – liefern. Gallaghers alternative »neurophänomenologische« Erklärung betont die sensomotorischen Beeinträchtigungen von Autisten vor dem Hintergrund seines enaktivistischen Ansatzes, der Kognition generell als verkörperte sensomotorische Aktivität begreift. Er argumentiert, dass die Störungen bei Autisten hinsichtlich direkter verkörperter Interaktionen (Gestik, Mimik, Wahrnehmung sozialer Signale) schon sehr viel früher zutage treten als die Probleme beim Verständnis falscher Überzeugungen. Dies passt zu Hans Aspergers (1956) Beobachtungen der »auffallenden Ungeschicklichkeit in Motorik und Benehmen« bei den von ihm untersuchten autistischen Kindern, die auch »arm an Mimik und Gestik« sind. Ihnen fehlt der von Gallagher hervorgehobene gesunde Sinn für die Reziprozität und Spontaneität der Interaktion: »Jeder andere Mensch würde es sofort an der Miene des Gesprächspartners merken, dass jetzt nicht die Zeit zu reden ist – nicht aber diese Typen.« (Asperger 1956: 168) Insofern Gallagher, wie wir unten noch sehen werden, die entscheidende Rolle der verkörperten Motorik für kognitive Fähigkeiten herausarbeitet, betont er folgerichtig dieses Defizit bei Autisten als Grundlage für deren soziale Inkompetenz. Gallagher versucht aber auch, diese Erklärung in eine breitere Erklärung der nicht-sozialen Beeinträchtigungen einzubetten:

»On this neurophenomenological account, the problem of specialized cognitive functions related to theory of mind appears at the end of a long line of effects that are more basic and that are generated in neurological disruptions that affect sensory-motor processes. In turn, these sensory-motor problems infect the development of social interaction and understanding ...« (Gallagher 2004: 2010)

Wir erörtern diesen enaktivistischen Ansatz ausführlich in Kapitel 5. Uta Frith (2013) diskutiert noch weitere Erklärungsansätze, z.B. die fehlende biologisch-verdrahtete Neigung zu sozialem Verhalten. Während neurotypische Säuglinge gerne in Gesichter und Augen blicken, vermeiden Autisten den Augenkontakt. Ein weiterer Erklärungsansatz beruft sich auf die Entdeckung von Spiegelneuronen (Rizzolatti et al. 1996), die sowohl dann feuern, wenn ich eine zielgerichtete Bewegung ausführe (und z.B. nach einer Tasse greife), als auch wenn ich jemanden beobachte, der diese oder eine ähnliche Bewegung ausführt. Daher werden Spiegelneuronen, wie wir noch im nächsten Kapitel ausführlicher darstellen werden, mit dem Verstehen von Handlungsabsichten in Verbindung gebracht. Allerdings ist nicht nachgewiesen, dass Kinder mit Autismus Einschränkungen im Verständnis der Handlungsziele Anderer hätten. Außerdem ist es ebenfalls umstritten, welche Rolle Spiegelneuronen bei der sozialen Kognition überhaupt zukommt. Dazu später mehr. Es zeigt sich, dass die gegenwärtige Forschungslage zum Autismus keineswegs schlagende Argumente für oder wider eine der bisher besprochenen Theorien sozialer Kognition liefert. Ebenso wenig kann Baron-Cohen das Autismus-Spektrum als Beleg für die Unterscheidung gerade der Mechanismen anführen, die er postuliert. Daher belassen wir es bei diesem knappen Überblick über diverse Versuche einer eindeutigen Bewertung der Ursachen gestörter sozialer Interaktionen bei Menschen mit Autismus.

3.4 Implizites vs. explizites Gedankenlesen

Die mittlerweile klassischen *False-Belief*-Aufgaben (Wimmer & Perner 1983) spielen in den Argumentationen für beide Versionen der Theorie-Theorie eine entscheidende Rolle: Wie gesehen, führen sowohl Gopnik und Wellman als auch Baron-Cohen diese Befunde als Beleg für ihre empiristischen und nativistischen Positionen an. Während die Empiristen einen grundlegenden Theoriewandel um den vierten bis fünften Geburtstag ansetzen, postuliert Baron-Cohen die Reifung eines angeborenen TOMM-Moduls. Beide Positionen können diesen Befund damit theoretisch einfangen. In der Tat galt es bis vor Kurzem als evident, dass Kinder erst ab dem Alter von dreieinhalb bis viereinhalb Jahren verstehen, dass andere Personen die Welt repräsentieren und ihre Überzeugungen über die Welt auch falsch sein können. Die Mehrzahl der Dreijährigen gibt in solchen Tests regelmäßig noch die falsche Antwort. Warum gerade zu diesem Zeitpunkt ein qualitativer Sprung stattzufinden scheint, ist unklar.

Allerdings müssen sich die Vertreter dieser Positionen mit neuesten Forschungsergebnissen auseinandersetzen, die nahelegen, dass schon bei Kindern zwischen sieben Monaten und eineinhalb Jahren zumindest ein *implizites* Verständnis falscher Überzeugungen nachgewiesen werden kann, auch wenn sie selbst lange danach noch nicht in der Lage sind, dieses Wissen auch *explizit* zu verbalisieren (vgl. zum Überblick Scott & Baillargeon 2017). Diese neuen Studien weichen methodisch von dem klassischen Design ab, weil nicht mehr das *explizite* Antwortverhalten, sondern *implizite* Maße wie z.B. das spontane Blickverhalten der Kinder anlässlich einer verletzten Erwartung maßgeblich ist oder der Umstand, dass sie durch antizipierendes Hinschauen verraten, welches Ereignis sie erwartet haben. *Antizipierende Au-*

genbewegungen geben zu erkennen, ob Kinder die Handlung eines Akteurs deshalb richtig vorhersehen, weil sie seine (wahre oder falsche) Überzeugung in Rechnung stellen (He et al. 2012, Senju et al. 2011, Southgate et al. 2007 u.a.). Aufgaben zur *Erwartungsverletzung* messen, ob Kinder zuverlässig länger hinschauen, wenn ein Akteur in einer Weise handelt, die sie als inkonsistent (statt konsistent) mit seiner Überzeugung ansehen, sei sie nun wahr oder falsch (Onishi & Baillargeon 2005, Kovács et al. 2010, Barrett et al. 2013, Choi & Luo 2015 u.a.). Methodisch wird dabei angenommen, dass Kinder überrascht sein werden, wenn sie Zeuge eines (physikalisch) unmöglichen oder (von ihnen) unerwarteten Ereignisses sind. Zusammen mit der Tatsache, dass Kinder unerwartete Ereignisse tendenziell länger betrachten als erwartete Ereignisse, ergibt sich das Paradigma der spontanen *False-Belief*-Aufgaben: Wenn Kinder länger z.B. zur grünen Box als zur gelben Box schauen, dann kann dies als Hinweis darauf gedeutet werden, dass sie erwarteten, die Handlung eines Akteurs werde auf die gelbe Box gerichtet sein (siehe das ausführliche Beispiel unten). Aus den Blickzeiten kann auf ihre Erwartungen und aus diesen schließlich auf ihr implizites Wissen geschlossen werden. Antizipatorische Augenbewegungen zeigen an, dass die Kinder dorthin schauen, wo sie erwarten, dass der Akteur z.B. seine Schokolade vermutet, obwohl sie mittlerweile woanders liegt.

Neben diesen spontanen Reaktionen überprüfen weitere Studien, ob die Kinder selbst in ihren eigenen Handlungen die (wahren oder falschen) Überzeugungen eines Akteurs in Rechnung stellen. Bei solchen Aufgaben beobachten Kinder zunächst eine Szene, in der ein Akteur zu einer (wahren oder falschen) Überzeugung kommt, woraufhin sie aufgefordert werden, dem Akteur in irgendeiner Weise zu helfen, d.h. eine Handlung auszuführen. Die erfolgreiche Unterstützung erfordert in solchen

Situationen allerdings, dass die Kinder insbesondere die *falsche* Überzeugung des Akteurs berücksichtigen, was dann auf ein implizites Verständnis solcher Überzeugungen hinweist (Buttelmann et al. 2009, Southgate et al. 2010). Der Vorteil solcher Versuche besteht darin, dass man eindeutig sehen kann, ob die Kinder ihr Verständnis der Überzeugung des Anderen verwenden, um zu handeln, ohne dass sie eine Frage beantworten müssen oder lediglich ihre Blickzeit gemessen wird.

Schon Clements und Perner (1994) fanden erste Hinweise auf ein implizites Verständnis bei Dreijährigen. Der Versuchsleiter sagte zu den Kindern: »Ich frage mich, wo Maxi (die Figur in der *False-Belief*-Geschichte) wohl *nachschauen* wird ...«, woraufhin die Kinder zur richtigen Kiste schauten. Mittlerweile gibt es an die dreißig Studien, die alle andeuten, dass Kinder schon sehr viel früher als mit vier oder fünf Jahren falsche Überzeugungen verstehen (Scott & Baillargeon 2014). Trifft diese Deutung zu, so ergibt sich die »paradoxe« Situation, dass Kinder über dieses Verständnis zwar implizit schon früh verfügen, dies aber dennoch etwa zwei bis drei Jahre später erst explizit in ihren Antworten zu verstehen geben können (De Bruin & Newen 2012). Diejenigen, die hier ein frühes Verständnis von Überzeugungen erkennen, werten dies oft als Beleg für einen modularen, nativistischen Ansatz (Carruthers 2013, Scott & Baillargeon 2017). Verteidiger anderer theoretischer Ansätze hingegen tendieren dazu, diese Befunde im Sinne ihrer Theorien anders zu deuten. Ob diese neuen Studien also tatsächlich auf eine so frühe begrifflich-soziale Kompetenz hindeuten oder einer einfacheren Erklärung zugeführt werden können, ist äußerst umstritten. Die zentrale Frage, um die es daher in diesem Unterkapitel gehen soll, lautet: Warum sind Kinder im Alter von sieben bis dreißig Monaten zwar möglicherweise zu einem impliziten Verständnis falscher Überzeugungen in der Lage, können dies aber erst drei

Jahre später auch explizit wiedergeben? Wie müssen wir den Übergang vom impliziten zum expliziten Verständnis falscher Überzeugungen im Alter von vier Jahren charakterisieren? Dieses »Entwicklungsparadox« (De Bruin & Newen 2012) bedarf einer Erklärung. Im Folgenden werden dazu einige theoretische Vorschläge diskutiert.

Doch zunächst soll exemplarisch eine der Studien kurz skizziert werden. Kristine Onishi und Renée Baillargeon (2005) beantworteten ihre Frage, ob 15 Monate alte Kinder falsche Überzeugungen verstehen, positiv. Sie verwendeten das Paradigma der Erwartungsverletzung und zeigten den Babys eine für *False-Belief*-Aufgaben typische Handlungsabfolge. Zunächst sahen sie eine Spielzeug-Wassermelone zwischen einer gelben oder einer grünen Box. Nachdem sie eine Zeit lange damit gespielt hatte, steckte eine Versuchsleiterin die Wassermelone (z.B.) in die grüne Box. Dann folgten mehrere Versuche, in denen die Versuchsleiterin entweder eine wahre oder eine falsche Überzeugung über den Ort der Wassermelone erwarb. So konnte z.B. eine Gruppe von Babys mitverfolgen, wie das Spielzeug vor den Augen der Versuchsleiterin von der einen in die andere Box transferiert wurde (wahre Überzeugung), während eine andere Gruppe sah, wie dies geschah, ohne dass die Versuchsleiterin dies mitbekam (falsche Überzeugung). Schließlich folgte der Testversuch: Die Babys sahen, wie die Versuchsleiterin in der gelben bzw. der grünen Box nachschaute, wobei sie entweder eine wahre oder eine falsche Überzeugung hatte. Die Handlungserwartungen der Babys bezüglich der Versuchsleiterin konnte man nun aus ihren Blickzeiten ableiten, weil sie unerwartete Ereignisse länger betrachten als erwartete. Die Arbeitshypothese des Experiments besagte, dass die Kinder z.B. länger hinschauen sollten, sobald die Versuchsleiterin nicht gemäß ihrer wahren Überzeugung in die grüne Box griff oder sobald sie nicht gemäß ihrer falschen

Überzeugung in die grüne Box griff, abhängig davon, ob sie Zeugin des Transfers gewesen war. Tatsächlich ergab die Studie, dass bereits die 15 Monate alten Babys in ihren Erwartungen – gemessen an den Blickzeiten – die falschen Überzeugungen der Versuchsleiterin in Rechnung stellten. Daraus zogen Onishi und Baillargeon den Schluss, dass bereits diese Babys über eine Theorie des Geistes verfügen:

> »Whether the actor believed the toy to be hidden in the green or the yellow box and whether this belief was true or false, the infants expected the actor to search on the basis of her belief about the toy's location. These results suggest that 15-month-old infants already possess (at least in a rudimentary and implicit form) a representational theory of mind: They realize that others act on the basis of their beliefs and that these beliefs are representations that may or may not mirror reality.« (Onishi & Baillargeon 2005: 257)

Was heißt hier »implizit«? Häufig wird dieser Ausdruck synonym zu »rein unbewusst« verwendet: Sowohl die Verarbeitungsprozesse als auch die resultierenden Inhalte der Denkvorgänge blieben demnach dem Bewusstsein verborgen. Renée Baillargeon und ihre Kolleginnen bevorzugen eine andere Bedeutung von implizit im Sinne von »intuitiv, aber nicht völlig unbewusst«. D.h., zwar bleiben die Verarbeitungsprozesse unbewusst, die resultierenden Inhalte können aber bewusst gemacht werden (Baillargeon, Scott, Bian 2016: 178). Diese Ansicht teilt Tillmann Vierkant (2012: 154), der darauf verweist, dass ihr intuitives Verständnis die Kinder in den Studien zu vielerlei Handlungen in die Lage versetzt: Einige der oben genannten Versuchsreihen überprüfen das Verständnis der Kinder darüber, ob sie auf Gegenstände zeigen, sie auswählen und hervorholen können und dabei ihr Verständnis verwenden. In diesen Designs werden die

Kinder zu einer die Versuchsperson unterstützenden Handlung motiviert. In einer Studie von Birgit Knudsen und Ulf Liszkowski (2012) deuteten 18 Monate alte Kinder spontan einem Akteur durch Zeigegesten an, dass der betreffende Gegenstand mittlerweile woanders platziert worden war. David Buttelmann et al. (2009) entwickelten ein Hilfe-Paradigma, bei dem der Versuchsleiter 18 Monate alten Kindern zunächst zeigt, wie man zwei geschlossene Boxen öffnet und verschließt. Die Boxen bleiben geöffnet, ein Mann betritt den Raum, legt ein Spielzeug in eine der Boxen und verlässt den Raum wieder. In seiner Abwesenheit nimmt der Versuchsleiter das Spielzeug, legt es in die andere Box und verschließt beide. Als der Mann zurückkehrt, versucht er vergeblich, die Box zu öffnen, in die er das Spielzeug gelegt hatte. Als die Kinder jeweils verbal aufgefordert wurden, dem Mann zu helfen, öffneten die meisten die Box, in der das Spielzeug nun tatsächlich war. Dies legt ebenfalls nahe, dass sie verstanden hatten, was der Mann wollte, dass er aber eine falsche Überzeugung über den Ort des Spielzeugs hatte. Solche Handlungen wären schlecht zu erklären, wenn den Kindern nichts von alldem bewusst wäre. Da mittlerweile eine Reihe von Studien vorliegt, die ein analoges Verständnis bei Kindern nichtwestlicher, ländlicher Kulturen in China, Ecuador und Fiji nachweisen konnten (Barrett et al. 2013), scheinen die Ergebnisse auf ein universales Phänomen hinzudeuten. Aber erzwingen diese beeindruckenden Studien die Deutung von Onishi und Baillargeon und ihren Kolleginnen? Gibt es andere, weniger radikale Deutungen, die die Annahme bestehen lassen, dass Kinder erst im fünften Lebensjahr Überzeugungen verstehen? Im Folgenden soll die mittlerweile sehr komplexe Debatte am Beispiel einiger prominenter Deutungsversuche sowie unter Berücksichtigung weiterer Versuchsparadigmen repräsentativ diskutiert werden.

Zur Debatte steht nun, ob diese Kleinkinder tatsächlich schon in der Lage sind, wie die Forscherinnen um Renée Baillargeon und andere glauben, mit etwa einem bis eineinhalb Jahren falsche Überzeugungen Anderer zu verstehen, diese in ihrem Handeln zu berücksichtigen, und damit bereits repräsentationale Zustände verstehen. Für sich genommen sprächen diese Daten für eine nativistische Position. Trifft deren Deutung zu, ergibt sich allerdings außerdem das sogenannte »Entwicklungsparadox« (De Bruin & Newen 2012), weil nämlich noch Jahre vergehen, bis Kinder in der Lage sind, in den klassischen »verbalen« Aufgaben ihr Verständnis auch adäquat mitzuteilen. Diese Daten für sich genommen sprächen nämlich für eine empiristisch-konstruktivistische Position. Wie lassen sich die konfligierenden Befunde zu impliziten und expliziten *False-Belief*-Aufgaben miteinander vereinbaren? In der differenzierten Debatte gibt es mittlerweile ein Spektrum interessanter alternativer Deutungen, die hier nicht alle diskutiert werden können. Allerdings sollen repräsentativ die wichtigsten hervorgehoben werden. Grob fallen die Deutungen in zwei Gruppen, von denen die eine versucht, das Verständnis der Kinder anzuerkennen und ihre Theoriebildung entsprechend anzupassen, während die andere versucht, die Leistungen der Kinder auf andere Weise zu erklären und den früheren Stand der Forschung zu verteidigen, dass Kinder erst mit vier bis fünf Jahren falsche Überzeugungen verstehen.

Zunächst einmal gibt es diejenigen, die Baillargeon folgen und ein frühes Verständnis von Überzeugungen verteidigen (1). Deren Aufgabe ist es vornehmlich, verständlich zu machen, warum es für Kinder so problematisch ist, ihr implizites Wissen bis zum Alter von vier bis fünf Jahren auch explizit zum Ausdruck zu bringen. Zahlreiche Kritiker dieser Deutung gehen von zwei verschiedenen Stufen des Verstehens aus, d.h. zwei unterschiedlichen Fähigkeiten, die hier getestet werden. Demnach verstehen die jungen Kinder noch keine falschen Überzeugungen, weil sie noch überhaupt nicht in der Lage sind, Überzeugungen als repräsentationale Zustände zu verstehen. Vielmehr führen ihre Lernfortschritte erst zu einem solchen Verständnis, wenn sie auch die expliziten Aufgaben bewältigen können. Innerhalb dieser Gruppe gehen einige davon aus, dass diese Leistungen auch ohne die Annahme eines Verstehens geistiger Zustände erklärt werden können (2), andere hingegen vertreten die Ansicht, dass sich das frühe implizite Verstehen der Kinder dennoch auf geistige Zustände (wenn auch nicht Überzeugungen) bezieht (3). Wir werden exemplarisch einige Deutungen zu jeder der drei Gruppen erörtern.

(1) Babys können Gedankenlesen

Schon viele Jahre vor der Welle von impliziten *False-Belief*-Aufgaben argumentierte Fodor (1992) auf der Basis seines allgemeinen Ansatzes für eine modularisierte Form der Theorie des Geistes, die auch schon in allen Grundzügen bei Zweijährigen vorhanden sei; er bezieht sich dabei auf die damals schon bekannte Beobachtung, dass Dreijährige in expliziten FB-Aufgaben noch versagen, während Vier- bis Fünfjährige keine Probleme haben, die richtige Antwort zu geben: »According to this account, the child's theory of mind, as such, undergoes no alteration; what changes is only his ability to exploit what he knows to make behavioral predictions.« (Fodor 1992: 110) Das ontologische Repertoire sowie die empirischen Verallgemeinerungen der Theorie des Geistes seien schon bei den Kleinkindern im Wesentlichen angelegt. Die damaligen experimentellen Befunde erklärt Fodor damit, dass sich der Zugriff der Kinder auf die entsprechenden Problemlösungsstrategien mit dem Alter weiterentwickle. Er setzt sich kritisch mit den (damaligen) Erklärungen von Perner und Wellman auseinander, die er beide ablehnt. Während Perner (1991) zufolge die Dreijährigen noch gar kein Verständnis von Repräsentation haben und somit auch nicht über den Begriff der Überzeugung verfügen, spricht Wellman (1990) Kleinkindern lediglich den Begriff der *falschen* Überzeugung oder Fehlrepräsentation ab. Perners Deutung sei dadurch widerlegt, so Fodor, dass Kleinkinder sehr wohl erfolgreich bei Aufgaben sind, in denen sie das auf einer falschen Überzeugung beruhende Verhalten eines Kindes retrospektiv *erklären* (statt *vorhersagen*) sollen, sehr wohl erfolgreich sind (Bartsch & Wellman 1989). Wellmans Deutung stehe in Spannung zu Leslies (1987) Nachweis, dass schon Zweijährige intensiv im Als-ob-Spiel deutlich vorgeben, dies oder jenes zu glauben (was nicht der Fall ist), z.B. dass eine Banane ein Telefon sei, weil sie sie spielerisch so verwenden. Ein implizites Verständnis falscher Überzeugungen ergibt sich zwangsläufig aus Leslies (1987) Ansatz, da sein *Theory-of-Mind*-Modul (TOMM2) schon im Als-ob-Spiel Zweijähriger Informationen über die Beziehungen von Akteuren zu Propositionen verarbeitet, also Metarepräsentation ermöglicht. Daher sind dieser Position zufolge Kinder in diesem Alter nicht nur zu symbolischem Spiel in der Lage, sondern auch zu einem impliziten Verständnis falscher Überzeugungen. Das Als-ob-Spiel ist schwer verständlich, wenn für die Kinder Überzeugungen lediglich Kopien der Welt sein sollen, wie Wellman behauptet.

Peter Carruthers führt, wie oben schon angemerkt, Fodors Pionierarbeiten zur Modularität des Geistes heute weiter und deutet die neueren Studien in der Summe als eindeutigen Hinweis auf ein modular strukturiertes angeborenes Gedankenlese-System:

»The infant-mindreading hypothesis (...) postulates an innately channeled body of core knowledge, or an innately structured processing mechanism (or both), with an internal structure that approximates a simple theory of mind.« (Carruthers 2013: 151)

Auch wenn keine noch so früh zutage tretende kognitive Leistung einen notwendigen Schluss auf ein angeborenes Modul oder System zulässt, sprechen doch einige Argumente für diese Position. Zunächst einmal können sich Nativisten wie Carruthers auf die kulturübergreifenden Befunde berufen. Wenn gezeigt werden kann, dass Kinder in so jungem Alter in unterschiedlichen Ländern und Kulturen diese Aufgaben bewältigen, dann spricht das für eine angeborene Leistung. Allerdings könnten Vertreter der empiristischen Theorie-Theorie entgegenhalten, dass diese Fähigkeiten bereits in den ersten Monaten hätten erworben werden können. Nativisten entgegnen solchen Argumenten in der Regel mit dem Verweis auf die »Armut der Reize«. Was auch immer Kinder in den ersten Monaten an vielfältigen Reizen aufnehmen können, wäre unzureichend zur Erklärung des systematischen kognitiven Verhaltens, das sie in den verschiedensten Kulturen zeigen. Ob aber zwischen der empiristischen und nativistischen Theorie-Theorie ein so bedeutsamer theoretischer Unterschied vorliegt, darf bezweifelt werden. In der ausführlichen Diskussion oben wurde bereits darauf hingewiesen, dass beide Seiten Anleihen bei der anderen machen müssen. Empiristische Positionen sind auf angeborene Lernmechanismen angewiesen, nativistische Positionen auf die These, dass angeborene Module, wie auch Carruthers betont, einem Lern- und Reifungsprozess unterliegen, der über die Erfahrung läuft.

Carruthers (2013) behauptet, der grundlegende Mechanismus zum Gedankenlesen sei bei Kleinkindern schon sehr früh im ersten Lebensjahr vorhanden und verändere sich im Lauf der kognitiven Entwicklung auch nicht grundlegend:

»This provides infants with the concepts and core knowledge necessary to represent the mental states of other agents, of all basic types (including beliefs that are false and appearances that are misleading). While the operations of this system probably become more streamlined and efficient with age, its representational capacities do not alter in any fundamental way. Rather, what matures over time are the quality and extent of the interactions between this system and executive, attentional, and planning mechanisms.« (2013: 142)

Wenn aber das Gedankenlese-System schon von Geburt an vorhanden ist, warum haben Kinder dann Carruthers zufolge so große Probleme bei expliziten *False-Belief*-Aufgaben? Hier sind sich Vertreter dieser Position weitestgehend einig: Die klassischen, expliziten *False-Belief*-Aufgaben überfordern die kognitiven Fähigkeiten Dreijähriger (Kovács et al. 2010, Scott & Baillargeon 2017, Carruthers 2013, Westra & Carruthers 2017). Die Kinder müssen eigentlich zahlreiche Aufgaben zugleich bewältigen, z.B. vor allem die (falsche) Überzeugung des Akteurs nachvollziehen, aber auch die Frage der Versuchsleiterin verarbeiten und eine entsprechende Reaktion (Antwort, Zeigegeste etc.) generieren. Gallagher (2015) verweist auf die signifikanten Unterschiede zwischen der *Interaktion* des Kindes mit der Versuchsleiterin und der bloß passiven Beobachtung (und Beurteilung) des Akteurs. Bei den Dreijährigen dominiere die Interaktion und dränge die eigentliche Aufgabe in den Hintergrund. Die Interaktion mit der Versuchsleiterin verlangt ebenso viel soziale Kognition wie die Beobachtung des Akteurs, verbunden mit der Aufgabe. Carruthers (2013) hebt hervor, dass die Aufgabe den Kindern Schwierigkeiten bereitet, weil sie im Alltag selten Fragen nach vermeintlichen Überzeugungen gestellt bekommen. Clements und Perners' (1994) Frage, wo Max wohl nachschauen werde, könne mindestens auf drei Weisen verstanden werden: (a) Offenkundig als Test, ob das Kind *selbst* weiß, wo sich z.B. die Schokolade jetzt befindet. (b) In der intendierten Weise danach, was *Max* weiß. (c) Im Sinne einer indirekten Aufforderung Max zu helfen. Einige der Studien machen sich, wie oben geschildert, die angeborene Tendenz von Kindern zunutze, Hilfsangebote zu machen (Buttelmann et al. 2009). Es liege nahe, dass sie die Frage in der dritten Weise deuten und deshalb die falschen Antworten geben. Carruthers (2013: 153) vermutet, das Scheitern der Dreijährigen müsse im Zusammenhang mit der Sprachproduktion und Beschränkungen in Exekutivfunktionen gesucht werden; es sei auf den mangelnden Reifegrad dieser allgemeinen kognitiven Systeme und auf die dreifache kognitive Anforderung der Aufgaben – nicht auf das Gedankenlesesystem – zurückzuführen. Die Kinder könnten zwar bereits Gedankenlesen, aber nicht *zugleich* auch noch eine angemessene Kommunikation mit der Versuchsleiterin führen (siehe entsprechend Scott & Baillargeon 2009: 1176). Zwar bedürfe diese Hypothese noch einer empirischen Überprüfung, sie stehe aber im Einklang mit den zahlreichen erhobenen Daten. Katharina Helming et al. (2016) weisen darauf hin, dass diese Erklärung mindestens unvollständig sei, denn z.B. in der Studie von Paula Rubio-Fernández und Bart Geurtz (2012) konnten Dreijährige eine *False-Belief*-Geschichte mit Spielfiguren selbst zu Ende spielen und scheiterten nicht an der kognitiven Überlastung:

»In order to take the Duplo girl to the empty location, 3-year-olds must have inhibited their own knowledge and selected their representation of the content of the girl's false belief. Clearly, the processing-load account needs some further explanation of why being asked the where-prediction question, but not being prompted to act out the mistaken agent's next action, overwhelms young children's inhibitory resources and generates a reality bias.« (Helming et al. 2016: 446)

Das Hauptproblem sehen diese Autoren daher in den sprachlichen Anforderungen der expliziten Aufgaben. Die Fragen der Versuchsleiterin zwingen die Kinder zu einem Perspektivenwechsel von dem Beobachterstandpunkt bezüglich der instrumentellen Handlung des Akteurs zu einem interaktiven Zweite-Person-Standpunkt bezogen auf die kommunikative Handlung der Versuchsleiterin. Das Scheitern der Kinder unter vier Jahren weise auf ihre Unfähigkeit hin, sich auch angesichts der Interaktion mit der Versuchsleiterin weiterhin auf die Dritte-Person-Perspektive bezüglich des Akteurs zu konzentrieren, was ja ihre Aufgabe im Sinne der zweiten Deutung der an sie gestellten Frage ist. Diesen Punkt heben auch Vertreter enaktivistischer Theorien wie Gallagher (2015) hervor, worauf wir unten zurückkommen. Angesichts dieser sprachlich-pragmatischen Herausforderungen, die sie für das Scheitern der Kleinkinder in expliziten Tests verantwortlich machen, verteidigen Helming et al. (2016) die Deutung, dass schon sehr kleine Kinder falsche Überzeugungen verstehen.

Allerdings gibt es Varianten der expliziten Aufgabenstellung, von denen nicht alle ein Verständnis falscher Überzeugungen überprüfen, sondern testen, wann Kinder z.B. Wahrnehmungen, Wünsche, Vorstellungen, Einbildungen und andere mentale Zustände (bei sich selbst und bei anderen) verstehen. Wie Wellman (2014: 28) in seiner Theorie-des-Geistes-Skala zeigt, verstehen Kinder diese anderen mentalen Zustände sehr viel früher als falsche Überzeugungen und geben entsprechend auch die richtigen Antworten. Läge es tatsächlich nur an der kognitiven Überlastung, dem Grad der Ausbildung der Exekutivfunktionen und den sprachlich perspektivischen Aspekten, so sollten die Kinder auch bei diesen Aufgaben scheitern, was aber nicht der Fall ist. In diesen Fällen scheitern sie also nicht an der kognitiven Überlast. Warum nicht? Darauf haben Vertreter dieser Position offenbar bisher keine Antwort.

(2) Babys können nicht Gedankenlesen

Cecilia Heyes und Chris Frith (2014) gestehen zwar zu, dass es angeborene kognitive Strukturen gibt; solche neurokognitiven Mechanismen generierten jedoch bloß Erwartungen bestimmter *Verhaltensweisen*, während Gedankenlesen eine kulturell erworbene Fähigkeit sei, die durch verbale Instruktionen von Generation zu Generation weitergegeben werde. Sie vertreten die Ansicht, dass wir Fakten über mentale Zustände in derselben Weise lernen wie Fakten darüber, was geschriebene Wörter bedeuten, nämlich durch soziale Interaktion, speziell kulturelles Lernen. Insofern ist es nicht verwunderlich, dass Heyes (2014) die bisherigen Studien zu implizitem automatischem Verstehen falscher Überzeugungen als unzureichend bewertet, um auf ein Verständnis falscher Überzeugungen bei Kleinkindern schließen zu können; sie hält es aber für empirisch möglich, Gedankenlesen (*mindreading*) im Unterschied zu bloßem »Verhaltenslesen« (*behaviour reading*) auch bei Kindern, die noch nicht sprechen können, experimentell zu untersuchen. Sie beruft sich auf *bereichsallgemeine* (statt bereichsspezifische) Prozesse der Wahrnehmung, Aufmerksamkeit und des Gedächtnisses, deren Interaktion das Blickverhalten der Kinder steuere. Sie bezweifelt nicht, dass das Blickverhalten der Kinder ihre Erwartungsverletzung bzw. Überraschung spiegele. Ihr »low-level-account« besagt aber, dass die Erwartungsverletzung die Repräsentation von grundlegenden Eigenschaften wie Farben, Formen und Bewegungen betreffe, nicht jedoch repräsentierte *Akteure*, die zielgerichtete *Handlungen* an *Objekten* ausführten. Entscheidender Faktor sei jeweils, dass solche simplen Eigenschaften der verwendeten Reizobjekte für das Kind neu und interessant seien: »the low-level account suggests that the novelty generating the surprise is present at a lower representational level; at a level where the events witnessed by the infants are represented as colors, shapes and movement, rather than as actions on objects by agents« (2014: 648). In Onishi und Baillargeon's (2005) Studie z.B. hätten die Kinder womöglich länger hingeschaut, als die Versuchsleiterin trotz ihrer falschen Überzeugung hinsichtlich der grünen Box in die gelbe Box griff, einfach weil dies für die Kinder eine neue Bewegung gewesen sei. Doch es ist fraglich, ob sich diese starke These für alle Studien verteidigen lässt; sie steht z.B. in direktem Widerspruch zu den zahlreichen Befunden zum Wissen kleiner Kinder bezüglich Objektpermanenz sowie zu Careys und Spelkes Studien zu Kernwissenssystemen, die oben besprochen wurden. Deren Beobachtung, dass Kinder schon sehr früh in der Lage sind, Akteure von unbelebten Objekten zu unterscheiden, biologische Bewegung zu registrieren und Gesichter anderen Reizen vorziehen, dann scheint das für die Deutung zu sprechen, dass die Kinder auch in den *False-Belief*-Aufgaben die Protagonisten als Akteure wahrnehmen statt als bloße Formen. Ihre begrifflichen Fähigkeiten sind zu diesem Zeitpunkt schon weiter entwickelt.

Nicht nur Heyes versucht die Befunde statt durch Gedankenlesen auf einfachere Weise zu erklären. Die Theorie von Johannes Roessler und Josef Perner (2012) ist allerdings viel differenzierter. Sie unterscheiden zwischen mentalistischen Regeln und Verhaltensregeln, die in Erklärungen und Vorhersagen von Verhaltensweisen zugrunde gelegt werden könnten. Während explizite Aufgaben verlangen, dass Kinder die normativen, rationalen Grundlagen der kausalen Rolle von Überzeugungen und Handlungsgründen verstehen, können die neueren impliziten Aufgaben bewältigt werden, sobald bloß das Wissen um einige wenige Generalisierungen über Verhaltensursachen vorliegt. Diese beiden Ebenen der Erklärung betten Roessler und Perner in einen Theorierahmen »teleologischer Erklärung« ein, wie er bereits zuvor von Gergely & Csibra (2003) skizziert wurde. Roessler und Perner verwenden den *Telos*-Begriff im aristotelischen Sinne eines anzustrebenden Gutes. Demzufolge sind Kinder Teleologen, weil sie Handlungen anhand von Gründen erklären, die nicht (immer) als innere mentale Zustände konzipiert werden (müssen), sondern Fakten in der Welt sein können. Der Umstand, dass die Banane vor mir auf dem Tisch liegt, kann ein Grund für mich sein, sie zu ergreifen und zu essen. Wenn tatsächlich Tatsachen von den Kindern als Handlungsgründe in Rechnung gestellt werden, dann wird verständlich, warum noch Dreijährige konsistent die falschen Antworten in den expliziten Aufgaben geben:

»The explanation is that that they predict that the protagonist will do what he *ought to do* in order to attain his objective. For example, they will predict that in order to retrieve his chocolate Mistaken Max will go to the cupboard (where he ought to go, as this is where the chocolate is to be found) rather than to the kitchen drawer (where he believes it is).« (Roessler & Perner 2012: 35)

Stellen Vierjährige aber dann mentale Zustände in Rechnung statt bloß objektive Tatsachen, dann zeigen sie, dass sie in der Lage sind, subjektive Handlungsgründe zu erkennen, die nicht Tatsachen in der Welt, sondern innere mentale Zustände sind. Die Kinder scheitern also lange Zeit an den expliziten Aufgaben, da sie ein simpleres Konzept von Handlungserklärungen zugrunde legen: »They predict and explain actions in terms of *reason*-giving facts rather than *rationalizing* mental states« (ebd. 36). Da die Schokolade nicht mehr an dem Ort ist, wo Max sie vermutet, müssen die beurteilenden Kinder verstehen, dass es *aus Max' Sicht* rational wäre, dort nachzuschauen, wo sie jetzt nicht mehr ist, obwohl es keinen objektiven (weltlichen) Grund dafür gibt. Da Dreijährige dies noch nicht verstehen, so Roessler und Perner, scheitern sie systematisch in allen Formen verbaler *False-belief*-Aufgaben. Durch diese Differenzierung verteidigen Roessler und Perner die ursprüngliche Grenze von vier bis fünf Jahren als universelle Markierung zum Verständnis falscher Überzeugungen. Vorher liege kein solches Verständnis vor. Sie deuten ihre Erklärung als Zwei-System-Ansatz, von denen System 1 an die klassische Theorie-Theorie angelehnt ist, die vor dem vierten Geburtstag eine *nicht-repräsentationalistische* Theorie des Geistes ansetzt. Wie Gopnik betont (siehe oben) sind Kinder schon sehr früh dazu fähig, Informationen anhand von statistischen Regularitäten zu sammeln; aufgrund dessen können sie verschiedene Verhaltensregeln verwenden. System 2 hingegen steht in der rationalistischen Tradition von Handlungserklärungen durch Gründe als interner mentaler Zustände, d.h. subjektiver Gründe. Sie spekulieren jedoch nicht darüber, ob die Systeme angeboren sind oder nicht.

Josef Perner und Ted Ruffman (2005) beherzigten das Credo von Daniel Povinelli und Jennifer Vonk (2004), zu jeder mentalistischen Erklärung durch mentale Zustände eine alternative (ökonomischere) Erklärung anhand von Verhaltensregeln anzugeben. Povinelli und Vonk raten dazu im Kontext von Spekulationen über die sozial-kognitiven Fähigkeiten nicht-menschlicher Primaten, um eine »Überintellektualisierung« ihres Verhaltens zu vermeiden. Eine solche von Kindern benutzte Regel könnte lauten: »Menschen suchen nach Objekten immer dort, wo sie sie zuletzt gesehen haben.« Die Anwendung dieser Regel könnte erklären, warum die jungen Kinder überrascht sind und länger hinschauen, wenn der Akteur sein Spielzeug sucht, wo es tatsächlich ist. Carruthers (2013) weist darauf hin, dass zur Erklärung aller experimentellen Paradigmen eine Vielzahl solcher Regeln postuliert werden müsse. Außerdem könnte ein solcher Ansatz keine Prognosen generieren, sondern würde prinzipiell stets bloß als Reaktion auf ein vermeintliches mentalistisches Verständnis eine neue Verhaltensregel einführen. Daher lehnt er diesen Ansatz ab.

Die zunächst rein teleologischen Handlungserklärungen anhand von objektiven Gründen bzw. Zielen funktionieren nicht mehr, sobald (verschiedene) subjektive Perspektiven hinsichtlich solcher Ziele ins Spiel kommen. Da Max' Verhalten aus der Perspektive des Kindes irrational erscheint, weil Max in der leeren Schachtel nachschaut, muss das Kind lernen, den teleologischen Standpunkt *innerhalb von Max' Perspektive* zu verwenden:

> »Importantly, teleology-in-perspective preserves the rationality of Mistaken Max's action: he can be seen to act on the basis of what from his perspective appears to be an objective reason. This ability becomes operative around 4 years when children develop some notion that different perspectives exist and, thus, need not anymore rely on being switched to another person's perspective but can voluntarily do so.« (Roessler & Perner 2012: 46)

Wie kann das Kind nun den teleologischen Standpunkt *innerhalb* der Perspektive des Anderen anwenden? Welche kognitive Architektur erfasst, wie Kinder ihre eigenen Überzeugungen und diejenigen Anderer beim Fremdverstehen repräsentieren? Perners Theorie ist nicht zuletzt deshalb attraktiv, weil sie auch auf diese Fragen Antworten anbietet. Josef Perner und Brian Leahy (2015) berufen sich hierzu auf die Theorie von mentalen Ordnern (*mental files*) (Recanati 2012). Die Theorie mentaler Ordner ist eine empirische Hypothese darüber, in welcher Form Information im Gehirn gespeichert ist. Ordner sind Hilfsmittel, mit denen man Objekte (Hunde, Bäume, Scheren), Eigenschaften (rot, weich, klebrig) oder Substanzen (Wasser, Gold, Äther) identifizieren und (kognitiv) verfolgen (im Sinne von reidentifizieren) kann. Es handelt sich also um eine kognitive Struktur mit intentionalem Gehalt, die Informationen z.B. über einen Gegenstand sammelt und organisiert. Solche Ordner können als eine mögliche Ausdifferenzierung von Freges Unterscheidung zwischen Sinn und Bedeutung angesehen werden, insofern sie es erlauben, zwischen dem Referenten eines Wortes und seiner Gegebenheitsweise zu unterscheiden. Wir können verschiedene Ordner für den Planeten Venus anlegen, einen unter dem Namen »Morgenstern«, einen weiteren unter dem Namen »Abendstern«. Solche Ordner werden nach und nach mit Informationen angereichert; sie können auch z.B. miteinander verbunden werden, wenn man entdeckt, dass sich zwei Ordner – wie im Beispiel – auf denselben Referenten beziehen. Gelingt diese Verknüpfung, so lernt man etwas hinzu. Ein Objekt zu identifizieren bedeutet immer, es *als* dies oder jenes, *als* so oder so beschaffen anzusehen. Objektordner haben ein Label (z.B. »Abendstern«) und integrieren Information über das Objekt, in dem der Ordner »verankert« ist, z.B. Erinnerungen, Erlebnisse und Beschreibungen wie »das hellste Gestirn am Nachthimmel« usw. Mentale Ordner erklären, dass ein Lernprozess stattfindet, wenn Ordner systematisch miteinander verknüpft werden und klar wird, dass der Abendstern mit dem Morgenstern identisch ist. Dies trägt der Intensionalität von Gedanken ebenso Rechnung wie ihrer Perspektivität, denn jeder dieser Ordner verschlüsselt

Information über seinen Referenten von einer bestimmten Perspektive (z.B. des Sprechers) aus.

Perners originelle entwicklungstheoretische Hypothese besagt, dass Kinder unter vier Jahren solche mentalen Ordner zwar in demselben Objekt verankern, aber diese Tatsache nicht selbst wiederum repräsentieren können, d.h., Kleinkinder sind sich der Identität des Objekts nicht bewusst; für sie wird mit jedem Ordner ein distinktes Objekt bezeichnet, auch wenn zwei Ordner mit demselben Objekt verankert sind (Perner & Leahy 2015: 496). Dies erklärt, warum Kinder nicht nur in den *False-Belief*-Aufgaben, sondern parallel auch in dem »Alternative Namen«-Spiel scheitern (Doherty & Perner 1998). Da der Versuchsleiter das Objekt als »Hase« herausgreift und vom Kind einen alternativen Namen für das Tier hören möchte, z.B. »Tier«, das Kind aber die zuvor angelegten Ordner mit diesen Labels nicht miteinander verknüpft hat, wiederholt das Kind einfach das Wort »Hase«, statt mit einer alternativen Bezeichnung zu antworten. Während bei der Verwendung unterschiedlicher Namen verschiedene Ordner angelegt werden, ist dies bei unterschiedlichen Adjektiven nicht der Fall. Kleinkinder bestehen die »Alternativer Name«-Experimente nicht, da sie nicht verstehen, dass zwei verschiedene Ordner für dasselbe Objekt angelegt wurden. Die Ordner werden nicht verknüpft. Laut Perner gelingt Kindern die Verknüpfung von Ordnern mit etwa vier Jahren, was den Fluss von Information über Ordnergrenzen hinweg und das Bestehen dieser Aufgabe erlaubt. Analog kann, so Perner und Leahy, das Abschneiden der Kinder unterschiedlichen Alters in *False-Belief*-Aufgaben erklärt werden. Um Max' Perspektive zu repräsentieren, sollten Kinder ansatzweise Max' Perspektive selbst einnehmen. Diesen Vorschlag nehmen Perner und Leahy von der Simulations-Theorie auf (siehe folgendes Kapitel), übersetzen sie aber in die Begrifflichkeit der mentalen Ordner-Architektur. Das Wissen über Max' falsche Überzeugung ist demnach so strukturiert, dass das beurteilende Kind einen Stellvertreter-Ordner (*vicarious file*) anlegt, der in etwa diese Form hat: ›Max‹ Schokoladen-Ordner: Diese (Schokolade) ist in der Schublade.' Dieser Ordner repräsentiert den Zustand der Welt nicht aus der eigenen Perspektive des Kindes, sondern aus Max' Perspektive, er ist auf ihn ›indiziert‹. Das Kind hat nun zwei verschiedene Ordner angelegt, in denen unterschiedliches Wissen über den Ort der Schokolade (aus verschiedenen Perspektiven) repräsentiert ist. Die beiden Ordner sind zwar in demselben Objekt verankert, aber damit das Kind die Aufgabe bewältigen kann, muss es erkennen, dass sie von demselben Objekt handeln. Also müssen die beiden Ordner miteinander verknüpft werden. Doch hier entsteht ein Problem:

»Linking in this straight sense is, however, not possible in the case of false belief. Linking implies that the information contained in each file can flow freely to any other file to which it is linked. Such linking would lead to confusion and incoherence in the case of false beliefs since the false information in the vicarious file would be absorbed in the regular file and one would lose track of what is actually the case. Information in vicarious files needs to stay quarantined.« (Perner & Leahy 2015: 503)

In der Diskussion der Simulations-Theorie wird sich das analoge Problem einstellen, dass die *eigenen* Überzeugungen, Absichten und Wünsche in Quarantäne gehalten, d.h. unterdrückt werden müssen, um den Anderen angemessen zu simulieren, statt nur die eigenen mentalen Zustände in ihn hineinzuprojizieren. Statt also die Ordner so zu verbinden, dass Information vom einen zum anderen in beide Richtungen fließen kann, müsse eine hierarchische Verknüpfung hergestellt werden, die den Informationsfluss zwar prinzipiell erlaubt, aber sinnvoll begrenzt.

Der Inhalt des Stellvertreter-Ordners muss so markiert sein, dass alle Repräsentationen auf Max indiziert sind, damit klar ist, dass es sich um Wissen *aus seiner Perspektive* handelt. Ein Vorteil dieser analogen Erklärungen des Abschneidens der Kinder unterschiedlichen Alters in den beiden Aufgaben-Typen besteht darin, dass sie erfassen, warum das Scheitern bzw. Bestehen bei beiden Aufgaben stark korreliert. Die Fähigkeit, die ein Bestehen in beiden Aufgaben erlaubt, ist die Verknüpfung von mentalen Ordnern, die in demselben Objekt verankert sind, aber unterschiedliche Information darüber enthalten.

Warum scheitern Dreijährige zwar bei den expliziten Aufgaben, bestehen aber die impliziten Versionen? Wie ist diese Leistung vereinbar mit der These, dass Kinder erst im Alter von vier Jahren verschiedene Ordner von demselben Objekt miteinander verknüpfen können? Eine mögliche Lösung im Rahmen von Perners und Leahys Theorie ergibt sich, wenn man eine von Francois Recanatis (2012) Anforderungen an Stellvertreter-Ordner fallen lässt, dass sie nämlich nur dann existieren können, wenn sie an reguläre Ordner geknüpft sind. Dann könnten nämlich solche Stellvertreter-Ordner auch unabhängig vorliegen, aber das Kind könnte sich auf sein Verstehen der falschen Überzeugung des Anderen noch keinen Reim machen. Das Verständnis bliebe deswegen bloß implizit. Alternativ könnte ein Stellvertreter-Ordner auch als koreferenzieller Ordner aufgefasst werden. Dann gäbe es einen regulären und einen Stellvertreter-Ordner für Max, die beide Information über die Schokolade enthalten. Jener enthielte *alle* Erlebnisse die Schokolade betreffend, dieser jedoch nur Max' Erlebnisse. Dann könnten auch die Kleinkinder schon Informationen über die Welt *aus Max' Perspektive* sammeln, die sich von ihrer eigenen unterscheidet, ohne sich dessen bewusst zu sein. Sobald sie dann die expliziten Aufgaben bestehen, ist ihnen dies bewusst, da sie nun die Ordner verknüpfen können.

Dieser von Perner und Kollegen entwickelte differenzierte Erklärungsansatz stellt eine Variante der Zwei-System-Theorie dar, von der es verschiedene Ausprägungen gibt. Die dritte und letzte systematische Position hinsichtlich des Entwicklungsparadoxes fällt zwar ebenfalls in diese Kategorie; sie unterscheidet aber zwei Systeme des Gedankenlesens – eine minimale und eine voll ausgebildete Theorie des Geistes –, ist also verschieden von Perners Ansatz, weil sie auch Kleinkindern ein Verständnis *mentaler Zustände*, wenn auch nicht falscher Überzeugungen, zugesteht. Welche Zustände das dann genau sind, muss im Folgenden erläutert werden. Diese Position unterscheidet sich aber auch von der ersten Position (Carruthers, Baillargeon), der zufolge es lediglich *ein* angeborenes Gedankenlesesystem gibt, das sich in seinen repräsentationalen Eigenschaften nicht wesentlich verändert.

(3) Zwei Systeme zum Gedankenlesen

Die Zwei-System-Theorie von Ian Apperly und Stephen Butterfill gehört sicherlich zu den meist diskutierten Lösungsvorschlägen in diesem Zusammenhang (Apperly & Butterfill 2009, Butterfill & Apperly 2013; De Bruin & Newen 2012 vertreten eine Variante dieses Ansatzes). Auch diese Position ist sehr differenziert und beinhaltet originelle neue theoretische Vorschläge, um die Befunde miteinander in Einklang zu bringen. Ihre Position ist teils motiviert durch ihre Kritik an modularistischen Konzeptionen, wie sie z.B. Carruthers (2013) vertritt. Zur Erinnerung: Carruthers geht davon aus, dass es nur ein einziges Gedankenlese-System gibt, das sich im Laufe der ontogenetischen Entwicklung weiterentwickelt. Er behauptet, dass

»the domain-specific mechanism implicated in mindreading competence is functional early in infancy. (I shall tentatively suggest: by the middle of the first year of life.) This provides infants with the concepts and core knowledge necessary to represent the mental states of other agents, of all basic types (including beliefs that are false and appearances that are misleading). While the operations of this system probably become more streamlined and efficient with age, its representational capacities do not alter in any fundamental way. Rather, what matures over time are the quality and extent of the interactions between this system and executive, attentional, and planning mechanisms.« (Carruthers 2013: 142)

Apperly kritisiert, dass Module zwar schnelle und effektive Verarbeitung gut erklären können, aber nicht den Umstand, dass Gedankenlesen oft eine schwierige und kognitiv anspruchsvolle Angelegenheit sein kann:

«Insofar as modular processing is regularly associated with other cognitive characteristics, this would also help explain the observation that at least some aspects of mindreading appear to be fast, efficient, automatic, and in the case of original modules, early developing. However, it is equally true that such modules could not explain how mindreading manages to be flexible (...), and modules do not fit well with the empirical evidence that mindreading is often cognitively effortful. In short, modules can only be part of the solution, because they cannot explain why mindreading often seems less like perception and more like reasoning.« (Apperly 2010: 125)

Ihre Theorie ist also nicht allein durch die entwicklungspsychologischen Befunde zum Entwicklungsparadox motiviert, sondern auch durch den Umstand, dass soziale Kognition in manchen Fällen zwar schnell, effektiv, automatisch und unbewusst abläuft, in anderen Fällen jedoch langsam, ineffektiv, kontrolliert und bewusst. Ihre Leitfrage lautet, ob wir nur dann die Wahrnehmungen, Wissenszustände und Überzeugungen Anderer nachvollziehen können, wenn wir diese Zustände, also propositionale Einstellungen, selbst repräsentieren. Die Experimente von Agnes Kovács et al. (2010) zeigen, dass wir ganz automatisch die Perspektive einer anwesenden Person in Rechnung stellen, auch wenn dies von uns weder verlangt wurde noch für die Lösung einer uns gestellten Aufgabe in dieser Situation erforderlich oder förderlich wäre (siehe auch Schneider et al. 2017). Die Körpersprache anderer Personen verrät uns oft unmittelbar, worauf diese aus sind. Wenn meine Frau beim Abendessen ihren Blick über den Tisch kreisen lässt, greife ich instinktiv nach der Pfeffermühle oder dem Salzstreuer, je nach Kontext, und reiche ihn ihr. Diese Fälle von sozialer Kognition laufen weitestgehend automatisch ab und verlangen keinen großen kognitiven Aufwand. Hier sind modulare Ansätze überzeugend. In viel beachteten Experimenten konnten Low und Watts (2013) zeigen, dass sowohl Vierjährige als auch Erwachsene in manchen Fällen – wenn es darum geht, nachzuvollziehen, wie ein Akteur ein Objekt (einen Roboter) wahrnimmt – zutreffend das Verhalten eines Akteurs vorhersagen können, ohne dass solchen expliziten Antworten automatische antizipierende Augenbewegungen vorausgingen. Im Gegenteil schaute die Mehrzahl der Kinder und Erwachsenen zur falschen Box, sie gaben aber die richtigen Antworten. Solche Fälle von sozialer Kognition scheinen also kognitiv anspruchsvoll zu sein (siehe auch Back & Apperly 2010).

Zwischen den beiden Extremen, einerseits einer Verhaltenserklärung allein auf der Basis von Verhaltensregularitäten und andererseits einer alltagspsychologischen Erklärung auf der Grundlage der Repräsentation und Zuschreibung von Gedanken, Empfindungen und Gefühlen untersuchen Apperly und Butterfill daher die Möglichkeit einer »minimalen Theorie des Geistes«. Um die scheinbar unvereinbaren Befunde zu erklären, bedarf es einer Art und Weise, für die Überzeugungen Anderer

»sensibel« zu sein, ohne dass dies mit den hohen Verarbeitungskosten rationaler Handlungserklärungen verbunden ist. Sie treffen eine systematisch wichtige Unterscheidung zwischen der *Fähigkeit*, Überzeugungen Anderer zu »verfolgen« (*tracking*), und dem *Besitz* eines »Modells« des Geistes, das den Begriff von Überzeugungen beinhaltet:

> »An ability to track perceptions or beliefs (say) is a theory of mind ability which involves exploiting or influencing facts about these states. By contrast, *theory of mind cognition* involves representing mental states or processes as such. And *full-blown* theory of mind cognition involves representing propositional attitudes such as beliefs, desires and intentions to construct reason-giving, causal explanations of action.« (Butterfill & Apperly 2013: 607)

Sie illustrieren den Punkt mit einem alltäglichen Beispiel. Um zu verstehen, dass bestimmte Nahrungsmittel bereits faul sind, reicht oft die Fähigkeit, ihren Geruch zu verfolgen bzw. zu bemerken. Es ist nicht nötig, den *Begriff* der Fäulnis zu besitzen bzw. die Fäulnis als Eigenschaft des Nahrungsmittels zu *repräsentieren.* Analog dazu kann man das Verhalten einer anderen Person verstehen und vorhersagen, ohne ihre Überzeugungen und Wünsche als solche zu repräsentieren. Kinder, die implizite *False-Belief*-Aufgaben bestehen, müssen nicht zwangsläufig, wie Carruthers oder Baillargeon und Kolleginnen glauben, Überzeugungen und andere propositionalen Einstellungen *als solche* repräsentieren. Sie könnten auch auf eine »minimale Theorie des Geistes« zurückgreifen, die sie lediglich dazu in die Lage versetzt, »überzeugungsartige« Zustände zu repräsentieren.

Solche Zustände, die Überzeugungen ähneln, nennen sie »Registrierungen« (*registrations*). Zustände, die Wahrnehmungen ähneln, heißen »Begegnungen« (*encounterings*). Dies sind mentale

Zustände, aber keine propositionalen Einstellungen. Eine Begegnung ist definiert als eine Beziehung zwischen einem Individuum und einem Objekt, eine Registrierung ist darüber hinaus eine Beziehung zwischen einem Individuum, einem Objekt und einem Ort in der Umgebung. Allen Objekten, die im (visuellen) Feld eines Akteurs liegen, *begegnet* der Akteur. Ein Feld ist einfach eine Menge von Objekten in seiner unmittelbaren Umgebung. Dort, wo ein Akteur einem Objekt *zuletzt* begegnet ist, *registriert* er das Objekt. So charakterisiert, erinnern die Bestimmungen von Begegnungen und Registrierungen den von Perner in Anspruch genommenen Verhaltensregeln, mit dem entscheidenden Unterschied, dass Apperly und Butterfill diese als *mentale Zustände* konzipieren. Eine minimale Theorie des Geistes enthält bloß diese Beziehungen statt bereits die Begriffe von propositionalen Einstellungen. Das Repräsentieren der Überzeugungen Anderer ist anspruchsvoll und kostenintensiv, wenn man berücksichtigt, dass dadurch Aufmerksamkeit, Arbeitsgedächtnis und Handlungsfunktionen in nicht geringem Maße beansprucht werden (Butterfill & Apperly 2013: 609). Die Belege hinsichtlich dieser Belastungen machen ein automatisches Repräsentieren propositionaler Einstellungen geradezu unmöglich. Apperly und Butterfill bezeichnen die minimale Theorie des Geistes auch als System 1 innerhalb ihrer Zwei-System-Theorie. Da System 1 *nicht* propositionale Einstellungen, sondern bloß Registrierungen und Begegnungen verarbeitet, kann es schnell, automatisch und effektiv reagieren. Womöglich ist es modular organisiert. Es kann mithilfe eines Beispiels aus der Tierkognition illustriert werden. Schimpansen können verstehen, was Artgenossen sehen (und folglich wissen), indem sie deren »Feld«, Blickrichtung und Perspektive in Rechnung stellen (Call & Tomasello 2008). Allerdings gibt es noch keine endgültigen eindeutigen Hinweise darauf, dass sie auch die Ziele, Absichten und andere repräsentationale Wissenszustände Anderer repräsentieren (bis auf eine noch nicht replizierte Studie von Krupenye et al. 2016, die methodisch an die Studien von Baillargeon angelehnt ist). Wenn Schimpansen mit Artgenossen um Futter, z.B. eine Banane, konkurrieren, dann können sie berücksichtigen, ob der jeweils Andere von seiner Position aus das Futter sehen, *registrieren*, kann. Das heißt aber nicht, dass sie dabei die mentalen Zustände des Artgenossen mitrepräsentieren. Es reicht, dass sie wissen, ob das Futter in der Blickachse des Anderen liegt oder nicht (Hare, Call, Tomasello 2001). Nicola Clayton et al. (2007) konnte zeigen, dass auch Buschhäher dazu in der Lage sind. Wenn sie Futter versteckt haben, aber bemerken, dass ein Artgenosse dies registriert hat, kehren sie in seiner Abwesenheit zurück und verstecken das Futter an einem anderen Ort.

Apperly und Butterfill machen sich diese basale Fähigkeit, das Blickfeld eines Anderen zu kennen, zunutze, um die Begriffe von Begegnung und Registrierung zu definieren. Ein Akteur kann nur Handlungen in Bezug auf Objekte ausführen, die in seinem »Feld« liegen. Um dies zu verstehen, müssen Babys und Affen nicht verstehen, dass der Akteur diese Objekte »sieht«, wenn Sehen hier repräsentational definiert wird. Eine Begegnungsbeziehung zwischen einem Akteur und einem Objekt zu verstehen verlangt keinerlei repräsentationale Fähigkeiten mentaler Zustände. Der Begriff der Registrierung ist etwas komplexer als der Begriff der Begegnung, da er auch einen Ort beinhaltet, an dem das Objekt registriert wurde. Dies eröffnet die Möglichkeit, dass man wissen kann, ob ein Akteur ein Objekt an einem bestimmten Ort *zuletzt* registriert hatte, obwohl es *jetzt* nicht mehr dort ist, ohne dadurch seine propositionalen Einstellungen zu repräsentieren. Zur minimalen Theorie des Geistes gehört außerdem eine Regel, die besagt, dass erfolgreiche Handlungen korrekte Registrierungen voraussetzen (Butterfill & Apperly

2013: 617). Wurde eine zutreffende Registrierung in Abwesenheit des Akteurs manipuliert, wie es in den typischen *False-Belief*-Aufgaben der Fall ist, dann werden erfolgreiche objektbezogene Handlungen unmöglich. Angewendet auf die Experimente von Onishi und Baillargeon (2005) bedeutet dies, die Kinder können beobachten, dass die Wassermelone sowie die grüne und die gelbe Box im Blickfeld der Versuchsleiterin liegen und sie diesen somit »begegnet«. Nachdem sie die Wassermelone in der gelben Box versteckt hat und sich abwendet, versteht das Kind, dass die Versuchsleiterin die Wassermelone dort zuletzt »registriert« hat. Aber dies verrät dem Kind noch nichts über das Verhalten des Akteurs im Falle einer inkorrekten Registrierung. Daher enthält die minimale Theorie des Geistes eine weitere Regel, welche besagt, dass wenn ein Akteur eine zielgerichtete Handlung auf ein Objekt ausführt, er so handeln wird, als wäre das Objekt genau dort, wo er es zuletzt registriert hat (Butterfill & Apperly 2013: 619). Die Kinder in den Studien können Registrierungen dann als Ersatz für falsche Überzeugungen einsetzen, wenn sie diese als Ursachen des Verhaltens (der Versuchsleiterin) verstehen.

Diese dritte Erklärung der jüngeren *False-Belief*-Studien unterscheidet sich also dadurch von der Deutung durch Baillargeon und Kolleginnen, dass die Kinder zwar in der Lage sind, die Wahrnehmungen und Überzeugungen von Akteuren korrekt nachzuvollziehen, aber nicht dadurch, dass sie diese *als solche* repräsentieren. Wir können generell Informationen über solche mentalen Zustände erhalten und verarbeiten, ohne dass wir sie als das verstehen, was sie sind, nämlich propositionale Einstellungen. Vielmehr reichen dazu einfacher strukturierte mentale Zustände wie Begegnungen und Registrierungen. Kinder und viele Tiere sind nur scheinbar zum Gedankenlesen in der Lage; tatsächlich sind ihre Fähigkeiten in dieser Weise beschränkt. Da es sich um ein Verständnis *geistiger* Zustände handeln soll, fällt diese Erklärung nicht mit der Position zusammen, dass die Kinder lediglich das Verhalten »lesen« statt Gedanken. Dies wird vermieden dadurch, dass wahrnehmungs*artige* und überzeugungs*artige* Zustände eingeführt werden, die wesentliche Elemente der »minimalen« Theorie des Geistes sind.

Soziale Kognition bei Erwachsenen hingegen ist häufig durch System 2 gesteuert, das unserer Fähigkeit der Zuschreibung propositionaler Einstellungen zugrunde liegt. Weder Kinder noch höhere Tiere verfügen über dieses System, da es wesentlich von sprachlichen Fähigkeiten abhängt. Ein funktionierendes System 2 erklärt das erfolgreiche Abschneiden Vier- bis Fünfjähriger in den klassischen *False-Belief*-Aufgaben (Wimmer & Perner 1983). Im Einklang mit Perner & Roessler (2012) vertreten Apperly und Butterfill die Ansicht, dass diese Aufgaben *explizite* sprachlich strukturierte Urteile erfordern, die gemäß dieser Position durch System 2 ermöglicht werden. Gallagher (2005: 218) hat hervorgehoben, dass diese klassischen Tests bereits so konstruiert sind, dass *nur* ein bewusster metarepräsentationaler Prozess der sozialen Kognition überprüft werden kann. Zudem wird dabei angenommen, dass das Erklären und Vorhersagen von Handlungen das Hauptziel sozialer Kognition sei. Erst die jüngeren Studien können überhaupt testen, ob soziale Kognition auch unbewusst und automatisch ablaufen kann.

Ein weiterer von Gallagher (2015) hervorgehobener Punkt betrifft den wesentlichen Unterschied zwischen Interaktion und Beobachtung. In den klassischen Aufgaben kann das Kind nicht mit dem Akteur, Max, interagieren, wohl aber mit dem Experimentator, der die Geschichte erzählt und Fragen stellt. Diese Interaktion, so Gallagher, unterstützt das Kind aber nicht bei dem Versuch, die Perspektive der Figur nachzuvollziehen, sondern behindert dies eher. Wie wir in Kapitel 5 sehen werden, stellt Gallagher die direkte Interaktion ins Zentrum seines enaktivistischen Ansatzes zur sozialen Kognition. Dies könnte ein wichtiger Unterschied sein, der explizit in einer jüngeren Version berücksichtigt wurde, aber für das erfolgreiche Abschneiden auch Dreijähriger offenbar entscheidend ist (Rubio-Fernandez & Geurtz 2013). Die Beobachterposition des Kindes wird in diesem Paradigma komplett eliminiert, so dass das Kind sowohl mit dem Experimentator als auch dem Akteur, einer Spielfigur, interagiert. Die Versuchsleiterin spielt die *False-Belief*-Geschichte vor den Augen des Kindes mit Figuren vor und überlässt es am Schluss dem Kind selbst, die Figur in die Hand zu nehmen, um die Geschichte zu Ende zu spielen. Dies ermöglicht es dem Kind, aktiv mit der Figur zu interagieren, sogar ihre Perspektive zu übernehmen, so dass das Kind nun nicht mehr – wie in den traditionellen Aufgabenstellungen – nur mit dem Experimentator interagiert und mit ihm das Wissen über den tatsächlichen Ort des Gegenstandes teilt, aber gegenüber der Figur nur eine passive Beobachterperspektive einnimmt. Da die Kinder in dieser Versuchsanordnung zu achtzig Prozent die richtige Antwort geben, aber diese Erfolgsrate dramatisch sinkt, sobald ihm die Interaktionsmöglichkeit mit der Figur genommen wird, sieht Gallagher in diesem Spannungsfeld den Grund für das Abschneiden der Kinder:

»On the enactivist explanation, reducing the complexity of the FB test is an important part of the story; but the most important part is the increase in interaction. Why does the 3-year-old fail the standard FB test? In the standard elicited-response test where the child is dealing with two different kinds of perspective (the second-person relation with the experimenter, and the third-person observation of the agent), the second-person (child-experimenter) interactive perspective has a saliency that takes precedence over the third-person task. ... The child's answer in the standard test reflects a belief that the child shares with the experimenter about the real location of the toy ... In contrast, in the Duplo test where the child is allowed to play with the agent, the Duplo girl, the answer reflects the perspective that the child shares (or actually constitutes) with her.« (Gallagher 2015: 176)

Entscheidend für Gallagher ist somit seiner enaktivistischen Interaktionstheorie gemäß, die wir ausführlich in Kapitel 5 kennenlernen, die Qualität der Perspektive, die das Kind gegenüber der Versuchsleiterin und dem Akteur einnimmt. In der traditionellen Aufgabenstellung dominiert die Interaktion mit der Versuchsleiterin die rein passiv-beobachtende Beziehung zum Akteur. Gallagher geht sogar so weit zu behaupten, dass die Interaktion in vielen Fällen das Gedankenlesen (*mindreading*) überflüssig mache, da die erforderliche Information im Interaktionsprozess offen verfügbar werde. Entsprechend erwerbe das in der *False-Belief*-Aufgabe erfolgreiche vierjährige Kind auch nicht plötzlich eine repräsentationale Theorie des Geistes, wie Gallagher betont, sondern hat bis zu diesem Zeitpunkt einfach viel mehr Erfahrungen im Umgang mit unterschiedlichen Perspektiven gemacht und sich in seiner Sprachfähigkeit enorm gesteigert, was es ihm ermöglicht, sich die Bedeutung einer Situation aktiv durch Wahrnehmungshandlungen zu erarbeiten.

Die sprachliche Interaktion mit dem Versuchsleiter könnte in den klassischen Versuchen dafür verantwortlich sein, dass in solchen Fällen System 2 automatisch involviert ist, da es sich von vornherein um einen bewussten und reflexiven Prozess handelt, ob nun die Ressourcen von System 1 zur Lösung der Aufgabe hinreichend wären oder nicht. Bezogen auf das Entwicklungsparadox ergibt sich die Hypothese, dass bei Kindern (mindestens) zwei unterschiedliche Systeme für soziale Kognition am Werk sind, von denen System 1 es schon sehr früh erlaubt, die Registrierungen Anderer nachzuvollziehen, obwohl es nicht erlaubt, deren propositionale Einstellungen zu repräsentieren. Daher scheitern Dreijährige noch an den expliziten *False-Belief*-Aufgaben. Ihre minimale Theorie des Geistes enthält noch nicht den Begriff der (wahren oder falschen) Überzeugung und ist daher unzureichend zur Lösung dieser Aufgaben. Das zu dieser Zeit noch nicht ausgebildete System 2 »übernimmt« erfolgreich etwa ab dem vierten bis fünften Lebensjahr. Im Einklang mit Wellmans et al. (2001) Skala gelingt es Kindern nach und nach, unterschiedlich komplexe mentale Zustände als solche zu repräsentieren. Dazu trägt sicherlich auch die wachsende Sicherheit der Kinder bei der Beherrschung der sprachlichen Bezeichnungen für mentale Zustände bei (Hutto 2008). Auch diese Zwei-System-Theorie kann also die entwicklungspsychologischen Daten gut erfassen und scheint auch durch konkrete Studien gut gestützt zu sein (Low & Watts 2013).

Diese etwas ausführlichere Diskussion von unterschiedlichen Erklärungsansätzen des äußerst zentralen Entwicklungsparadoxons zeigt also, dass es differenzierte Ansätze gibt, die trotz der beeindruckenden Experimente zu den kognitiven Leistungen von Kindern im Alter von sieben Monaten bis zwei Jahren den paradigmatischen Einschnitt in der Entwicklung um den vierten Geburtstag verteidigen, indem sie die Leistungen der jüngeren Kinder durch Verhaltensregeln oder andere Systeme zu erklären versuchen. Abschließend sei angemerkt, dass die jüngeren Studien zur impliziten Theorie des Geistes methodisch nicht unumstritten sind. Denn Louisa Kulke et al. (2017) stellen die starken Deutungen dieser Studien (hier diskutiert am Beispiel von Baillargeon und Carruthers) infrage, weil es ihnen in zwei unabhängigen Forschergruppen nicht gelang, zwei entscheidende experimentelle Paradigmen (von Southgate et al. 2007, Surian & Geraci 2012) vollständig zu replizieren. Der replizierte Teil der Aufgabe erlaubte hingegen auch sparsamere Erklärungen des Blickverhaltens der Kinder. Experimente von Diane Poulin-Dubois & Jessica Yott (2017) und Sebastian Dörrenberg et al. (2017) führten zu dem vergleichbaren Ergebnis, dass die Replizierbarkeit der ursprünglichen Befunde stark variierte. Sie kommen zu dem Schluss, dass diese Messungen noch zu inkonsistent sind und eine Zuschreibung einer abstrakten Theorie des Geistes bei Kleinkindern noch verfrüht sei. Es bleibt somit abzuwarten, in welche Richtung sich diese äußerst spannende, lebhafte und kontroverse Diskussion entwickelt, insbesondere welche der Positionen sich angesichts zukünftiger Studien empirisch durchsetzen wird. Wellman (2014: 193) bezeichnet die Befunde entsprechend als »überinterpretiert«, Hannes Rakoczy (2017) setzt auf die weitere Ausdifferenzierung der Zwei-System-Theorie in ihren verschiedenen Ausprägungen. Andere systematische Entwicklungen sind möglich.

3.5 Zwischenfazit

In den beiden bisherigen Kapiteln wurden zwei Ausprägungen der Theorie des Geistes diskutiert, eine empiristische und eine nativistisch-modularistische Variante. Für die Modularitäts-Theorie sprechen zum einen die üblichen Argumente, die auch für die modulare Architektur des Geistes generell ins Feld geführt werden: Daten über hochspezifische kognitive Beeinträchtigungen wie z.B. bei der Gesichtserkennung aufgrund von begrenzten Gehirnschäden sprechen für eine modulare Architektur. Ein Modul kann isoliert ausfallen, während diese Schädigung andere Fähigkeiten unangetastet lässt. Zu den bekanntesten pathologischen Beeinträchtigungen der sozialen Kognition gehört das Autismus-Spektrum, wie Baron-Cohen für diesen Ansatz ins Feld führt. Dieses Krankheitsbild erwies sich aber als höchst komplex und ist höchstwahrscheinlich nicht durch eine einzige theoretische Beeinträchtigung erklärbar. Allerdings erzwingt selbst die Existenz modulartiger Strukturen im Erwachsenengehirn nicht zwangsläufig eine nativistische Position. Denn angesichts der langen postnatalen Entwicklungsphase könnten sich diese Strukturen im Gehirn auch allmählich herausbilden. Es spricht jedoch alles dafür, dass das Gehirn nicht lediglich aus unspezifischen Verarbeitungsprozessoren besteht, sondern gleichwohl bereichsspezifische Funktionen spätestens im Laufe seiner dynamischen Entwicklung implementiert.

Für die Evaluation der Modularitäts-Theorie kommt es also entscheidend darauf an, welche Variante man vertritt. Der Psychologe Andrew Meltzoff differenziert zwei grundsätzliche Auffassungen:

»One view, starting-state nativism, argues for a rich innate state that undergoes conceptual change starting at birth, well before the influence of language (e.g., Gopnik & Meltzoff 1997; Meltzoff & Moore 1998). The other, final-state nativism, argues that the initial state is equivalent to the final state or is slightly enriched without qualitative transformations of the essential core knowledge (e.g., Spelke et al. 1992).« (Meltzoff 2011: 51)

Fodor (1987: 132) ist eindeutig der zweiten Gruppe zuzurechnen, während Meltzoff, übrigens in gemeinsamen Arbeiten mit Alison Gopnik, die moderate erste Variante verteidigt. Zwar verfügen Neugeborene über angeborene abstrakte Wissensstrukturen, aber noch nicht über das Modell eines Erwachsenen. Die strikte Dichotomie der einander ausschließenden empiristischen Theorie-Theorie und nativistischen Modularitäts-Theorie lässt sich kaum aufrechterhalten. Gleichwohl spricht einiges für eine abgeschwächte Modularitäts-These, wenn Module nicht alle die von Fodor geforderten Merkmale aufweisen müssen und Wechselwirkungen zwischen Modulen erlaubt sind. Es ist eine empirische Frage, wie die angeborenen Aspekte der Kognition genau charakterisiert werden müssen. Aber auch angeborene Module oder Kernwissenssysteme sind keinesfalls hinreichend zur Erklärung der entwicklungspsychologischen Daten zur sozialen Kognition; sie bedürfen entsprechender Reize zur Erfüllung ihrer Funktion. Auch nativistische Positionen berufen sich nicht allein auf angeborene Module, sondern ganz wesentlich auch auf die empirischen Bedingungen nach der Geburt.

Beide Varianten können die einschlägigen entwicklungspsychologischen Befunde, z.B. zum Verstehen falscher Überzeugungen, angemessen erklären, sei es durch einen grundlegenden Theoriewandel oder durch Module. Sowohl die Fähigkeit zu geteilter Aufmerksamkeit als auch die von Wellman festgehaltene Theory-of-Mind-Skala können beide Positionen theoretisch einfangen. Der modulare Ansatz nivelliert tendenziell die individuellen und kulturübergreifenden Unterschiede im Bestehen von *False-Belief*-Aufgaben, der konstruktivistische Ansatz kann geltend machen, dass Bayesianische Lernmechanismen nicht bei allen Kindern zum gleichen Zeitpunkt zu denselben Hypothesen – Theorien – führen müssen.

Ein weiteres Argument, das gerne von Nativisten angeführt wird, betrifft die »Armut der Reize« (*poverty of the stimulus-argument*), denen Kleinkinder ausgesetzt sind. Noam Chomskys (1959) Widerlegung von Burrhus Skinners behavioristischer Theorie des Spracherwerbs gehört zu den Klassikern und Gründungsmythen der Kognitionswissenschaft. So wie die Sprachfetzen, denen Kleinkinder ausgesetzt sind, zu fehler- und bruchstückhaft sind, um die kulturübergreifenden Gemeinsamkeiten des Spracherwerbs zu erfassen, so greifen analoge Überlegungen Nativisten zufolge auch bezüglich der Entwicklung sozialer Kognition. Um Begriffe wie »Absicht« und »Emotion« oder basale

Verallgemeinerungen wie ›Sehen führt zu Wissen‹ zu erlernen, müssten Kinder Zugang zu entsprechend zahlreichen, zuverlässigen und differenzierten Daten haben. Chomsky postuliert eine im Gehirn implementierte angeborene Universalgrammatik zur Erklärung des Spracherwerbs. Baron-Cohen, Leslie u.a. postulieren diverse angeborene neuronale Module. Allerdings mag der statische Charakter von Modulen der Dynamik der ontogenetischen Entwicklung sowie der zwangsläufigen Flexibilität und Kreativität der sozialen Kognition nicht gerecht werden (Apperly 2010, Wellman 2014). Über die strikte Arbeitsteilung hinaus müsste genauer spezifiziert werden, wie die Module jeweils miteinander interagieren. Analoge Fragen stellen sich allerdings den Vertretern von Zwei-System-Ansätzen: Wie viele Systeme müssen letztlich unterschieden werden? Welche Aspekte dieser Systeme sind angeboren, welche entwickeln sich erst im Lauf der Zeit? Wie interagieren die Systeme miteinander?

Ist der Unterschied zwischen empiristischer Theorie-Theorie und Modularitäts-Theorie also lediglich verbaler Natur oder eine Frage der Akzentsetzung? Carruthers (2011) scheint in diese Richtung zu argumentieren, wenn er die von Gopnik und Wellman angenommenen Bayesianischen Lernmechanismen als bereichsspezifische Module deutet. Ob es einen wichtigen systematischen Unterschied zwischen beiden Ansätzen gibt, der über solche Akzentuierungen hinausgeht, hängt auch von der spezifischen Bestimmung des Begriffs einer *angeborenen* Eigenschaft oder Fähigkeit ab. Dieser große thematische Bereich kann hier nur angerissen, aber nicht hinreichend im Detail erörtert werden. Er berührt auch die Diskussion von Befunden aus der sozialen Neurowissenschaft (siehe folgendes Kapitel).

Richard Samuels (2002, 2004) erörtert mehrere Nativismusbegriffe in der Kognitionswissenschaft und kommt zu dem Schluss, dass weder biologische Begriffe der genetischen Determination oder Invarianz noch Begriffe aus der alltäglichen Redeweise (z.B. ›von Geburt an präsent‹) zur Abgrenzung von angeborenen und erworbenen Fähigkeiten hinreichend seien. Eine erste Annäherung, »angeboren« mit »nicht erworben« gleichzusetzen – wie es Elisabeth Spelke & Katherine Kinzler (2009: 96) an einer Stelle vorschlagen –, scheitert, da z.B. ein Sonnenbrand weder angeboren noch erlernt zu sein scheint, und diese Bestimmung von einem exakten Lernkonzept abhängt, was ebenso umstritten sei. Samuels schlägt daher vor angeborene kognitive Strukturen als »psychologische Primitive« anzusehen, also als solche Strukturen, die nicht anhand anderer psychologischer Strukturen erworben werden:

> »To put the proposal in a slightly different way: although innate cognitive structures are acquired in the minimal sense, it is not at the cognitive/psychological level(s) of explanation – but some lower (biological) level – that an account of how they are acquired is to be found. In short, innate cognitive structures are the ones whose acquisition psychology cannot explain.« (Samuels 2004: 139)

Diese Bestimmung werde der zentralen Rolle angeborener Strukturen in der Kognitionswissenschaft am besten gerecht, ohne den Einwänden gegen alternative Bestimmungen ausgesetzt zu sein, auch wenn Samuels – um Übergeneralisierungen zu vermeiden – eine *ceteris-paribus*-Klausel einbauen muss, dergestalt, dass ein Organismus diese angeborene Struktur unter *Normalbedingungen* erwerben *würde*. Der Vorteil dieser Bestimmung sei, dass sie einerseits den Skopus psychologischer Erklärungen abstecken und andererseits die kognitiven Grundbausteine bereitstellen könne, mit denen Entwicklungspsychologen dann weitere kognitive Fähigkeiten zu erklären in der Lage seien.

Auch die Konstruktivisten Gopnik & Wellman (2012) gehen von angeborenen Lernstrukturen und Mechanismen aus, während Modularitäts-Befürworter wie Leslie und Carruthers zugestehen, dass diese Module zur Reifung auf Erfahrungen angewiesen seien. Beide Ansätze betonen letztlich die komplexe Wechselwirkung zwischen angeborenen Strukturen und Umweltreizen, setzen die Akzente jedoch jeweils recht einseitig. Gemeinsam ist diesen Ansätzen die Betonung des inferenziellen Charakters der sozialen Kognition. Kinder *erschließen* die mentalen Zustände anderer Personen auf der Basis von theoriegeleiteten bzw. angeborenen Mechanismen. Soziale Kognition beruht auf einem Wissenskorpus (*body of information*) (Nichols & Stich 2003: 9), von dem Begriffe oder Strukturen angeboren sein mögen oder durch Interaktion mit Anderen erlernt und angereichert werden. Beide Positionen ignorieren tendenziell die Bedeutung körperlicher Faktoren für die Entwicklung sozialer Kognition. Die Forscher um Paula Niedenthal fanden heraus, dass Probanden, denen es freigestellt war, den emotionalen Ausdruck einer anderen Person mimisch nachzuahmen, eine geringfügige emotionale Veränderung bei dieser Person schneller erkannten als Probanden, die nicht nachahmten (Niedenthal et al. 2001). Niedenthal et al. (2007) zeigten zudem, dass Personen, die einen Bleistift zwischen den Zähnen hielten und dadurch zwangsläufig lächelten, einen Bildimpuls lustiger einschätzten als andere Personen. Dies deutet auf den potentiell starken Einfluss körperlicher Faktoren zumindest für das Verstehen von Emotionen hin. Die in den beiden folgenden Kapiteln diskutierte Simulations- und Interaktions-Theorie unterscheiden sich diesbezüglich von den bis hierhin erörterten Ansätzen.

Das folgende Kapitel widmet sich der Simulations-Theorie. In Anlehnung an historisch vorausgehende Theorien der »Einfühlung« bzw. Empathie behaupten Vertreter der Simulations-

Theorie, dass wir uns bei der sozialen Kognition in Andere hineinversetzen, ohne dabei auf einen abstrakten Wissenskorpus, angeborene Module oder Kernwissen zu rekurrieren. Vielmehr spielt unsere eigene subjektive Erfahrung eine entscheidende Rolle, denn auch wir selbst fühlen Emotionen, hegen Wünsche, verfolgen Absichten und haben Überzeugungen. Die Gedanken Anderer werden uns zugänglich, indem wir uns in sie hineinversetzen. Auch die Simulations-Theorie tritt in unterschiedlichen Varianten auf.

4. Simulations-Theorien

Nachdem Theorie-Theorie und Modularitäts-Theorie – auch unter dem Einfluss des dominierenden Funktionalismus in der Philosophie des Geistes – die Diskussionen zur sozialen Kognition zunächst beherrschten, sorgten Ende der 1980er Jahre Publikationen der Philosophen Robert Gordon (1986), Jane Heal (1986) und Alvin Goldman (1989) sowie des Entwicklungspsychologen Paul Harris (1992) für Aufmerksamkeit, da sie Variationen eines konkurrierenden theoretischen Ansatzes vorstellten, der Simulations-Theorie. Sie hielten die Erklärung sozialer Kognition durch theoretisches Schlussfolgern für unangemessen, übertrieben kompliziert und zu anspruchsvoll angesichts der Fähigkeiten kleiner Kinder. Stattdessen verstehen wir Andere vielmehr dadurch, so lautet der Gegenentwurf, dass wir uns in sie bzw. ihre Situation hineinversetzen und uns auf der Basis unserer eigenen persönlichen bewussten Erfahrungen vorstellen, was wir in dieser Situation fühlen, denken oder beabsichtigen würden. Während also die Theorie-Theorie die Analogie zur distanzierten Beobachterperspektive des Wissenschaftlers – vom Standpunkt der Dritte-Person-Perspektive – betont, heben Simulations-Theoretiker gerade die Bedeutsamkeit der subjektiven Erste-Person-Perspektive hervor. Unsere Fähigkeiten, Emotionen zu fühlen, Absichten zu verfolgen, Überzeugungen zu haben usw. helfen uns, diese mentalen Zustände bei Anderen zu erkennen und zu verstehen. Gordon (1996: 11) bemüht für diesen Kontrast das Bild von der »kalten« Methode der Theorie-Theorie, die allein auf unsere (emotionslosen) inferenziellen Fähigkeiten setzt, im Gegensatz zur »heißen« Methode der Simulations-Theorie, der zufolge wir gerade von unseren eigenen kognitiven, emotionalen und motivationalen Ressourcen Gebrauch machen, indem wir Andere *simulieren*. Heal (1986) spricht von »Replikation«. Mithilfe der Fantasie bringen wir u.a. Als-ob-Wünsche, Als-ob-Überzeugungen und Als-ob-Absichten in uns hervor, um damit den Entscheidungsprozess des Anderen zu simulieren. Statt aber die resultierenden Entscheidungen in die Tat umzusetzen, projizieren wir das Ergebnis in den Anderen hinein. Im Zentrum dieses Ansatzes steht die Einbildungs- bzw. Vorstellungskraft, die sich im Laufe der Entwicklung bei Kindern immer stärker ausbildet und verfeinert:

> »Kurz gesagt, wird die Behauptung aufgestellt, dass sich Kinder ihrer eigenen psychischen Funktionen bewusst sind und sie auf andere Menschen mit Hilfe eines Mechanismus projizieren können, der im wesentlichen von der Phantasie abhängig ist.« (Harris 1992: 59)

Paul Harris greift in seiner frühen Skizze der zentralen Idee auf Gordons Variante zurück und gründet seine Argumentation auf folgende Punkte: Erstens sind sich Kinder schon im Vorschulalter ihrer eigenen Wünsche und Erwartungen bewusst und können dies auch artikulieren. Zweitens setzt im zweiten Lebensjahr die wichtige Fähigkeit zum Als-ob-Spiel ein, von dem oben bereits die Rede war. Kinder schreiben z.B. Puppen Wünsche und Meinungen zu und statten Gegenstände mit Eigenschaften aus, die diese eigentlich nicht haben. Auch Gopnik (2010) betrachtet, wie gesehen, das kontrafaktische Denken als wichtigen Faktor bei der sozialen Kognition. Trotz ihrer Fantasie können Kinder drittens Realität und Fantasiewelt genau voneinander trennen und viertens sich schließlich vorstellen, selbst Wünsche zu haben, die sie eigentlich nicht haben und diese dann Anderen zuschreiben. Für Harris ist daher die Einbildungskraft zentral für die Fähigkeit der sozialen Kognition; er entwickelt allerdings selbst keine detailliert ausgearbeitete Simulations-Theorie.

Im Laufe der Jahrzehnte hat die Simulations-Theorie mehr und mehr an Popularität gewonnen, nicht nur aufgrund theoretischer Differenzierungen, sondern auch wegen empirischer Evidenz aus den Neurowissenschaften: Besonders die Entdeckung der Spiegelneuronen Ende der 1990er Jahre betrachten viele zeitgenössische Philosophen, Psychologen und Neurowissenschaftler als Beleg für die eine oder andere Variante der Simulations-Theorie (Gallese & Goldman 1998, Gallese 2005). – Auf die Spiegelneuronen kommen wir am Ende dieses Kapitels zurück. – Auch die Simulations-Theorie tritt in verschiedenen Varianten auf, die sich in wichtigen Details unterscheiden. Für die einführenden Zwecke dieses Buches folge ich Gallaghers (2007) Vorschlag einer groben Zweiteilung in *explizite* und *implizite* Varianten. Vertreter der expliziten Version betrachten die Simulation als einen (größtenteils) bewussten Prozess der Einfühlung in den Anderen mittels der Vorstellungskraft (Goldman 1989). Laut Gordon (1986) simulieren wir nicht, dass *wir* uns in der Situation des Anderen befinden, sondern simulieren, *dass wir der Andere sind.* Statt von Transfer spricht er von Transformation. Dies ist eine radikale Version der Simulations-Theorie, auf die wir hier nicht detailliert eingehen werden. Die implizite Variante betrachtet die Simulation hingegen als unbewussten, subpersonalen automatischen Prozess, der insbesondere durch die Aktivierung von Spiegelneuronen realisiert ist (Gallese 2005). Exemplarisch wird zunächst Goldmans (2006) ausgereifte Theorie erörtert, die – wie sich herausstellen wird – in der Konfrontation mit Einwänden bereits einige Elemente der Theorie-Theorie aufnimmt und somit als »hybrider« theoretischer Ansatz gilt

(Goldman 2006: 21). Goldman differenziert zwei Stufen sozialer Kognition, die er als »low-level« und »high-level mindreading« bezeichnet. Damit integriert er bereits die Unterscheidung zwischen expliziter und impliziter Simulation in seine Theorie; es muss aber geklärt werden, nach welchen Kriterien Goldman diese Unterscheidung trifft. Obwohl weder Goldman noch viele andere eine reine Simulations-Theorie vertreten, hält Goldman daran fest, dass für soziale Kognition Simulation entscheidend sei.

Da die Simulations-Theorie nicht aus dem Nichts heraus entstanden ist, sondern auf dem Boden einer kontroversen philosophiehistorischen Diskussion, soll wie auch bei der Theorie-Theorie zunächst auf diese historischen Vorläufer eingegangen werden. Dazu zählt insbesondere Theodor Lipps' (2013a, b) Theorie der Einfühlung bzw. »Empathie«. Einige Autoren betrachten die Simulations-Theorie dezidiert als moderne Fortführung seiner Theorie (Stüber 2006, Goldman 2006: 11).

4.1 Lipps' Theorie der Einfühlung

Theodor Lipps ist wahrscheinlich für die heute populärste Bezeichnung der Fähigkeit zur sozialen Kognition verantwortlich, nämlich für den Begriff der Empathie. Die deutsche Bezeichnung »Empathie« entstammt Edward Titcheners (1909) englischer Übersetzung von Lipps' Ausdruck »Einfühlung« (*empathy*), der diesen von dem Philosophen Robert Vischer aus Zusammenhängen der Ästhetik in der Romantik adaptiert (vgl. Stüber 2006: 5 ff., Schlossberger 2005: 58 ff.). Lipps verwendet Einfühlung als erkenntnistheoretischen Ausdruck für die Erkenntnisquelle, die genuin auf andere Menschen gerichtet ist:

»Es gibt drei Erkenntnisgebiete. Ich weiß von den Dingen, von mir selbst, und von anderen Individuen. Jene erste Erkenntnis hat zur Quelle die sinnliche Wahrnehmung. Die zweite die innere Wahrnehmung, d.h. das rückschauende Erfassen des Ich mit seinen Qualitäten, den Gefühlen, und seinen Beziehungen auf Inhalte und Gegenstände. Die Quelle der dritten Erkenntnisart endlich ist die Einfühlung.« (Lipps 2013a: III, 161)

Die drei Erkenntnisquellen sind für Lipps sowohl gleichwertig als auch irreduzibel. Selbst basale Emotionen wie »Zorn, Freundlichkeit, Trauer (sind) nicht sinnlich wahrnehmbar«, da wir diese Phänomene »nur aus uns selbst« unmittelbar kennen und erleben können (Lipps 2013b, IV, 325). Phänomenologen wie Max Scheler widersprechen ihm in diesem Punkt (siehe unten). Wie können wir sie denn dann bei Anderen erkennen? Lipps schreibt, dass in der Einfühlung das »sinnliche Wahrnehmen und Erfassen und dies Innewerden der nicht sinnlich wahrnehmbaren inneren Erregung ... in einem untrennbaren Akte« vereinigt seien (Lipps 2013b, IV, 326). In seiner kritischen Auseinandersetzung mit der damals dominierenden systematischen Alternative zur Einfühlungstheorie, der »Analogieschlusstheorie« (in seiner Schrift *Das Wissen von fremden Ichen*) erläutert Lipps seinen konstruktiven Gegenentwurf. Einfühlung versteht er als Selbstobjektivierung. D.h., mir wird bewusst, dass ein sich in mir regendes Bewusstseinserlebnis an einen anderen Gegenstand gebunden ist. Insofern zwar ein anderer Mensch als »Körper« oder Gegenstand in der Wahrnehmung gegeben ist, meine innere Erregung jedoch immer mir selbst entstammt, objektiviere ich ein Stück meiner selbst und projiziere es in diesen Körper, so dass dieses »Stück Außenwelt ... beseelt« worden ist, indem »ich meine Seele in dasselbe hineingelegt habe« (ebd.). Dieser Vorgang bedeutet, so Lipps, »dass ich in bestimmte fremde sinnliche Erscheinungen Bewusstseinserlebnisse hineindenke oder darin mit dem geistigen Auge sehe« (Lipps 2013b, IV, 331). Er erklärt es als eine »nicht weiter zuruckfuhrbare letzte Tatsache« (ebd.), dass uns damit ein »Bewusstseinsleben eines *einzigen* individuellen Ich« einer anderen Person erscheine. Sowohl die Analogieschlusstheorie, vertreten u.a. von Mill (1889) als auch die Einfühlungstheorie verstehen sich primär als Antworten auf die Frage, wie wir überhaupt von der Existenz eines anderen Ich ausgehen können (vgl. Schlossberger 2005). Vor dem im 19. Jahrhundert noch dominanten cartesianischen Hintergrund erscheint diese Problematik virulenter als im heutigen naturalistischen Klima, weil die Existenz anderer Iche heute unhinterfragt vorausgesetzt wird. Auch dieses spannende Thema lassen wir hier auf sich beruhen, allerdings aus Platzgründen, und beschäftigen uns direkt mit der Frage, wie unser epistemischer und phänomenaler Zugang zu den Erlebnissen anderer Iche möglich ist.

Sich – in den Anderen – einfühlen heißt also Lipps zufolge, ein Stück seiner eigenen mentalen Realität in ein äußeres Objekt hineinzuprojizieren bzw. als diesem zugehörig zu erleben. Lipps teilt folglich mit den Vertretern der Analogieschlusstheorie (sowie mit Vertretern der heutigen Theorie-Theorie) die Annahme, dass das Fühlen, Vorstellen und Wollen eines anderen Menschen nicht wahrnehmbar seien. Statt aber einen Analogieschluss anzunehmen, der aus der Ähnlichkeit des von mir wahrgenommenen Gesichtsausdrucks mit meinem eigenen Ausdruck die Beseeltheit des Anderen erschließt, wählt Lipps den Weg in die andere Richtung: »Aus den Zügen der eigenen Persönlichkeit müssen wir also die fremde weben.« (Lipps 2013a: III, 165) Einfühlung entspringt Lipps zufolge unseren »instinktiven Trieben« zur Nachahmung und zum Ausdruck unserer psychischen Erlebnisse. Meine Wahrnehmung von Angela Merkels enttäuschtem Gesichtsausdruck weckt in mir instinktiv automatisch den Impuls zum Ausdruck dieser Gebärde, nämlich Enttäuschung, die ich dann ihr zuschreibe. Doch eigentlich erfahre ich dadurch ja mehr über meine eigene momentane Befindlichkeit als über ihre. Gefühlsansteckung ist nicht dasselbe wie Fremdverstehen. Ich *verstehe* das Lampenfieber eines Künstlers vor seiner Darbietung auch dann, wenn ich nicht aufgeregt bin. Im Gegenteil scheint es, dass mein Erkenntnisprozess von einem Gemütszustand streng verschieden sein sollte, damit von einem Verstehen die Rede sein kann. Verstehen könnte ich unter Lipps' Bedingungen sowieso nur solche Gemütszustände, die ich bereits kenne und erlebt habe. Da mein eigenes Erleben der betreffenden Einstellung Voraussetzung für das Hineinprojizieren in den Anderen ist, kann ich nur mir geläufige mentale Zustände in dieser Weise zuschreiben. Neue, mir nicht bereits bekannte mentale Einstellungen müssen mir völlig unverständlich bleiben (Zahavi 2014: 105). Lipps geht aber sogar noch weiter, wenn er Einfühlung als »*Einsfühlung*« betrachtet. »D.h. es gibt in der Einfühlung nur ein einziges, nämlich das objektivierte eigene Ich. Dies aber spaltet sich in zwei, wenn ich zugleich ein *nichtobjektiviertes*, von der Gebundenheit an den äußeren Gegenstand *freies* Ich fühle. Dies letztere ist – ich; jenes objektivierte ist der ›Andere‹« (Lipps 2013a: III, 170). Edith Stein (1917) wirft daraufhin Lipps eine Verwechslung der Einfühlung mit einer mystischen Erfahrung vor. Stüber (2006: 8) verteidigt Lipps trotz jenes eindeutigen Zitats gegen Steins Kritik, da es Lipps darum gegangen sei, die Unmittelbarkeit des Einfühlungsprozesses von der theoretischen Schlussfolgerung in der Analogieschlusstheorie abzusetzen. Allerdings bleibt das systematische Problem ungelöst, wie durch die Projektion des eigenen Ich eine Erkenntnis der psychischen Verfasstheit des Anderen möglich sein sollte.

Daran scheitert Lipps' Theorie. Allerdings bleibt sein Verdienst, auch im Hinblick auf heutige Debatten in den Kognitionswissenschaften, die Rolle des Körpers – sowohl des eigenen wie auch des fremden – in der Begegnung zweier Individuen erkannt und hervorgehoben zu haben. Diese Erfahrung erhält bei Lipps eine Doppelfunktion, insofern nämlich der Körper des Anderen als Wahrnehmungsobjekt, der eigene Körper aber als erlebendes und empfindendes Subjekt erscheint. Allerdings verkürzt Lipps diese Wahrnehmung auf die rein physikalischen Äußerlichkeiten des Körpers und übersieht dabei die Ausdrucks- und Erlebnisdimension in der Wahrnehmung (siehe unten Schelers phänomenologische Kritik). Maurice Merleau-Ponty (1964) differenziert diese Doppelfunktion des Körpers in Körper (*corps objectif*) und Leib (*corps propre*). Der Körper kann über seine objektiv-gegenständliche und subjektiv-erkennende Erlebnisdimension nicht nur zwischen Physischem und Seelischem vermitteln, sondern auch über die »Zwischenleiblichkeit« im Hinblick auf die Grundlage der Intersubjektivität eine entscheidende Rolle spielen (Breyer 2015, Fuchs 2010, Gallagher 2005).

Diese knappe Diskussion von Lipps' Einfühlungstheorie soll hier genügen. Eine ausführliche und kenntnisreiche Diskussion auch im Kontrast zur Analogieschlusstheorie und im Kontext alternativer phänomenologischer Konzeptionen liefert Matthias Schlossberger (2005: 62–76). Die Funktion dieses philosophiehistorischen Abschnitts war zweifach: Zum einen sollte aufgezeigt werden, inwiefern die heutigen Debatten über Empathie und Verkörperung, die in Kapitel 5 aufgegriffen werden, eine wichtige Quelle in Lipps' Einfühlungstheorie haben; zum anderen soll später deutlich werden, inwiefern die heute diskutierte Simulations-Theorie aufgrund ihrer systematischen Nähe zu Lipps' Theorie auch einige ihrer Probleme erbt. Wir werden also unten noch auf Lipps zurückkommen.

4.2 Goldmans zweistufige Simulations-Theorie

Alvin Goldman (2006: 18) akzeptiert die Einfühlungstheorie dezidiert als Vorläufer seiner Simulations-Theorie und behandelt die Bezeichnungen synonym (2006: 11). Während Baron-Cohen (1995: 3) seinen modularen Ansatz als *einzige und universelle* Quelle der sozialen Kognition vorstellt, behauptet Goldman, soziale Kognition erfolge *stets* durch Simulation. Die kontroverse interdisziplinäre Debatte zur Natur der sozialen Kognition wurde durch derart starke Thesen natürlich erst befeuert. In der Diskussion der Befunde zum impliziten und expliziten Verstehen falscher Überzeugungen wurden bereits erste Differenzierungen eingeführt, z.B. zwischen zwei Systemen oder Stufen sozialer Kognition. Auch Goldman differenziert zwischen Simulation auf niedriger Stufe und auf höherer Stufe. Die Kriterien für diese Unterscheidung werden wir weiter unten diskutieren. Die vorliegende Darstellung konzentriert sich hauptsächlich auf Goldmans Hauptwerk *Simulating Minds* (2006).

Die Grundidee der Simulations-Theorie führt Goldman bereits in Auseinandersetzung mit und in Abgrenzung zur Theorie-Theorie ein (2006: 23–52). Er konzentriert sich dabei auf den Spezialfall, wie wir die praktische Handlungsentscheidung eines Anderen auf der Basis seiner vermeintlichen Überzeugungen und Wünsche nachvollziehen, verstehen und erklären. Wenn ich die Entscheidung meines Freundes Tom, eine Immobilie zu erwerben, vorhersagen oder erklären soll, dann greife ich gemäß der Theorie-Theorie auf meine alltagspsychologische Theorie zurück, die u.a. Plattitüden über Zweck-Mittel-Beziehungen enthält und gemäß des Bayesianischen Lernmechanismus unterschiedliche Hypothesen gemäß ihren Wahrscheinlichkeiten gewichtet und gegeneinander abwägt. Der Entscheidungsprozess beruht wesentlich auf Toms Überzeugungen über Kaufpreise,

Renovierungsarbeiten und Mieteinnahmen etc. Diese mentalen Zustände werden wie abstrakte theoretische Entitäten behandelt und liefern mir, so Goldmans Rekonstruktion, mittels Schlussfolgerungen *meine Überzeugung* über Toms vermeintliche Entscheidung.

Die Situation stellt sich seiner Simulations-Theorie gemäß völlig anders dar, obwohl Goldman betont, dass die Überzeugungen, Absichten, Wünsche usw., von denen ich bei meinem Vorhersageversuch jeweils ausgehe, dieselben seien (2006: 28). Der Unterschied bestehe darin, wie ich mit diesen mentalen Zuständen umgehe. Um Toms Entscheidung nachzuvollziehen, brauche ich, so Goldman, nicht auf allgemeine psychologische Gesetzmäßigkeiten zurückzugreifen, die angeblich für alle Menschen in allen Situationen gelten sollen. Die Simulations-Theorie setze im Gegensatz zur Theorie-Theorie keine breite Wissensbasis (psychologische Gesetzmäßigkeiten) voraus, sondern sei »informationsarm«: Erstens bringe ich in mir mittels der Einbildungskraft mentale Zustände hervor, die denen Toms hinreichend ähneln (Goldman 2006: 149). Statt mir vorzustellen, *dass* Tom X beabsichtigt, Y fühlt oder Z meint, stelle *ich* mir vor, X zu beabsichtigen, Y zu fühlen oder Z zu meinen. Goldman nennt diese Fähigkeit »enactment imagination«. Dazu unten mehr. Zweitens speise ich diese daraufhin in denselben Entscheidungsmechanismus ein, mit dem ich selbst Entscheidungen treffe. Statt die resultierende Entscheidung aber in die Tat umzusetzen, verwende ich den Mechanismus »offline« und projiziere das Ergebnis drittens auf Tom, während ich viertens, um eine zuverlässige Vorhersage bzw. Erklärung zu gewährleisten, meine eigenen mentalen Zustände unterdrücke. Andernfalls würden sie den Simulationsprozess kontaminieren und zu falschen Vorhersagen führen. Ich mache mir z.B. überhaupt nichts aus Lakritz, während meine Frau Lakritz liebt. Liegt eine Tüte Lakritz auf dem

Küchentisch, kann ich nur dann erfolgreich vorhersagen, was meine Frau wohl tun wird, sobald sie die Tüte bemerkt, wenn ich meine Abneigung gegen Lakritz unterdrücke. Goldman verallgemeinert diesen Prozess, um alle Fälle sozialer Kognition abzudecken. Dabei gesteht er der Konkurrenz zu, dass die Simulations-Heuristik auch modular organisiert sein möge (Goldman 1992/1995: 194).

Im Zentrum der Theorie steht der Begriff der Simulation. Goldman definiert ihn in erster Annäherung folgendermaßen (Goldman 2006: 37):

Ein Prozess P simuliert einen Prozess P* genau dann wenn Folgendes gilt:

(1) P dupliziert, repliziert oder ähnelt P* in einigen signifikanten Hinsichten (signifikant relativ zu den Zwecken oder Funktionen der Aufgabe), und

(2) in seiner (signifikanten) Duplizierung von P* erfüllt P einen seiner Zwecke bzw. eine seiner Funktionen.

Goldman bekennt, dass diese Bezeichnung auch auf Prozesse zutrifft, die mit mentalen Zuständen nichts zu tun haben. Astronauten lernen im Simulator, ein Space Shuttle zu landen oder an eine Raumstation anzudocken. Sie lernen, wie es ist, mit Schwerelosigkeit umzugehen und sie zu erleben usw. Um damit etwas über das Fliegen eines Space Shuttles zu lernen, müssen sie kein theoretisches Wissen über die Funktionsweise solcher Simulatoren mitbringen. Und doch, so Goldman, können solche Simulationen den »echten« Zuständen oder Prozessen hinreichend ähneln. Als Beleg führt er u.a. das berühmte Experiment von Roger Shepard und Jacqueline Metzler (1971) an, die dessen Teilnehmern die Aufgabe stellten, zu bestimmen, ob zwei dreidimensionale Figuren kongruent sind oder nicht. Sie konnten zeigen, dass die Versuchspersonen offenbar die Objekte in ihrer Vorstellung rotierten, um die Aufgabe zu lösen, und dass sie für diese rein mentale Rotation in etwa genauso viel Zeit benötigen wie die tatsächliche Drehung in Anspruch genommen hätte (Goldman 2006: 157). Das suggeriert, so Goldman, dass Als-ob-Zustände, also Simulationen, tatsächlich aufgrund ihrer Ähnlichkeit zu erfolgreichen Vorhersagen führen können.

Eine *mentale* Simulation, also eine für den gegenwärtigen Zusammenhang relevante Simulation, ist die Simulation eines mentalen Zustandes durch einen anderen. Prozess P ist eine mentale Simulation eines Zielprozesses P* genau dann, wenn Folgendes gilt (ebd.):

> Sowohl P als auch P* sind mentale Prozesse (obwohl P* bloß hypothetisch sein mag), und P und P* exemplifizieren die Beziehung der allgemeinen Simulation (wie oben definiert).

Auch ein mentaler Simulationsprozess kann mit Beispielen aus der empirischen Forschung illustriert werden (Goldman 1993). Daniel Kahneman und Amos Tversky (1982) erzählten Versuchspersonen die Geschichte von Mr. Crane und Mr. Tees, die zusammen ein Taxi zum Flughafen teilen, aber wegen eines Staus ihre Flüge verpassen. Mr. Crane erfährt, dass sein Flug pünktlich war, während Mr. Tees erfährt, dass sein Flieger erst vor wenigen Minuten mit Verspätung gestartet sei. 96 Prozent der zu der Geschichte Befragten meinten, dass sich Mr. Tees wohl mehr ärgern werde. Woher diese Einigkeit? Goldman meint, die Befragten stellten sich einfach vor, wie sie selbst sich in dieser Situation fühlen würden. Die Simulation von Mr. Tees generierte in ihnen einfach ein höheres Maß an Verärgerung als die Simulation von Mr. Crane.

Simulation niedriger und höherer Stufe

Obwohl Goldman die Kernidee seiner Simulations-Theorie am Beispiel der Rekonstruktion eines praktischen Entscheidungsprozesses einführt – soziale Kognition »höherer Stufe« –, erkennt er auch soziale Kognition niedriger Stufe an, verstanden als primitiven, unbewussten und automatischen Prozess (Goldman 2006: 113). Dieses basale Gedankenlesen ist *einfach*, weil es typischerweise wenig kognitiven Aufwand braucht. Hier geht es um Emotionen wie Angst und Freude, Empfindungen wie Schmerzen sowie Absichten wie das Greifen nach einem Apfel. Es ist *primitiv* sowohl im Hinblick auf seine wichtige Funktion im Evolutionsprozess als auch mit Blick auf den ihm zugrunde liegenden neuronalen Mechanismus. Das Erkennen z.B. einer Basisemotion wie Angst oder Freude beruht Goldman zufolge auf einem automatischen »Spiegelungsprozess«, der durch eine Aktivierung von Spiegelneuronen realisiert werden könnte. Spiegelneuronen in einer spezifischen Hirnregion feuern sowohl, wenn ich selbst z.B. Ekel empfinde, als auch wenn ich bloß jemanden beobachte, dessen Mimik Ekel ausdrückt (Wicker et al. 2003). Spiegelneuronen in einer anderen Hirnregion feuern sowohl, wenn ich eine bestimmte zielgerichtete motorische Handlung ausführe, als auch, wenn ich bloß jemanden beobachte, der diese oder eine ähnliche Handlung ausführt (Rizzolatti et al. 1996). Goldman wertet diese empirische Entdeckung als starke Evidenz für die Simulations-Theorie (Gallese & Goldman 1998). Allerdings unterscheidet er eine simple automatische Aktivierung dieser Neuronen bei »emotionaler Ansteckung« von einer Aktivierung bei genuin sozialer Kognition niedriger Stufe im »Beobachtungsmodus«. Dadurch grenzt er Fälle des reinen Vorstellens motorischer Bewegungen von sozialer Kognition ab (Goldman 2008). Goldman zufolge könnte Spiegelneuronen eine zentrale Rolle beim schnellen automatischen Erkennen von Gefühlen in Gesichtsausdrücken oder von Handlungsabsichten in beobachteten Körperhaltungen und -bewegungen zukommen, auch wenn er nicht der Meinung ist, sie seien konstitutiv oder hinreichend für soziale Kognition. Spiegelneuronen mag diese oder eine ähnliche Rolle zukommen. Weiter unten werden wir dies ausführlicher diskutieren. Die zentralen Fragen an Goldman lauten jedoch, warum dieser neuronale Mechanismus als *Simulation* aufgefasst und als ein Verstehen charakterisiert werden sollte. Zumindest ist, wie wir noch sehen werden, die Simulations-Deutung der Spiegelneuronen nicht konkurrenzlos (vgl. Gallagher 2007).

Selbst wenn Spiegelneuronen eine Rolle bei sozialer Kognition spielten, können nicht alle Fälle des Fremdverstehens auf solchen Spiegelungsprozessen beruhen, wie auch Goldman ausführt. Denn einige Formen sozialer Kognition sind für bestimmte Fehler der Perspektivübernahme anfällig, die bei reinen Spiegelungsprozessen nicht auftreten, weil sie nicht der Kontrolle des Subjekts unterliegen. Kleinkinder schließen beim Versteckspiel einfach die Augen und meinen dadurch gut versteckt zu sein, dabei sehen nur sie selbst nichts mehr. Meine Tochter Mathilde hat ein entzückendes Bild gemalt, auf dem ich meiner Frau einen Heiratsantrag mache. In der Sprechblase über meinem Kopf steht: »Willst du mich heiraten, Mama?« Ein klarer, amüsanter Fall einer misslungenen (unvollständigen) Perspektivübernahme. Zudem gehen Kinder in der Regel automatisch davon aus, dass Andere über dasselbe Wissen verfügen wie sie selbst und ignorieren dabei die unterschiedlichen räumlichen Wahrnehmungsperspektiven. Solche Fälle erklärt Goldman mithilfe einer schlecht funktionierenden Quarantäne der eigenen Perspektive und Annahmen. Diese Prozesse gehen aber über soziale Kognition auf niedriger Stufe weit hinaus, insofern bewusste kognitive Prozesse involviert sind. Außerdem schließt Goldmans Definition eines Spiegelungsprozesses explizit vorstellungsgeleitete Ereignisse aus, während Fälle sozialer Kognition höherer Stufe explizit durch die Beteiligung der bewussten Vorstellungskraft eingeleitet werden. Damit geht Goldman über Lipps' Einfühlungstheorie hinaus, da Lipps durch den Rückzug auf einen nicht weiter erklärbaren Instinkt der Empathie offenbar allein auf unreflektierte Prozesse setzt.

Soziale Kognition höherer Stufe bestimmt Goldman wie folgt (Goldman 2006: 147):

> (a) sie bezieht sich auf relativ komplexe mentale Zustände wie etwa propositionale Einstellungen; (b) einige Elemente des Gedankenleseprozesses unterliegen der Willenskontrolle; und (c) der Prozess ist zumindest teilweise dem Bewusstsein zugänglich.

Das oben zur Illustration verwendete Beispiel des Nachvollziehens bzw. Vorhersagens der praktischen Entscheidung eines Anderen ist somit ein paradigmatisches Beispiel für soziale Kognition höherer Stufe. Die Aufgaben zum Verständnis falscher Überzeugungen bieten hier ein gutes Beispiel. Wir hatten bereits gesehen, dass Vertreter der Theorie-Theorie das erfolgreiche Abschneiden von Kindern mit vier bis fünf Jahren bei solchen Aufgaben als Einschnitt in der kognitiven Entwicklung ansehen. Simulations-Theoretiker gehen nicht von einem kognitiven Bruch aus, sondern heben stattdessen die Kontinuität der ständigen Weiterentwicklung der Vorstellungskraft hervor. Entscheidend ist der Grad der Fähigkeit, so tun zu können als *sei* man die andere Person oder als befände man sich *selbst* in der Situation des Anderen. Während sich eine Fünfjährige mit Leichtigkeit in die Situation einer Anderen hineinversetzen, sie simulieren, könne, übersteigt dies Harris zufolge die Vorstellungskraft einer Dreijährigen, auch weil es noch nicht in ausreichendem Maße gelingt, ihr eigenes Wissen zu unterdrücken (Harris 1995). Sie erliegt sozusagen dem Fluch des Wissens. Wenn sie ihre eigenen Überzeugungen über die Situation in ihren Entscheidungsmechanismus einspeist, dann gelangt sie zu einer völlig falschen Vorhersage, da ihre Überzeugung derjenigen des Akteurs in der Geschichte (*Wo sucht Maxi nach seiner Schokolade?*) nicht hinreichend ähnelt. Insofern trifft sie eine Verhaltensvorhersage, die gerade nicht auf Maxis falscher Überzeugung, sondern auf ihrer wahren Überzeugung über den Ort der Schokolade beruht. Goldman (2006: 74 ff.) hebt die den Aufgaben inhärente Herausforderung an die exekutive Funktion der Inhibition hervor: es handle sich hier um ein allgemeines Problem im Kontext defizitärer Informationsverarbeitung, nicht – wie z.B. Perner (1991: 186) annahm – um ein Defizit im Verständnis von (mentalen) Repräsentationen. Harris (1995) macht geltend, dass diese Aufgaben ursprünglich innerhalb des Paradigmas der Theorie-Theorie entwickelt wurden, da sie es ihrem Design nach unmöglich machen, die Überzeugungen des Anderen mittels einer reinen Projektion des eigenen Bewusstseins zu verstehen. Die These der Theorie-Theorie lautete ja, dass anspruchsvolleres psychologisches »Wissen« dazu erforderlich sei. Vor diesem Hintergrund, betont Harris, sollte man nicht erwarten, dass diese Aufgaben als Unterstützung der Simulations-Theorie herangezogen werden könnten. Die Frage ist dann nur, wie die Simulations-Theorie mit diesen Befunden umgehen sollte. Goldman (2006: 77) hingegen spielen die bahnbrechenden Experimente von Onishi & Baillargeon (2005) natürlich in die Hände, da er sie als Beleg gegen einen tiefgreifenden konzeptuellen Wandel in der kognitiven Entwicklung von Kindern wertet und damit als Evidenz *gegen* die Varianten der Theorie-Theorie.

Wie erklärt die Simulations-Theorie andere entwicklungspsychologische Befunde? Wir hatten gesehen, dass Autismus von der Theorie-Theorie als Beeinträchtigung des theoretischen Wissens über Personen, von der Modularitäts-Theorie als Defekt eines biologisch realisierten Moduls (TOMM) erklärt wird. Simulieren ist eher eine Fähigkeit als ein theoretisches Wissen. Insofern muss auch die Charakterisierung des Autismus durch die Simulations-Theorie anders ausfallen. Currie (1996: 243) bringt den Unterschied so auf den Punkt: Während die Theorie-Theorie besagt, Autisten fehle *theoretisches Wissen*, behauptet die Simulations-Theorie, Autisten hätten eine stark eingeschränkte Vorstellungskraft, d.h. ihnen fehle die Fähigkeit, sich in eine andere Situation hineinzuversetzen. Dazu passen die großen Defizite von Autisten im Als-ob-Spiel. Ohne die Fähigkeit, in sich Als-ob-Zustände hervorzubringen, kann keine Simulation gelingen. Insofern kann auch die Simulations-Theorie zumindest die Probleme von Autisten bei *False-Belief*-Aufgaben und im spontanen zwischenmenschlichen Umgang erklären. In Bezug auf deren anderen kognitiven Defizite hat sie ebenso wenig zu sagen wie ihre Konkurrenz.

Mit seiner Differenzierung in (mindestens) zwei verschiedene Ebenen der sozialen Kognition verabschiedet Goldman zumindest die These, dass soziale Kognition ein homogenes Phänomen sei, das bloß einer einzigen kognitiven Strategie bedürfe. Allerdings sind noch einige Fragen offen bezüglich der Details seiner Konzeption, z.B. bezüglich der Kriterien zur Differenzierung der zwei Formen von Simulation und der Rolle von Vorwissen im Simulationsprozess. Ob sich die Unterscheidung – so wie Goldman sie trifft – aufrechterhalten lässt, wird im Folgenden ebenso zu diskutieren sein wie die Frage, ob die Simulations-Theorie den Varianten der Theorie-Theorie überlegen ist.

4.3 Probleme und Einwände

Simulation oder Theorie?

Der Simulations-Theorie gemäß stellen wir uns also vor, wir befänden uns in der Situation des Anderen und hätten seine Überzeugungen und Wünsche, um dann mit unseren kognitiven Fähigkeiten *offline* einen Entscheidungsprozess zu simulieren, ohne jedoch das Resultat umzusetzen. Es ist wichtig zu betonen, dass Goldmans Ausgangspunkt für den Simulationsprozess Annahmen über die Überzeugungen und Wünsche der betreffenden Person sind. Denn damit scheint er schon vorauszusetzen, was überhaupt erklärt werden soll. Wie gelangt die simulierende Person zu dem erforderlichen Wissen darüber, welche mentalen Zustände denjenigen der zu simulierenden Person hinreichend ähnlich sind, damit die Simulation gelingen kann? Goldman (1989/1995: 85) stellt an eine erfolgreiche Simulation explizit die Bedingungen, dass (a) der Prozess, der die Simulation leitet, derselbe (oder in relevanter Hinsicht ähnlich wie der) Prozess ist, der das kognitive System des Anderen leitet, und (b) die Ausgangszustände des Simulierenden dieselben oder in relevanter Hinsicht ähnlich sind wie diejenigen, die der Andere durchlebt. Um die Simulation mit denselben oder hinreichend ähnlichen mentalen Zuständen zu beginnen, muss der Simulierende jedoch wissen, welche Überzeugungen und Wünsche denen des Anderen ähneln. Dazu bedarf es offensichtlich eines Aktes sozialer Kognition, denn dies zu wissen macht soziale Kognition bzw. Gedankenlesen aus. Zu diesem Wissen kann die simulierende Person jedoch nicht mittels Simulation kommen, denn der Simulationsprozess setzt ja immer dieses Wissen voraus, was folglich in einen unendlichen Regress von Simulationen münden würde. Die Theorie-Theorie bietet dazu Schlussfolgerungen auf der Basis theoretischer Daumenregeln und psychologischer Gesetzmäßigkeiten an, die bestimmte Überzeugungen, Wünsche, Absichten usw. als wahrscheinlich auszeichnen. Da Goldman eine Antwort im Rahmen der Simulations-Theorie schuldig bleibt, muss er diese zentrale theoretische Anleihe bei der Theorie-Theorie machen. Damit zusammenhängende Probleme bereitet die erforderliche Quarantäne der eigenen Überzeugungen und Wünsche, weil sie abhängig von diesem Wissen ist; denn um meine eigenen mentalen Zustände mit denen der Zielperson vergleichen zu können, müssen mir beide bekannt sein.

Goldman muss also innerhalb seines Erklärungsrahmens auf theoretisches Wissen zurückgreifen. Wie umfangreich dieses Wissen ist, illustriert ein Beispiel. Um meinem Kollegen Albert eine mentale Einstellung bezüglich seines bevorstehenden Vortrags in den USA – sei es Nervosität oder Vorfreude – zuschreiben zu können, muss ich nicht nur auf Hintergrundwissen über Professoren und Universitäten, Forschungsarbeiten, Konferenzen und Gastvorträge, sondern auch auf Wissen über Flugreisen usw. zurückgreifen. Auch die Simulations-Theorie kommt keineswegs ohne eine breite Wissensbasis aus, so dass der Gegensatz zwischen »informationsreichem« und »informationsarmem« Erklärungsansatz nur vermeintlich besteht. Goldman könnte sich darauf zurückziehen, dass er sich mit der »Informationsarmut« auf den Kontrast zu dem von der Theorie-Theorie vorausgesetzten theoretischen Wissen über psychologische Gesetzmäßigkeiten bezieht: denn die Simulations-Theorie bemühe lediglich die Einbildungskraft. Doch auch die Simulations-Theorie ist mehr als einmal auf theoretische Prämissen angewiesen, nämlich erneut vor der Projektionsphase. Um berechtigterweise der anderen Person ihre Als-ob-Entscheidung zuzuschreiben, muss die Simulierende annehmen, dass die simulierte Person ein ihr selbst in hinreichendem Maße ähnlich »rational Handelnder« ist (vgl. Meltzoffs

[2007] »Like-me-Hypothese«). Diese Voraussetzung umfasst die Annahme eines ähnlichen Entscheidungsmechanismus beim Anderen sowie deren rationalen Umgang mit ihren Überzeugungen und Wünschen. So wie ein Flugsimulator nur dann von Nutzen ist, wenn sichergestellt ist, dass er die gleichen Bedingungen wie in einem echten Flugzeug schafft, so führt die Simulation des Anderen nur dann zum Ziel, wenn Simulierender und Simulierte ähnlich funktionieren.

Doch ähnlich *funktionieren* heißt in unserem Kontext der sozialen Kognition höherer Stufe, *rational* zu entscheiden. Die (minimale) Rationalitätsannahme ist laut Daniel Dennett (1971) das Kennzeichen der intentionalen Einstellung. Es ist meiner Meinung nach wahrscheinlicher, dass mein Nachbar gerade deshalb den Rasenmäher aus dem Schuppen holt, um den Rasen zu mähen, statt zu versuchen, sich damit seine Brusthaare wegzurasieren. Ich kann mich zwar in seine Lage versetzen und simulieren, was ich wohl beabsichtigen würde, wenn ich mich so verhielte, aber ich kann sein Verhalten nur verstehen, wenn ich voraussetze, dass er nicht völlig irrational handelt, sondern seine Überzeugungen (über Rasen und Rasenmäher) und Wünsche (bezüglich der ästhetischen Eigenschaften seines Rasens etwa) zusammen mit Wissen über Zweck-Mittel-Relationen im relevanten Fall in subjektiven Gründen kulminieren, die er auf Anfrage als Erklärung und Rechtfertigung seines Verhaltens angeben könnte. Wie könnte ich sonst sicher sein, die richtigen mentalen Zustände projiziert zu haben? Der Status dieser sehr allgemeinen und universellen Rationalitätsannahme kommt den von Vertretern der Theorie-Theorie postulierten psychologischen Gesetzmäßigkeiten und Bayesianischen Hypothesen verdächtig nahe. Die Herausforderung für Goldman und andere Simulations-Theoretiker besteht in dem Nachweis, dass der Entscheidungsprozess tatsächlich informationsarm in dem Sinne ist, dass der Übergang von einer Menge mentaler Repräsentationen zu einer anderen Menge mentaler Repräsentationen ohne implizites theoretisches Wissen auskommt. Dazu gehören (gemäß Theorie-Theorie) implizit repräsentierte Regeln, denen der Mechanismus zwar nicht »folgen« muss, aber denen »gemäß« er ablaufen muss, um die richtigen Outputs zu generieren. Die hier angestellten Überlegungen suggerieren, dass die Theorie-Theorie an dieser Stelle nicht nur einen systematischen Vorteil hat, sondern auch die Simulations-Theorie ohne diese Anleihen nicht auskommt. Angesichts dessen verwundert Goldmans vehemente Kritik an Dennetts »Theorie der intentionalen Einstellung« (Goldman 2006: 53–68). Sein Vorwurf, Dennett setze voraus, dass wir jederzeit rationale Entscheidungen träfen, beruht auf einem Missverständnis. Genauso wie Dennett erklärt, dass wir die Rationalitätsannahme in extremen pathologischen Fällen aufgeben müssen, muss auch Goldmans Simulations-Theorie ihre Voraussetzungen entsprechend anpassen. Damit setzt Goldman aber bereits mindestens an zwei Stellen theoretische Annahmen voraus. Wenn wir ein Netzwerk miteinander konsistenter Überzeugungen als eine »Theorie« im minimalen Sinne ansehen, dann droht der Simulations-Theorie aufgrund dessen der Kollaps in eine Variante der Theorie-Theorie. Eine reine Simulations-Theorie ohne jegliche Elemente der Theorie-Theorie lehnt Goldman mittlerweile selbst ab. Bereits in seinen frühesten Schriften spricht er von einer »komplexen Variante der Simulations-Theorie«, die sich etwas der Theorie-Theorie annähere (Goldman 1989: 176). Auch Heal (1995) spricht sich für eine hybride Theorie aus. Goldman möchte gleichwohl daran festhalten, seine resultierende »hybride« Position als Simulations-Theorie zu bezeichnen, da dies der wesentliche Prozess sei. Allerdings stellt sich die Frage, warum wir Goldmans These akzeptieren sollten, dass Gedankenlesen niedriger und höherer Stufe trotz ihrer gravierenden Unterschiede als Simulationen charakterisiert werden sollten. Was ist ihnen gemeinsam?

Kriterien für die Zweiteilung

Diese grobe Zweiteilung bleibt bei ihm leider bloß skizzenhaft. Sie spiegelt nicht einfach die spätere Differenzierung von System 1 und System 2 in Apperly und Butterfills (2009) Ansatz. Teils legen Goldmans Beispiele nahe, dass für die Unterscheidung die Typen von mentalen Zuständen von Belang sind, z.B. Handlungsabsichten und Emotionen gegenüber Überzeugungen und Wünschen. Der Unterschied könnte aber auch daran festgemacht werden, ob oder inwiefern die Simulation bewusst erfolgt. Trotz der Unterschiede soll es sich jeweils um Simulation plus Projektion handeln. Wie passt das alles zusammen? Frederique de Vignemont (2009) zeigt, dass Goldman keine strikten Kriterien für seine Unterscheidung angibt. Er geht zwar davon aus, dass die beiden Formen der Simulation in unterschiedlichen neuronalen Systemen im Gehirn realisiert sind, nämlich dem Spiegelneuronen-System (*mirror neuron system*) auf der einen und dem Gedankenlese-Netzwerk (*mindreading network*) auf der anderen (mehr dazu unten). Aber *neuronale Mechanismen* können nicht das Kriterium für die Unterscheidung liefern, da Goldman auch die (bewusste und kontrollierte) Vorstellung von Körperbewegungen (*motor imagery*) als höherstufige Simulation wertet, solche Vorstellungen aber stark überlappende neuronale Aktivierungen mit dem motorischen System zur Handlungssteuerung zeigen, einem Teil des Spiegelneuronen-Systems. Auch das *bewusste Erleben* kann nicht als Kriterium herhalten, da nicht alle Fälle höherstufiger Simulation auch bewusst sein müssen. Das *Maß an Kontrolle* kommt nicht infrage, da Ärzte im Umgang mit Patienten ihre basalen Empathiemechanismen offenbar bis zu einem gewissen Grad kontrollieren können, auch um der höheren Konzentrationsfähigkeit willen. Eine Gruppe von Ärzten zeigte beim Anblick von Patienten, die an Schmerzen litten, keinerlei neuronale Aktivierung ihres neuronalen Schmerzzentrums (Cheng et al. 2007). Schließlich ist auch nicht die *Klasse der mentalen Zustände* entscheidend. Emotionen und Absichten könnten eher durch Simulation niedriger Stufe, Überzeugungen und Wünsche durch höherstufige Simulation verstanden werden. Allerdings fällt es angesichts der Vielfalt mentaler Phänomene schwer, eindeutige Zuordnungen zu treffen, allein schon innerhalb der Gruppe der Emotionen (Angst, Freude, Wut, Scham, Stolz ...). Die Aussicht ist gering, dass jeder konkrete mentale Zustand einer der beiden Formen von Simulation eindeutig zugeordnet werden kann. Frederique de Vignemont (2009) folgert, dass keines der möglichen Kriterien notwendig oder hinreichend sei, um Goldmans Unterscheidung zu markieren.

Warum Simulation?

Die zwei so verschiedenen Stufen des Gedankenlesens sollen Simulationen sein. Was ist ihnen gemeinsam? Simulationen setzt man in der Regel ein, um ein System in seiner Funktionsweise mittels eines anderen Systems bzw. Modells mit derselben kausalen Struktur zu verstehen. Aus dem Umgang mit dem Modell schließt man dann auf das Original. Dies nennt Gallagher (2007: 359) die »instrumentelle Definition« von Simulation, von der er die »Schein-Definition« unterscheidet, die den Als-ob-Aspekt von Simulation einfängt, wenn Simulation ein Imitat ist. Auf die Simulation höherer Stufe treffen diese Bedeutungen zu, denn wir setzen hier unsere eigene Vorstellungskraft und unser Entscheidungssystem bewusst ein, um die Vorgänge im Geist des Anderen zu simulieren. Wir tun dabei so, als befänden wir uns in seiner Situation. Wie steht es aber um das Gedankenlesen niedriger Stufe? Gallagher zitiert zahlreiche Vertreter von Simulations-Theorien, u.a. Gallese (2001: 37), dem zufolge unsere Spiegelneuronen aktiviert werden, *als ob* wir dieselbe Handlung ausführten, die wir beobachten (Schein-Definition); oder Goldman (2006: 20), dem zufolge Gedankenleser ihren eigenen Geist benutzen, um den Geist eines Anderen nachzuahmen. Gallagher macht darauf aufmerksam, dass subpersonale neuronale Prozesse wie die automatische Aktivierung von Spiegelneuronen diese Bedeutungen von »Simulation« nicht erfüllen. Die Aktivierung von Spiegelneuronen erfolgt automatisch, unterliegt gerade (in der Regel) nicht meiner bewussten Kontrolle und kann somit auch nicht so gedeutet werden, als benutzte ich dabei ein Modell: »We, at the personal level, do not *do* anything with the activated brain areas – in fact, we have no instrumental access to neuronal activation, and we can not use it as a model« (Gallagher 2007: 360). Aber sie werden auch nicht aktiviert, *als ob* etwas der Fall wäre, also im Sinne der Schein-Definition: »As vehicles, neurons either fire or do not fire. They do not pretend to fire.« (ebd.) Was ihren repräsentationalen Gehalt betrifft, so suggeriert das Aktivierungsmuster der Spiegelneuronen, dass weder Ich noch der Andere von diesen Vehikeln repräsentiert werden. Sie feuern gerade *unabhängig* davon, ob ich handle oder mein Gegenüber. Folglich können sie auch nicht *meine* Handlungsabsichten so repräsentieren, *als ob* sie die des *Anderen* wären. Wenn es aber derart schwierig ist, der Aktivierung von Spiegelneuronen einen dem wörtlichen Sprachgebrauch gemäßen Sinn von Simulation zuzuordnen, dann fällt es auch schwer, die beiden von Goldman unterschiedenen Ebenen des Gedankenlesens gleichermaßen als Simulationsprozesse zu verstehen. Es bleibt zumindest offen, was ihnen gemeinsam ist und sie zu Simulationen machen soll.

Nichols und Stich (2003) sehen die Gefahr, dass die Begrifflichkeit der Simulation trivialisiert wird, weil sie auf zu viele verschiedene Phänomene Anwendung finde. Eine sinnvolle Alternative wäre, die Prozesse auf niedriger Stufe eher als *Wahrnehmung* zu charakterisieren und die der höheren Stufe eher als theoretische *Schlussfolgerungen.* Wenn ich meiner Tochter im Gesicht bereits die Freude über ihr gutes Zeugnis *ansehe*, warum muss ich ihren Geist dann erst noch simulieren, um herauszufinden, wie es ihr geht? Goldmans Unterscheidung zweier Ebenen des Verstehens der mentalen Zustände anderer Personen ist zwar hilfreich, aber nicht so konsistent entwickelt wie die Theorie zweier Systeme (Apperly & Butterfill 2009). Gallaghers (2007) phänomenologischer Einwand aber, dass die Simulations-Theorie schon deshalb unplausibel sei, weil das Fremdverstehen wie im obigen Beispiel sich für uns nicht *so anfühlt* wie eine Simulation, greift nicht. Denn das Ziel ist die adäquate Beschreibung subpersonaler kognitiver Prozesse, und für diese Beschreibung ist nicht entscheidend, wie sie von uns erlebt werden. Uns mag die Bekanntschaft mit dem Geist Anderer in einigen Fällen äußerst direkt anmuten, und doch könnten die zugrunde liegenden kognitiven Prozesse höchst komplex sein.

Selbst oder Anderer?

Auch der von Goldman postulierte letzte Schritt der Projektion des simulierten mentalen Zustands auf die andere Person ist höchst problematisch, aber aus einem anderen Grund. Kehren wir zu Goldmans Beispiel zurück. Wir simulieren den Entscheidungsprozess eines Freundes. Da ich als Simulierender zu dem projizierten mentalen Zustand nicht über den Weg der theoretischen Schlussfolgerung gelangt sein darf, sondern dadurch, dass ich in mir einen (vermeintlich) ähnlichen Zustand hervorbringe, begegnet die Simulations Theorie demselben Einwand wie schon Lipps' Theorie der Einfühlung: Es besteht die Gefahr, dass ich dadurch immer nur etwas über meine eigenen mentalen Zustände erfahre. Goldman schreibt:

> »What is the ›special‹ use of one's own mind under simulation? ... According to ST the mindreader takes her *own* ... decision – a decision that occurs in simulation-mode, to be sure – and ascribes that type of state to the target. Under the TT account, the mindreader never ascribes one of her own decisions to the target; no such decision is part of the theorizing routine. In the theorizing routine, all states of the mindreader are (third-person) *metarepresentations* – that is, beliefs about mental states of the target.« (Goldman 2006: 40)

Wenn ich der Simulations-Theorie gemäß dem Anderen stets nur meine eigenen Entscheidungen zuschreibe, so verbleibe ich mutmaßlich auf ewig in einer »egozentrischen Zwickmühle« gefangen, die ein wahrhaftiges Verstehen des Anderen unmöglich macht (Zahavi 2014: 110). Den Grund für diese Problematik sieht Dan Zahavi in Goldmans expliziter Nähe zu Lipps' Theorie der Einfühlung. Denn in Lipps' Konzeption sind andere Personen lediglich Multiplikationen meiner selbst. Gemäß der Theorie-Theorie, die hier einen eindeutigen Vorteil hat, projiziert man nur die *repräsentierten Zustände* unserer Überzeugungen auf Andere, nicht unsere eigenen *Zustände*.

Es gibt noch weitere Gründe dafür, dass die Simulations-Theorie allein nicht die Bandbreite der Zuschreibung mentaler Zustände erklären kann, denn diese muss auch für den Fall der Selbstzuschreibung plausibel sein. Die Idee, dass man sich selbst simuliere, macht allerdings wenig Sinn, auch wenn Gordon die wundersame Treffsicherheit von Vorhersagen bezüglich der eigenen Handlungen betont – »a success rate that surely would be the envy of any behavioral or neurobehavioral science« (Gordon 1995: 135). Die Erfolgsrate ist bei Selbstzuschreibungen auf der Basis von Introspektion in der Tat sehr hoch; allerdings ist fraglich, ob der dafür verantwortliche Prozess als Simulation – Selbstsimulation – konzipiert werden sollte. Träfe die Simulations-Theorie zu, sollten Kinder Selbstzuschreibungen vor Fremdzuschreibungen erlernen. Erstens setzen Fremdzuschreibungen ja unsere Bekanntschaft mit den Erlebnissen aus der Erste-Person-Perspektive voraus, weil man zum Fremdverstehen das eigene Erleben als Modell benutzen soll. Zweitens müssen dazu diese Erlebnisse als »Modelle« zuverlässig verfügbar sein. Vertreter der Theorie- und Modularitäts-Theorie wie z.B. Carruthers (2005) heften dagegen die Möglichkeit des Selbstwissens umgekehrt an den Besitz einer Theorie des Geistes, so dass Selbst- und Fremdzuschreibungen in Bezug auf die Entwicklung im Tandem laufen sollten. Wie steht es um die empirischen Befunde? Gopnik und Wellman (1992: 162) verweisen zugunsten ihrer Position auf den Befund, dass Dreijährige nicht nur falsche Fremdzuschreibungen, sondern auch falsche Selbstzuschreibungen vollziehen (Gopnik & Astington 1988). Im Smarties-Test werden Kinder zunächst gefragt, was wohl in der Smarties-Schachtel sei. Sie vermuten mehrheitlich Smarties und sind überrascht, wenn sie die Stifte darin entdecken. Fragt man sie dann, was wohl *ihr Freund* vermuten würde und was *sie selbst* zuvor geglaubt haben, als sie die Schachtel zum ersten Mal sahen, schreiben sich Dreijährige selbst wie auch ihrem Freund fälschlich ein Wissen hinsichtlich des Inhalts der Schachtel zu. Die Fehler Dreijähriger in Selbst-und Fremdzuschreibungen beschränken sich auch meist auf falsche Überzeugungen, während sie andere mentale Zustände sehr wohl korrekt, d.h. ohne egozentrische Vorurteile, auf der Basis korrekter Perspektivübernahme zuschreiben können. Alison Gopnik und Virginia Slaughter (1991) konnten zeigen, dass Dreijährige erheblich besser über ihre eigenen vergangenen Wahrnehmungen und Wünsche berichten konnten als über ihre falschen Überzeugungen. Insofern sich der Simulations-Theorie zufolge die Vorstellungskraft auf die gesamte Bandbreite der mentalen Zustände beziehen kann, um entsprechende Als-ob-Versionen zu generieren, bleibt unverständlich, warum Kinder schon früher das Verhalten Anderer wie auch ihr eigenes korrekt anhand von Wahrnehmungen und Wünschen, aber erst später auch anhand von Überzeugungen erklären können:

»This finding presents a paradox for simulation accounts. If reporting these immediately past states requires simulation, then 3-year-olds are perfectly good simulators of their past desires and perceptions: why not beliefs? If reporting past states does not require simulation, because these states are just read off, then why do the 3-year-olds have so much trouble reporting past beliefs?« (Gopnik & Wellman 1992: 163)

Die Theorie-Theorie hingegen kann erklären, dass aufgrund des Stands der »Theorie« des Kindes einige mentale Zustände (Wahrnehmungen und Wünsche) einfacher zu verstehen sind als andere (Überzeugungen) und dass sich diese Verständnisschwierigkeiten gleichermaßen auf ihre Selbst- und Fremdzuschreibungen auswirken.

4.4 Spiegelneuronen

Mehrmals wurde bereits auf Spiegelneuronen Bezug genommen. In diesem Kapitel sollen sie und ihre Rolle für soziale Kognition nun ausführlicher erörtert werden. Vor mittlerweile genau zwanzig Jahren proklamierte Goldman in einem damals Aufsehen erregenden Aufsatz mit dem Hirnforscher Vittorio Gallese, dass die Simulations-Theorie nun empirisch durch die Entdeckung von Spiegelneuronen belegt sei (Gallese & Goldman 1998). Gallese gehört zum Forscherteam um Giacomo Rizzolatti in Parma, das Mitte der 1990er Jahre die funktionalen Eigentümlichkeiten dieser Neuronen entdeckten. In diesem Beitrag bezeichnen sie Spiegelneuronen als (phylogenetisch primitiven) Vorläufer des Gedankenlesens, verstanden als »the activity of representing specific mental states of others, for example, their perceptions, goals, beliefs, expectations, and the like« (Gallese & Goldman 1998: 495). Hier ist weder von der späteren Differenzierung in *low-level* und *high-level mindreading* die Rede, noch wird irgendeine Restriktion bezüglich einer Gruppe mentaler Zustände angedeutet, die damit erfasst werden soll. Sie erklären, die Aktivität von Spiegelneuronen sei »nature's way of getting the observer into the same ›mental shoes‹ as the target« (ebd. 497). Allerdings drifteten die Interpretationen von Gallese und Goldman seit dieser Veröffentlichung auseinander. Während Goldman die Rolle der Spiegelneuronen für soziale Kognition mittlerweile wesentlich vorsichtiger und zurückhaltender einschätzt als in diesem frühen Statement, verteidigt Gallese dezidiert die These, dass die Spiegelneuronen eine »verkörperte Simulation« des Anderen konstituieren und damit ein direktes Verstehen seiner Absichten ermöglichen (Gallese & Sinigaglia 2012). Um diese und weitere Interpretationen der Spiegelneuronen bewerten zu können, sollen zunächst einige Studien schlaglichtartig vorgestellt werden, um die bemerkenswerten Charakteristika dieser Neuronen zu illustrieren, bevor dann die kontroverse Debatte über die Deutung ihrer funktionalen Rolle im Fokus stehen soll.

Einige Charakteristika von Spiegelneuronen

Die Spiegelneuronen wurden Mitte der 1990er Jahre von Gehirnforschern in Parma entdeckt, als sie die Bewegungsplanung bei Makaken untersuchten und dazu Messungen ihrer Hirnaktivität in einem klar umrissenen Bereich der Großhirnrinde durchführten (Rizzolatti et al. 1996). Die Neuronen im Areal F5, das im ventralen prämotorischen Kortex lokalisiert ist, sind eindeutig mit kontrollierten motorischen Bewegungen von Hand und Mund korreliert. Sie feuern z.B., wenn die Makaken nach einem Objekt greifen oder es zu sich ziehen, es mit der Hand oder dem Mund halten usw. und sie feuern unterschiedlich je nach Handlungstyp. Der prämotorische Cortex grenzt unmittelbar an den motorischen Cortex. Von den Neuronen im motorischen Cortex sind ebenfalls viele vornehmlich mit der Ausführung von Bewegungen wie z.B. dem Greifen assoziiert. Neuronen im prämotorischen Cortex hingegen sind mit ganzen Handlungsplänen korreliert, also motorischen Akten, die durch ein spezielles Ziel koordiniert sind. Bestimmte Gruppen von Neuronen feuern nur, wenn der Affe ein Objekt *ergreift*, während andere feuern, wenn er ein Objekt *hält*. Außerdem feuern die »Greifneurone« unabhängig davon, ob das Objekt mit der linken oder rechten Hand oder mit zwei Händen oder mit dem Fuß ergriffen wird. Daher scheint ihre Aktivierung nicht mit den motorischen Details zusammenzuhängen, sondern mit dem Ziel der Bewegung (Rizzolatti & Sinigaglia 2008: 37). Dafür spricht auch der Befund, dass die Neuronen nicht feuern, wenn dieselbe motorische Bewegung in Abwesenheit eines Zielobjekts ausgeführt wird: »Daher die Idee, das Areal F5 enthalte so etwas wie ein Wörterbuch motorischer Akte, dessen Wörter von Neuronengruppen repräsentiert werden« (ebd. 57). Alle Neuronen in F5 haben diese motorischen Eigenschaften, ein Teil von ihnen reagiert aber auch auf visuelle Reize: Sogenannte *kanonische Neurone* feuern auch, wenn der Affe ein greifbares Objekt bloß beobachtet, die *Spiegelneuronen* in F5 feuern dagegen sowohl, wenn der Affe eine bestimmte Handlung ausführt als auch wenn er ein anderes Individuum bei dieser oder einer ähnlichen Handlung beobachtet (Rizzolatti, Fogassi, Gallese 2004: 431).

Die kanonischen und die Spiegelneuronen unterscheiden sich also allein in ihren visuellen Eigenschaften. Spiegelneuronen feuern nicht, wenn der Affe ein Objekt vor sich bloß anschaut. Sie feuern nur, wenn er eine zielgerichtete Handlung in Anwesenheit eines Objekts ausführt oder beobachtet. Sie scheinen also auf den ersten Blick mit einem motorischen Handlungsprogramm zu korrelieren, das nicht nur online, sondern auch »offline« (bloß simuliert?) ablaufen kann. Daher wurden sie mit dem Verstehen von Handlungen und Handlungsabsichten in Verbindung gebracht und als Evidenz für die Simulations-Theorie gewertet. Eine andere Gruppe von Spiegelneuronen, die später in einer bestimmten Gehirnregion beim Menschen (der anterioren Insel) gefunden wurde, feuert genau dann, wenn wir selbst Ekel empfinden *und* wenn wir bloß beobachten, dass jemand Ekel zum Ausdruck bringt. Ist die Region hingegen geschädigt oder kann aus anderen Gründen nicht aktiviert werden, so ist auch das Empfinden und Erkennen dieser Emotion beeinträchtigt (Wicker et al. 2003). Spiegelneuronen wurden nicht nur für Handlungen und Emotionen wie Ekel, sondern auch für das Tasten und für Schmerz gefunden (einen umfassenden Überblick liefert Keysers 2013). Das Verstehen von Handlungsabsichten, Emotionen und Schmerzen Anderer gehört zum Kern der sozialen Kognition. Daher ist es verständlich, warum die Entdeckung soviel Aufsehen erregte. Goldman schlägt entsprechend folgende Definition von Spiegelneuronen vor:

»Mirror neurons are a class of neurons that discharge both when an individual (monkey, human, etc.) undergoes a certain mental or cognitive event endogenously and when it observes a sign that another individual undergoes or is about to undergo the same type of mental or cognitive event.« (Goldman 2008: 313)

Als einen der wichtigsten Aspekte von Spiegelneuronen bezeichnen Giacomo Rizzolatti und Corrado Sinigaglia (2008: 93) »die Kongruenz zwischen dem vom Neuron kodierten motorischen Akt und dem beobachteten motorischen Akt, der bei der Aktivierung des Neurons wirksam ist«. Ausgeklügelte Experimente ergaben, dass Grade von Kongruenz unterschieden werden müssen: Ein Teil von ihnen – die *strikt kongruenten* Neuronen – sind äußerst selektiv und feuern nur angesichts einer spezifischen Handlung wie dem Greifen nach einer Erdnuss mit dem Präzisionsgriff (mit Daumen und Zeigefinger), während sie nicht feuern, wenn der Kraftgriff (mit der ganzen Hand) angewendet wird. Die *im weiten Sinne kongruenten* Neuronen korrelieren allgemeiner mit »Greifhandlungen«, losgelöst von der spezifischen Ausführung. Bloß *logisch kongruente* Neuronen schließlich bilden eine Unterklasse dieser Gruppe und feuern auch, wenn zwar die Handlung, aber nicht das Zielobjekt sichtbar ist (Umiltà et al. 2001).

Das Aktivierungsmuster der Spiegelneuronen suggeriert, dass sie mit der Ausführung und der Beobachtung zielgerichteter Handlungen korrelieren. Dies belegt eine Studie, bei der Affen ihr Zielobjekt mithilfe einer Zange ergreifen mussten (Umiltà et al. 2008). Dieselben Neuronen feuern unabhängig davon, ob der Affe Hände oder Zange benutzt. Außerdem feuern sie bei der Verwendung unterschiedlicher Zangen: die »normalen« Zangen mussten zunächst geöffnet und zum Greifen des Objekts geschlossen werden. Die »verkehrten« Zangen verlangten hingegen die entgegengesetzte motorische Handlung zur Erreichung des Ziels: Sie mussten erst zusammengedrückt und zum Ergreifen des Objekts geöffnet werden. In allen Fällen feuerte dieselbe Gruppe von Spiegelneuronen entsprechend. Daher hängt die Aktivierung nicht mit den motorischen Details der Handlung zusammen, sondern mit dem zu erreichenden Ziel.

Spiegelneuronen beim Menschen

Die Aktivierungsmuster einzelner Nervenzellen dürfen aus ethischen Gründen bei Menschen nur in Ausnahmefällen gemessen werden, z.B. wenn bei Patienten mit Hirnschäden solche Einzelzellmessungen erforderlich werden (Mukamel et al. 2010). Denn das Implantieren dünner Drähte im Gehirn ist eine invasive Methode, die zu irreversiblen Verletzungen führen kann. Gleichwohl konnten mithilfe bildgebender Verfahren wie der funktionellen Magnetresonanztomografie (fMRT) und anderen Methoden beim Menschen größere Netzwerke von Neuronen identifiziert werden, die Eigenschaften von Spiegelneuronen aufweisen (vgl. Keysers 2013: 45–63, Rizzolatti & Sinigaglia 2008: 122–143). Die Auflösung der Gehirnscans ist vergleichsweise grobkörnig, aber es zeigt sich eine starke Überlappung derjenigen Gehirnareale, in denen bei den Affen Spiegelneuronen entdeckt wurden, mit denen beim Menschen. Das Spiegelneuronensystem des Menschen ist ausgedehnter als beim Affen. Spiegelneuronen beim Menschen werden unspezifischer aktiviert; sie reagieren auch auf die bloße Präsentation von Objekten, welche beim Affen nur kanonische Neuronen aktiviert. Die Spiegelneuronen beim Menschen feuern auch, wenn eine Handlung beobachtet wird, die nicht auf ein Objekt gerichtet ist, und sie feuern auch bei bloß simulierten Handlungen.

Oft sind wir mit Handlungen Anderer konfrontiert, die wir selbst nicht ausführen oder aus anatomischen Gründen gar nicht ausführen *können*. Für solche Handlungen sind dann in unserem Gehirn keine motorischen Programme abgespeichert, die aktiviert werden könnten. Um dies zu überprüfen, zeigten Giovanni Buccino und Kollegen menschlichen Versuchspersonen mehrere stumme Videosequenzen (Buccino et al. 2004). In der ersten Reihe von Sequenzen sah man, wie ein Mensch, ein Affe und ein Hund motorische Akte ingestiver Art (in eine Kartoffel beißen) ausführten. In diesen drei Fällen gab es starke Überlappungen bei Aktivierungen von Spiegelneuronen in den Rindenarealen der menschlichen Beobachter. In der zweiten Reihe von Videos sahen die Versuchspersonen Mensch, Affe und Hund bei der Ausführung kommunikativer Akte (Sprechen, Schmatzen, Bellen). Die Spiegelneuronen feuerten zwar in den ersten beiden Fällen, aber nicht beim Betrachten des bellenden Hundes. Rizzolatti und Sinigaglia (2008: 141) betrachten dies als Beleg für die Bedeutsamkeit des eigenen Wörterbuchs der Akte, die man selbst auch ausführen kann. Bellen gehört nicht zum Handlungsrepertoire des Menschen, daher bleiben die Spiegelneuronen stumm. Und trotzdem verstehen wir doch die Bewegungen eines bellenden Hundes ebenso wie sein Beißen: »Es handelt sich einfach um zwei Formen von Verstehen, wobei die erste sich wesentlich auf die visuelle Information stützt, während die zweite visuomotorischer Natur ist. Bei der Beobachtung des Bellens scheint das Verstehen hauptsächlich von der Aktivierung der Areale in der oberen Temporalfurche (STS) abzuhängen.« (ebd.) Die Region STS gehört selbst nicht zum Spiegelsystem, sondern zum sogenannten Gedankenlese-Netzwerk, das starke Aktivierungen zeigt, wenn Versuchspersonen aufgefordert werden, über die mentalen Zustände Anderer nachzudenken. Wir kommen darauf zurück.

In einem viel diskutierten Experiment von Marco Iacoboni und Kollegen (Iacoboni et al. 2005) betrachteten Versuchspersonen ebenfalls drei Videos, in denen man sieht, wie eine Hand nach einer Kaffeetasse greift, die auf dem Tisch platziert ist. Im ersten Film wird die Greifhandlung vor einem blauen Hintergrund gezeigt, im zweiten im Kontext eines frisch gedeckten Tischs mit Teller und Gebäck, im dritten im Kontext eines unordentlichen Tischs voller Krümel. Die motorische Bewegung und das Zielobjekt sind zwar immer identisch, doch die Spiegelneuronen feuern aktiver in den Kontext- als in den bloßen Handlungssequenzen, am stärksten aber beim Betrachten des gedeckten Tisches. Marco Iacoboni folgert aus diesem Befund, »dass in den Spiegelneuronen auch die mit einer Handlung assoziierte Absicht kodiert ist... Diese Ergebnisse sprechen, was unsere Fähigkeit zum Verstehen der Motive und Intentionen anderer Menschen betrifft, klar für das Simulationsmodell« (Iacoboni 2008: 86–87).

Eine sehr interessante Studie von Valeria Gazzola et al. (2007) untersuchte die Spiegelsysteme bei Menschen, die ohne Arme und Hände geboren wurden. Dazu kartierte sie deren motorische Repräsentationen – die neuronalen Aktivierungen – bei der Ausführung von Handlungen mit Mund und Füßen und bat sie dann, sich Videos anzuschauen, in denen zunächst Hände, dann Hände und Füße bestimmte Handlungen ausführten. Es stellte sich heraus, »dass der Anblick von Handtätigkeiten, die sie noch nie ausgeführt hatten, auf Gehirnregionen abgebildet worden war, die sie jetzt für ihre Fuß- oder Mundtätigkeiten nutzen« (Keysers 2013: 70). Christian Keysers deutet dies als Hinweis darauf, dass das Spiegelsystem dieser Versuchspersonen »den Zweck der Handlung erkannte – ›Greifen‹ – und diesen Zweck in ihrem eigenen, Fuß und Mund verwendenden motorischen Programm für Greifen verzeichnete« (ebd.).

Eine letzte Studie, die in diesem Zusammenhang genannt werden soll, belegt, dass Spiegelneuronen mit unterschiedlicher Stärke feuern, abhängig davon, ob man bezüglich der beobachteten Handlung Experte oder Laie ist (Calvo-Merino et al. 2005). Beim Betrachten von klassischen Tänzern und Capoeira-Tänzern feuerten die Spiegelneuronen unterschiedlich stark bei kompletten Laien und Profitänzern in den jeweiligen Tänzen. Außerdem war die Aktivierung stärker bei einem Beobachter des gleichen Geschlechts.

Spiegelneuronen und das Verstehen von Handlungen

Goldman feierte die Entdeckung von Spiegelneuronen zunächst enthusiastisch, da die Simulations-Theorie im Gegensatz zur Theorie-Theorie die Existenz eines solchen Spiegelmechanismus voraussage (Gallese & Goldman 1998). In seinen jüngeren Arbeiten beschränkt er die Leistung der Spiegelneuronen auf einen automatischen und unbewusst ablaufenden Spiegelungsprozess, der einen kausalen Beitrag zur sozialen Kognition auf niedriger Ebene leiste. Seiner Meinung nach muss ihre Funktion auf die niedrige Stufe beschränkt sein, da beim Gedankenlesen höherer Stufe Goldman zufolge wesentlich die Einbildungskraft involviert ist. Aber selbst auf niedriger Stufe sind Spiegelneuronen seiner Meinung nach nicht konstitutiv für soziale Kognition, da Gedankenlesen wesentlich eine Überzeugung oder ein Urteil über einen mentalen Zustand enthalte. Wenn es sich aber bei Spiegelneuronen um ein »Wörterbuch« motorischer Akte handelt und sie bei deren Ausführung und Beobachtung feuern, dann können sie im letzteren Fall nicht auch Überzeugungen, Urteile oder Zuschreibungen sein. Diese müssen dann allererst auf die Aktivierung der Spiegelneuronen folgen:

»A mirroring event is a potential launching pad for an act of (accurate) mindreading, but it's an open question whether, and to what extent, such potential launching pads are actually exploited for mindreading. Whereever there is both mirroring and mindreading based on that mirroring, we have examples of low-level simulation-based mindreading.« (Goldman 2006: 133)

Unter Hirnforschern haben Spiegelneuronen weit mehr Enthusiasmus ausgelöst. Vilayanur Ramachandran (2000) hat sogar behauptet, die Spiegelneuronen seien für die Psychologie, was die Entdeckung der DNA für die Biologie war, nämlich dass sie uns einen einheitlichen theoretischen Rahmen zur Erklärung zahlreicher geistiger Phänomene liefern. Auch wenn nicht jeder dieser Prognose vertraut, gehen doch insbesondere die Entdecker der Spiegelneuronen in ihren Deutungen viel weiter als Goldman. Oben wurde bereits Iacobonis Meinung wiedergegeben, dass Spiegelneuronen nicht nur das Verstehen von Handlungszielen, sondern auch jenes von Absichten – also mentalen Zuständen – ermöglichen. Rizzolatti und Sinigaglia behaupten, dass Spiegelneuronen

»*dem Erkennen und Verstehen der Bedeutung der ›motorischen Ereignisse‹, also der Akte der anderen*, zugrunde liegen. Man beachte, dass wir mit ›Verstehen‹ nicht unbedingt meinen, dass beim Beobachter ... das explizite (oder gar reflexive) Bewusstsein der Identität oder der Ähnlichkeit von beobachteter und ausgeführter Handlung vorhanden sei. Das, worauf wir anspielen, ist einfacher: Es ist die unmittelbare Fähigkeit, in den beobachteten ›motorischen Ereignissen‹ einen bestimmten Typ von Akt zu erkennen, der gekennzeichnet ist durch eine spezifische Modalität der Interaktion mit Objekten, die Fähigkeit, diesen Typ von anderen zu unterscheiden und eine solche Information gegebenenfalls zu nutzen, um auf die angemessenste Weise zu reagieren ... Der visuelle Reiz wird unmittelbar vom entsprechenden motorischen Akt kodiert, auch ohne dass dieser tatsächlich ausgeführt wird.« (Rizzolatti & Sinigaglia 2008: 107)

Im Unterschied zu Goldmans Auffassung, der zufolge soziale Kognition stets durch ein kognitives Urteil oder eine Zuschreibung charakterisiert ist, erlauben Rizzolatti und Sinigaglia offenbar zusätzlich eine in kognitiver Hinsicht simplere und unmittelbare, motorische bzw. pragmatische Form des Verstehens von Handlungen, die durch Spiegelneuronen konstituiert sein soll. Dem schließt sich auch Vittorio Gallese (2005) an, der dieses Verstehen als »verkörperte Simulation« konzipiert. Ein kognitiver Akt ist demnach genau dann verkörpert, wenn er durch eine mentale Repräsentation ermöglicht wird, die ein »körperliches Format« hat. Wenn ich mich in einer Umgebung nicht auskenne und den Weg zu meinem Ziel herausfinden muss, kann ich eine Landkarte konsultieren oder jemanden fragen. Landkarte und Aussage können denselben Inhalt in unterschiedlichen Formaten (Bildern und Sätzen) transportieren und mir den Weg anzeigen. Analog sollen mentale Repräsentationen denselben Gehalt (ein Zielobjekt) haben können, obwohl sie sich hinsichtlich ihres Repräsentationsformats – körperlich vs. propositional – unterscheiden. Mein eigenes motorisch-körperliches Wörterbuch der Akte bestimmt gleichsam, welche Handlungen in welchem Format von mir repräsentiert und somit (motorisch) verstanden werden können: »In sum, embodied simulation is the reuse of mental states and processes involving representations that have a bodily format.« (Gallese & Sinigaglia 2012: 515) Diese Auffassung von Simulation ist der typische Fall einer *impliziten* Simulations-Theorie (siehe oben), die im Unterschied zu Goldmans Theorie des *expliziten* Gedankenlesens höherer Stufe keinen Gebrauch von der Einbildungskraft oder von kontrollierten Als-ob-Zuständen macht. Gallaghers (2007) Argumente gegen die Simulationsdeutung wurden oben bereits rekapituliert. Er schlägt vor, Spiegelneuronen im Kontext einer unmittelbaren sozialen *Wahrnehmung* (anstelle einer Simulation) von Handlungsabsichten bzw. Emotionen zu betrachten. Was diese Theorie besagt, wird in Kapitel 5 ausführlich erörtert.

Eine wichtige Rolle spielt für die Interpretation der Parma-Gruppe die Kongruenz der Aktivierung von Spiegelneuronen bei Ausführung und Beobachtung von Handlungen, denn, so Gallese und Sinigaglia (2012: 512), »people reuse their own mental states or processes represented with a bodily format in functionally attributing them to others«. Die Neuronen sollen die entsprechenden motorischen Akte »repräsentieren«, mit dem Begriff der »Neuverwendung« (reuse) soll allerdings keine bewusst-aktive Kontrolle des Subjekts über die Aktivierung seiner Spiegelneuronen suggeriert werden; sie feuern automatisch. Die ihnen zugedachte konstitutive Rolle für soziale Kognition können sie aber nur spielen bei der Konfrontation mit mentalen Phänomenen, die man selbst von sich bereits kennt bzw. bei Handlungen, deren Ausführung man rein sensomotorisch fähig ist. Die Studie von Buccino et al. (2004) zeigt, dass sie nicht aktiviert werden, wenn wir einen Hund bellen sehen, obwohl uns seine Mundbewegungen keinesfalls Verständnisschwierigkeiten bereiten. Dann wird das Verstehen, so Rizzolatti und Sinigaglia (2008: 141), von der Region STS beigesteuert. In solchen Fällen fehle das motorische Verständnis der entsprechenden Handlung.

Ist es sinnvoll, die automatische Aktivierung von Spiegelneuronen bei der Beobachtung motorischer Handlungen als ein Verstehen der Handlung zu bezeichnen? Das hängt davon ab, wie man *Handlungen* konzipiert, d.h. ob und, wenn ja, wie man sie von zielgerichtetem Verhalten abgrenzt und wie man *Verstehen* konzipiert. Das postulierte Verständnis soll in zweifachem Sine direkt sein: Es bedarf keiner Schlussfolgerungen, es ist kein reflexives Verständnis (Rizzolatti & Sinigaglia 2010: 268); und es sind keine propositionalen Inhalte oder Metarepräsentationen im Spiel, denn die relevanten Inhalte sind motorischer Natur

(Gallese & Sinigaglia 2012: 513). Spiegelneuronen sollen für Handlungen, nicht für Reflexe, relevant sein, und es wird behauptet, sie konstituierten ein Verständnis der Absichten einer Handlung. Im Hinblick auf die Intentionalität von Handlungen müssen mit Searle (1983: 113 f.) die motorischen Handlungsabsichten (*intentions-in-action*) von den einer Handlung vorausgehenden Absichten (*prior intentions*) unterschieden werden. Jene haben die Form »Ich tue H«, diese haben die Form »Ich werde H tun«. »Alle absichtlichen Handlungen haben Handlungsabsichten, aber nicht alle absichtlichen Handlungen haben vorausgehende Absichten. Ich kann etwas absichtlich tun, ohne die vorausgehende Absicht, es zu tun, gehabt zu haben, und ich kann die vorausgehende Absicht haben, etwas zu tun, ohne sie auszuführen.« (Searle 1983: 115) Die vorausgehende Absicht, aus einer Tasse trinken zu wollen, statt sie wegzuräumen, bestimmt, welche motorische Handlungsabsicht ich ausführen muss, d.h. mit welchem konkreten Griff ich die Tasse ergreifen muss. Elisabeth Pacherie (2000) nennt die Handlungsabsichten »Motorintentionen« und betont im Einklang mit Searle, dass ihr repräsentationaler Gehalt nichtbegrifflich sein müsse. Solche Greifbewegungen sind keine Reflexe, sondern absichtsvolle zielgerichtete Handlungen (wie u.a. die Studien zu Spiegelneuronen bestätigen), die durch nicht-begriffliche visuomotorische Repräsentationen charakterisiert werden können (vgl. ausführlich Jacob & Jeannerod 2003: 177 ff., 204). Vorausgehende Absichten haben dagegen einen begrifflichen Gehalt. Von zentraler Bedeutung für unsere Zwecke ist, dass ein und dieselbe Handlungsabsicht (motorische Bewegung) unterschiedliche vorausgehende Absichten erfüllen kann. Wenn ich plötzlich vom Stuhl aufstehe, kann diese spezifische motorische Bewegung, die Handlungsabsicht, zahlreiche verschiedene vorausgehende Absichten erfüllen. Sie kann Ausdruck meiner Wut oder Empörung über etwas sein, was gerade ein

Anwesender gesagt hat; sie könnte aber auch ausdrücken, dass ich mich beeilen muss, weil mir plötzlich mein Zahnarzttermin wieder eingefallen ist; oder sie könnte den trivialen Grund haben, dass ich dringend zur Toilette muss. Die zentrale Frage muss also lauten, ob Spiegelneuronen entweder in irgendeiner Form zum Verständnis der Handlungsabsicht beitragen oder überhaupt nicht im Kontext des Verstehens von Absichten interpretiert werden sollten.

Gallese, Rizzolatti und Sinigaglia betonen, dass der Gehalt der visuomotorischen Repräsentationen, um die es bei der Debatte um Spiegelneuronen geht, motorischer Natur ist und das Verständnis folglich rein pragmatisch. Diese Repräsentationen können also gerade keine Urteile sein und auch keinen begrifflichen Gehalt haben. Das hat aber zur Konsequenz, dass durch die automatische Aktivierung der Spiegelneuronen nicht die vorausgehende Absicht verstanden werden kann. Dies kann am Beispiel der bekannten Patientin D.F. illustriert werden, die aufgrund einer Läsion im ventralen visuellen Verarbeitungspfad an visueller Form-Agnosie leidet. D.h., sie hat große Probleme Objekte zu bewusst wahrzunehmen und zu identifizieren. In einem Test präsentierten David Milner und Melvyn Goodale (1995) ihr Scheiben, auf denen in verschiedenen Orientierungen eine Art Briefschlitz angebracht war. Während D.F. allein aufgrund dessen, was sie sah, nicht angeben konnte, welche Orientierung der Schlitz hatte, konnte sie eine Karte mühelos mit der korrekten Ausrichtung durch den Schlitz stecken. Doch selbst nach der erfolgreichen Handlung konnte sie die Orientierung des Schlitzes nicht angeben. Wenn ihre Handlung durch eine Repräsentation koordiniert wurde, dann kann ihr repräsentationaler Gehalt also nicht begrifflicher oder propositionaler Natur gewesen sein. Da sie, wie Kelly (2002: 385) erläutert, die Information über die richtige Orientierung nicht verbalisieren oder anderweitig verwenden kann, ist es problematisch, hier von einem »Verständnis« zu sprechen, denn es handelt sich um einen flüchtigen Zustand, der an die konkrete motorische Ausführung der Handlung gebunden ist und offenbar nicht in ein begriffliches Verständnis mündet, dass in irgendeiner Form mitgeteilt werden kann. So wenig wie D.F. ein volles Verständnis ihrer eigenen zielgerichteten Handlung haben kann, weil ihren relevanten mentalen Repräsentationen ein begrifflicher bzw. propositionaler Gehalt abgeht, so wenig kann man im Falle der Spiegelneuronen von einem Verstehen von vorausgehenden Absichten sprechen, denn Spiegelneuronen geben nicht zwangsläufig Aufschluss über die *mentalen Zustände* Anderer. Aber auch nicht von Handlungsabsichten: Shannon Spaulding (2013) präsentiert Argumente gegen die Thesen, dass Spiegelneuronen entweder konstitutiv, notwendig oder hinreichend für das Verstehen von Handlungsabsichten seien. Sie macht die wichtige Unterscheidung zwischen intentionalen Handlungen und zielgerichtetem Verhalten geltend und argumentiert überzeugend, dass die Studien zu Spiegelneuronen allenfalls nahelegen, dass ihnen eine kausale Rolle hinsichtlich des Verstehens zielgerichteter Verhaltensweisen zukomme. Denn auch das erwähnte Teetassen-Experiment von Marco Iacoboni lässt nicht zwangsläufig, wie dieser glaubt, den Schluss zu, dass es sich hier um ein Verständnis des relevanten mentalen Zustands handelt. Es könnte auch sein, dass die Neuronen sensibel für die spezifischen Verhaltensziele sind. Dann wäre dies aber kein Fall von Gedankenlesen, da weder die vorausgehenden Absichten noch andere mentale Zustände eine Rolle spielen. Ein weiteres Beispiel: Pierre Jacob und Marc Jeannerod (2005) ersinnen das amüsante Beispiel von Dr. Jekyll und Mr. Hyde. Während Dr. Jekyll ein wohlwollender Arzt ist, der seine Patienten heilen möchte, hat Mr. Hyde nur böse Absichten und möchte seine Opfer verletzen. Aber Dr. Jekyll und Mr. Hyde sind eine

Person! Wenn ich beobachte, wie diese Person mir gegenübersteht und ihre Hand hebt, mit einem Skalpell bewaffnet, mögen meine Spiegelneuronen feuern, aber können Sie Aufschluss darüber geben, ob es sich gerade um den harmlosen Dr. Jekyll oder um den gefährlichen Mr. Hyde handelt?

Spiegelneuronen und Handlungsbereitschaft

Die bereits erwähnte Studie von Valeria Gazzola et al. (2007) ist äußerst aufschlussreich, wenn es um die zentrale Frage geht, ob Spiegelneuronen einen genuinen Beitrag zur sozialen Kognition leisten und ob sie als Simulation des Anderen interpretiert werden sollten. Wenn die Versuchspersonen, die weder Arme noch Hände haben, mit Händen ausgeführte Handlungen betrachten, werden diejenigen Neuronen aktiviert, die auch dann aktiv sind, wenn sie selbst Handlungen mit Mund oder Fuß ausführen. Außerdem werden die Spiegelneuronen nur dann aktiviert, wenn es im Gehirn des Beobachters für die entsprechende Handlung auch ein Motorprogramm gibt (Buccino et al. 2004). Verbleibt man zunächst einmal in der *Wahrnehmungssituation* der Versuchspersonen, dann legen diese Befunde zunächst einmal die konservative Deutung nahe, dass die visuomotorischen Spiegelneuronen eine *dem Betrachter selbst mögliche Handlung* anzeigen und vorbereiten. Sie versetzen das Gehirn des Betrachters gleichsam in Bereitschaft, in Bezug auf das präsentierte Zielobjekt eine entsprechende, dem Betrachter sensomotorisch mögliche Handlung auszuführen. Das gilt auch für die Studien mit Affen, denn solange Affen ihre Artgenossen oder Menschen beobachten, sind die motorisch möglichen Handlungen annähernd identisch bzw. mindestens im weiten Sinne kongruent. Rizzolatti und Sinigaglia (2008: 63) deuten diese Deutung selbst an, wenn sie schreiben, »das Verhalten der Neurone von F5 ... würde uns daher gestatten, die Wahrnehmung in der Richtung, die Roger Sperry seinerseits andeutete, nämlich als ›implizite Vorbereitung‹ des Organismus auf das ›Reagieren‹ und ›Handeln‹, weiterzuentwickeln«. Dann aber wäre ihr Beitrag zur sozialen Kognition *minimal*. Denn nicht nur geht es hier nicht mehr um das Verstehen der *Absichten* (mentalen Zustände) des Anderen, sondern auch nicht um seine Handlungsabsichten. Das Aktivierungsmuster der Spiegelneuronen müsste vielmehr im Kontext des Selbst und seiner Wahrnehmung eigener Handlungsmöglichkeiten bestimmt werden. Die Befunde der anderen genannten einschlägigen Spiegelneuronen-Studien sind mit dieser Deutung vereinbar, die im Übrigen auch zu dem Vorschlag von Cecelia Heyes (2010) passt, der zufolge Spiegelneuronen eher im Kontext einer neuronalen Assoziation von Wahrnehmung und Handlung zu analysieren sind. Wenn wir Handlungen ausführen, werden »visuelle« und »motorische« Neuronen aneinander gekoppelt, weil Handlungen nur dann erfolgreich ausgeübt werden können, wenn sie auf entsprechender visueller Information beruhen. Spiegelneuronen seien, so Heyes, das Resultat eines solchen Assoziationsprozesses. Für ihre Überlegungen spricht die Beobachtung, dass das menschliche Spiegelsystem (im ventralen prämotorischen Cortex) stärker aktiviert wird, wenn Versuchspersonen Handlungen aus einer subjektiven Perspektive der Ersten Person betrachten (als ob der Betrachter sie selbst ausgeführt hätte) statt vom Beobachterstandpunkt der Dritten Person (Oosterhof et al. 2012). Akte der sozialen Kognition beim Verstehen der Handlungsabsichten erfolgen typischerweise vom Standpunkt der Dritten Person. Ich sehe, wie mein Gegenüber nach einem Apfel greift o.ä. Sofern Spiegelneuronen stärker aktiviert werden, wenn es um die eigenen Handlungen geht, spricht das für die hier vorgeschlagene Deutung.

Gergely Csibra (2008) schlägt eine radikale Umdeutung der Parma-Interpretation vor, die auf der Unterscheidung zwischen strikt kongruenten und im weitesten Sinne kongruenten Spiegelneuronen basiert. Die Anzahl strikt kongruenter Neuronen ist äußerst gering, so dass die Mehrzahl den konkreten motorischen Bewegungsentwurf nicht dupliziert, sondern bloß »emuliert«, d.h., sie feuern trotz einer starken Variation in der motorischen Handlung. Csibra folgert, dass sie auf Information angewiesen sind, die über die reinen motorischen Eigenschaften der Handlung hinausgeht: Information über den Kontext der Handlung.

»These aspects of action mirroring suggest that goal understanding is not the output but the input of the mirroring process, and covert reproduction of the observed actions is generated by top-down emulation rather than by bottom-up propagation of activation from low-level motor resonance. All these findings reflect a tension between two conflicting claims about action mirroring implied by the direct-matching hypothesis: the claim that action mirroring reflects low-level resonance mechanisms, and the claim that it reflects high-level action understanding. The tension arises from the fact that the more it seems that mirroring is nothing else but faithful duplication of observed actions, the less evidence it provides for action understanding; and the more mirroring represents high-level interpretation of the observed actions, the less evidence it provides that this interpretation is generated by low-level motor duplication.« (Csibra 2008: 446–447)

Für Csibra und für Gregory Hickok (2014: 96) ist dies ein entscheidender Hinweis auf die Möglichkeit, dass der Akt der sozialen Kognition von einem anderen System geleistet wird und sich das Spiegelsystem diese Information lediglich zunutze macht, um die möglichen Handlungen des Betrachters vorzubereiten. Denn da eine konkrete motorische Handlung zahlreiche

Absichten erfüllen könnte, stellt sich die Frage, woher die große Anzahl der im weitesten Sinne kongruenten Spiegelneuronen »weiß«, welche Handlungsfolge aktiviert werden soll und welche Abstraktionsebene für die neuronale Reaktion relevant ist? Dazu muss die visuelle Information offenbar schon interpretiert worden sein. Wir werden später in Kapitel 5 noch die Theorie der »prädiktiven Verarbeitung« (Clark 2016) kennenlernen, der zufolge der Wahrnehmungsprozess in einer neuronalen Architektur implementiert ist, die Vorhersagen über Sinnesreize mit den tatsächlich eintreffenden Sinnesreizen abgleicht. Das Gehirn überprüft also ständig seine Vorhersagen, auch durch Handlungen, die den erwarteten Sinnesreiz hervorrufen. Auf die Spiegelneuronen angewendet ergibt sich die Überlegung, dass beim Anblick eines Griffs nach der Kaffeetasse schon Vorhersagen über den Ausgang der Handlung generiert werden, die unterschiedlich wahrscheinlich sind. In manchen Kontexten ist es wahrscheinlicher, dass die Tasse zum Mund geführt wird, in anderen, dass sie weggeräumt werden soll. Da diese Theorie eine generelle Aussage über die Funktion von Gehirnprozessen formuliert, müssen auch Spiegelneuronen im Kontext dieses Vorhersagemodells interpretiert werden. Das Spiegelneuronen-System könnte Vorhersagen über das Erreichen des Zielobjekts treffen, u.a. um Vorbereitungen für eventuelle Handlungen oder Reaktionen einzuleiten. Wenn Csibras Vermutung zutrifft, ist das Spiegelneuronen-System auf Information angewiesen. Welches andere System kommt dafür in Frage, diese zu liefern? Die Theorie prädiktiver Verarbeitung erlaubt eine Lösung dieses Problems: Wenn ich die Ausführung einer Handlungsabsicht beobachte, dann kann ich, wie schon erörtert, die sie verursachende vorausgehende Absicht nicht direkt ermitteln, sondern bin auf Schlussfolgerungen angewiesen. Ein Modell, welches verschiedenste Kontextaspekte berücksichtigt, kann über Wahrscheinlichkeiten einige Hypothesen ausschließen und andere bevorzugen. Im Kontext des Teetassen-Experiments ist es höchst unwahrscheinlich, dass jemand die Tasse greifen wird, um sie in die Luft zu schleudern. Das vielschichtige Modell des Gehirns wird versuchen, alle verfügbaren Informationen zu integrieren, um die bestmögliche Vorhersage zu treffen und die Handlungsbereitschaft des Akteurs sicherzustellen. Dazu gehören u.a. erstens ein Modell des Akteurs selbst, das mit interozeptiver und propriozeptiver Information gespeist wird. Zweitens ein Modell des beobachteten Akteurs, über den in manchen Fällen schon einige Information vorliegt, z.B. wenn es eine Angehörige ist oder eine Person einer bestimmten Berufsgruppe. Newen (2015) spricht in diesem Zusammenhang von Personen-Modellen, die im Gehirn generiert und durch Erfahrungen angereichert werden. Solche Personen-Modelle können auch Gruppen betreffen, z.B. Stereotypen (Bayer, Finanzbeamter, Einzelkind etc.). Drittens gehören dazu Kontext- oder Situationsmodelle, die z.B. im Teetassen-Experiment eine Rolle spielen. Frühstück, Restaurantbesuche und Seminare in Universitäten laufen nach bestimmten Scripts ab, die gewöhnlich die kognitive Last des Gedankenlesens erleichtern. Kann jeweils Information aus allen Modellen integriert werden, so hat das Gehirn eine effektive Basis, um zuverlässige Vorhersagen zu treffen. Die Aktivität der Spiegelneuronen könnte auf der Ebene des zielgerichteten motorischen Verhaltens genau dazu einen Beitrag leisten, im Dienste der Handlungsbereitschaft des beobachtenden Akteurs.

Das Gedankenlese-Netzwerk

In der Summe legen diese Überlegungen nahe, dass sich Galleses, Rizzolattis und Sinigaglias These, Spiegelneuronen *konstitu-*

tierten ein (unmittelbares pragmatisches) Verstehen der Absichten des Anderen über eine verkörperte Simulation, nicht halten lässt. Spiegelneuronen sind aber auch nicht *notwendig* für soziale Kognition, wie ganz andere Befunde aus der Sozialen Neurowissenschaft belegen. Denn neben der Erforschung von Spiegelneuronen gibt es einen zweiten Forschungsstrang, der ebenfalls für sich beansprucht, die neuronalen Grundlagen der sozialen Kognition zu bestimmen, aber zu völlig anderen Ergebnissen kommt. Diese Unterschiede rühren daher, dass Versuchspersonen in entsprechenden Experimenten (wie den *False-Belief*-Aufgaben) *explizit* dazu aufgefordert werden, die Handlungen Anderer zu erklären oder vorherzusagen, während ihre Hirnströme gemessen werden. In solchen Versuchen sind wiederholt charakteristische Aktivierungen in Gehirnstrukturen zu beobachten, die den anterioren medial präfrontalen Kortex, den temporoparietalen und temporo-polaren Kortex und die Amygdala umfassen (Frith & Frith 2003, Lieberman 2007). Insbesondere die temporo-parietale Grenzregion (*temporo-parietal junction*) und der mediale präfrontale Kortex (*medial prefrontal cortex*) werden mit der expliziten Zuschreibung mentaler Zustände in Verbindung gebracht (Saxe 2006). D.h., sie zeigen eine erhöhte Aktivierung, wenn gesunde Erwachsene über mentale Zustände Anderer nachdenken, ihre Aktivierung ist jedoch stark reduziert bei Autisten, die Probleme mit dieser Fähigkeit haben. Auf diese Befunde bezieht sich auch Goldman hinsichtlich dessen, was er Gedankenlesen höherer Stufe nennt. Entscheidend ist an diesen Daten für unsere Zwecke, dass sich dieses soziale neuronale Netzwerk anatomisch grundlegend vom Spiegelneuronen-Netzwerk unterscheidet und damit auch ohne die Spiegelneuronen ein Verstehen der mentalen Zustände Anderer möglich ist. Natürlich stellen sich nun neue Fragen: Gibt es im Gehirn zwei verschiedene Mechanismen (Module?), die sozialer Kognition zugrunde liegen? Gibt es möglicherweise eine strikte Arbeitsteilung unter diesen neuronalen Netzwerken, so wie Goldman sie sich z.B. vorstellt? Oder spricht dieser Befund eher dafür, dass die Spiegelneuronen tatsächlich nicht primär mit sozialer Kognition korreliert sind, sondern eher mit der Auffassung von Handlungsmöglichkeiten für das betreffende Individuum? Könnte es eventuell sein, dass der Unterschied zwischen der passiven Beobachtung Anderer und der aktiven Interaktion mit ihnen sich in den beiden Netzwerken spiegelt? (Schilbach et al. 2013). Da in diesem höchst aktiven Forschungsfeld noch viele Fragen offen sind und ihre Beantwortung teils noch der Entwicklung neuer Messmethoden harrt, die erforderlich wären, um genauere Angaben über die Funktion der Netzwerke machen zu können, lassen wir dieses Thema auf sich beruhen (einen guten Überblick in deutscher Sprache bieten Frith & Frith 2000).

Abschließende Bemerkungen

Mittlerweile häufen sich die kritischen Stimmen in Bezug auf die Verbindung von Spiegelneuronen und sozialer Kognition. Alison Gopnik bezeichnet in einem kurzen Beitrag in dem Online-Magazin *Slate* die Spiegelneuronen-Hypothese als Mythos. Der Hirnforscher Niels Birbaumer (2014: 11) erklärt: »Dieser Mechanismus hat nur einen Haken: unser Gehirn ahmt ›hirnlos‹ alles nach, was Erfolg und Effekt verspricht.« Wie er betrachtet auch Gregory Hickok (2014) die Spiegelneurone eher im Zusammenhang mit der Imitation oder der emotionalen Ansteckung, auf die wir im folgenden Abschnitt noch zu sprechen kommen. Hickok deckt zahlreiche Anomalien in den Befunden unterschiedlicher Studien auf und zerlegt gleichsam die Standard-Interpretation der Forscher aus Parma. In seiner Kritik konzentriert er sich allerdings auf die den Spiegelneuronen zugedachte Rolle bei der Sprachverarbeitung, die Giacomo Rizzolatti und Michael Arbib (1998) ins Spiel gebracht hatten, weil das Areal F5 des Makakengehirns anatomisch analog zum Broca-Areal beim Mensch ist. Darauf kann hier nicht eingegangen werden.

Angesichts auch der vorangehenden Überlegungen ist also alles andere als klar, ob die Spiegelneuronen eine wichtige Funktion im Kontext der sozialen Kognition spielen und ob ihre Aktivität als *Simulation* des Anderen charakterisiert werden sollte. Keine Studie hat bisher den Schluss erzwungen, dass Spiegelneuronen *konstitutiv* für soziale Kognition sind. Spiegelneuronen sind auch nicht *notwendig* für soziale Kognition, weil es noch andere Wege gibt als die motorische Simulation, um Andere zu verstehen. Erstens *können* wir Absichten einfach aus dem Verhalten schlussfolgern. Soweit trifft die Theorie-Theorie zu. Wir entwickeln in der Tat im Laufe der Zeit ein paar Daumenregeln, mit denen wir solches Wissen ableiten können. Zweitens gibt es auch ein weiteres neuronales Netzwerk, das dann aktiviert wird, wenn wir explizit über Andere nachdenken; es setzt sich aus komplett anderen Gehirnarealen zusammen als das Spiegelneuronen-System, welches womöglich auf den Input aus diesem System angewiesen sein könnte. Es ist auch nicht belegt, dass Spiegelneuronen *hinreichend* für soziale Kognition sind bzw. diese direkt ermöglichen. Die stärkste These, die sich womöglich aufrechterhalten lässt, gesteht zu, dass sie einer unter vielen weiteren kausalen Faktoren zu sein scheinen, die zur sozialen Kognition beitragen, auch wenn es eine offene empirische Frage ist, welcher Beitrag das genau ist. Die schwächste These, für die hier Argumente zusammengetragen wurden, betrachtet die Spiegelneuronen allein im Kontext der Handlungsoptionen des Akteurs selbst, einmal in der Rolle des Handelnden und einmal in der Rolle des Betrachters. Der

Umstand, dass nur wenige Spiegelneuronen strikt kongruent sind, spricht gegen die Parma-Interpretation eines *direkten Abgleichs* (*Direct Matching*) von Motorprogramm und beobachteter Handlungsabsicht. Der Umstand, dass bei Personen ohne Arme und Hände diejenigen Neuronen feuern, die für Handlungen mit Füßen und Mund assoziiert sind, ist ein starker Beleg für diese Deutung. Womöglich sollten die Spiegelneuronen im Kontext der Hypothese betrachtet werden, dass sich im Laufe der Evolution im Gehirn dieser Mechanismus entwickelt hat, der dem betreffenden Akteur in ständig wechselnden physischen und sozialen Umgebungen eine ständige Handlungs- und Reaktionsbereitschaft erlaubt. Andy Clark (2016: 176) motiviert diese Perspektive auf das Gehirn durch den Verweis auf unsere Fähigkeit »(to) respond fluently to unfolding – and potentially rapidly changing – situations«. Darauf kommen wir im letzten Kapitel erneut zurück.

4.5 Simulation und Empathie

Kognitionswissenschaftliche Zugänge

Für Goldman steht die Simulations-Theorie in direkter Nachfolge zu Lipps' Einfühlungstheorie; die phänomenologischen Konzeptionen der Empathie von z.B. Max Scheler, Edmund Husserl und Edith Stein berücksichtigt er nicht. Der Begriff der *Empathie* ist mittlerweile schillernd. Nicht nur verstehen die Phänomenologen Empathie grundlegend anders als Lipps, auch zeitgenössische Konzeptionen gesellen sich zu dem theoretischen Mix. Die interdisziplinäre Untersuchung der Empathie und ihrer biologischen Grundlagen boomt (Decety & Ickes 2009). Dies macht es allerdings schwierig, dieser Gemengelage in der Literatur gerecht zu werden. Daniel Batson (2009: 3) führt die Konfusion teilweise darauf zurück, dass die Fähigkeit der Empathie zur Beantwortung unterschiedlicher Fragen angeführt werde. Zum einen spiele er eine wichtige Rolle bei der sozialen Kognition, der in diesem Buch diskutierten Frage, wie wir etwas darüber wissen können, was andere fühlen und denken. Zum anderen spiele er eine wichtige Rolle bei der Beantwortung der Frage, was uns dazu veranlasst, uns mit der gebotenen Sensibilität und Hilfsbereitschaft einer leidenden Person zuzuwenden. Tanja Singer und Frederique de Vignemont (2006) schreiben der Empathie beide Funktionen zu. Abhängig davon, ob es uns um ein bestimmtes *Wissen* oder um *Handlungen* gehe, unterscheidet Batson allerdings acht unterschiedliche Bedeutungen von Empathie, die in der Literatur verwendet würden, u.a. das Wissen über die mentalen Zustände Anderer, die motorische Nachahmung der Haltung oder Mimik des Gegenübers, die Gefühlsansteckung, die Einfühlung (in Lipps' Sinne), das Hineinversetzen in die Situation des Anderen mittels der reinen Vorstellungskraft sowie das Mitgefühl (zu einzelnen Literarturhinweisen siehe Batson 2009). Die hier genannten Phänomene sind recht unterschiedlich und bedingen einander eher, als dass sie sich überlappen. Der Prozess der Gefühlsansteckung scheint nicht hinreichend für Empathie zu sein. Inwiefern erfahre ich damit etwas über den Zustand des Anderen? Ein kognitives Element scheint hier völlig zu fehlen. Die Möglichkeit des Mitgefühls scheint ein Verstehen des Gefühlszustands der Person, der ich mein Mitgefühl zeigen möchte, vorauszusetzen. Das Mitgefühl konstituiert nicht ein Verstehen des Anderen, sondern kann erst darauf folgen (vgl. auch Zahavi 2014: 115). Auch kann ein empathisches Verständnis des Anderen vorliegen, ohne dass es zum Mitgefühl kommt, z.B. wenn wir es mit jemandem zu tun haben, der uns Schaden zufügen will oder den wir absolut nicht ausstehen können. Max Scheler (1973) hat zwischen beiden Phänomenen sauber unterschieden. Dazu später mehr.

Heather Battaly (2011) schlägt eine andere Sortierung der vorhandenen Empathie-Konzeptionen in drei Gruppen vor: (1) Theorien, die Empathie im Sinne von Ansteckung oder Nachahmung verstehen; (2) Theorien, die Empathie als zweistufigen Prozess der Nachahmung und Projektion bzw. Zuschreibung des mentalen Zustands auf die andere Person konzipieren und somit bloße Nachahmung als nicht hinreichend für Empathie betrachten; (3) Theorien, die Empathie als denjenigen – wie auch immer sich vollziehenden – kognitiven Prozess auffassen, durch den wir ein Wissen von den mentalen Zuständen Anderer erlangen. Verstanden im Sinne von (3) bezeichnet Empathie nichts Anderes als die Alltagspsychologie oder Theorie des Geistes. Verstanden als bloße Ansteckung (1) hat Empathie hingegen nicht viel mit sozialer Kognition zu tun, insofern es hier gar nicht um ein Verstehen der Gemütszustände Anderer geht. Auch (2) macht es zur Bedingung der Empathie, dass man sich in (etwa) demselben mentalen Zustand befindet, wie diejenige, um deren Einstellungen es einem geht. Wir haben bereits gesehen, dass Goldman Schwierigkeiten hat, mithilfe eines Simulationsprozesses allein verständlich zu machen, wie man denn wissen soll, welche Als-ob-Zustände man in sich hervorrufen soll. Aber warum sollte es überhaupt eine Bedingung sein, dass ich jemandes mentale Zustände nur verstehen kann, wenn ich mich selbst in diese hineinversetze? Tanja Singer und Frederique de Vignemont (2006) stellen folgende Bedingungen an Empathie:

»There is empathy if: (i) one is in an affective state; (ii) this state is isomorphic to another person's affective state; (iii) this state is elicited by the observation or imagination of another person's affective state; (iv) one knows that the other person is the source of one's own affective state.« (Singer & de Vignemont 2006: 435)

Diese Bedingungen sollen helfen, Empathie und andere verwandte Phänomene auseinanderzuhalten. Die erste Bedingung unterscheidet Empathie von der bloßen Perspektivübernahme. Von der Gefühlsansteckung hingegen wird Empathie durch die dritte und vierte Bedingung isoliert, die mit der bewussten Unterscheidung von Selbst und Anderem zu tun haben. Wesentlich für Empathie ist hier also die *emotionale* Beteiligung. Die zweite Bedingung trennt die Empathie vom Mitgefühl, das auch dann vorliegen kann, wenn ich die Emotion des Anderen nicht teile. De Vignemont und Jacob (2012) sowie Jacob (2011) führen allerdings als fünfte Bedingung eine *Caring condition* ein, der zufolge der empathisierenden Person der emotionale Zustand der Zielperson am Herzen liegen muss. Damit man von Empathie sprechen könne, müsse man den emotionalen Zustand des Anderen teilen. Sie führen diese Bedingung ein vor allem vor dem Hintergrund von Messungen der neuronalen Basis von Empathie im Gehirn. Wenn wir den Gefühlsausdruck einer anderen Person beobachten, z.B. Schmerz (Singer et al. 2004) oder Ekel (Wicker et al. 2003), dann aktiviert dies einen Teil desselben neuronalen Netzwerks, das auch dann aktiviert wird, wenn wir uns selbst im entsprechenden Zustand befinden. Doch solche Rückschlüsse sind nur erlaubt, sofern schon sichergestellt ist, dass die Versuchspersonen »bloß« Empathie empfinden, aber nicht selbst »angesteckt« wurden oder »Mitgefühl« haben. Andernfalls könnte die Messung der isomorphen Gehirnaktivierungen auch auf andere Ursachen zurückzuführen sein. Ya-Bin Sun et al. (2015) zeigen, dass Versuchspersonen, die sich Videos anschauten, in denen alltägliche schmerzhafte Szenen gezeigt wurden, unwillkürlich genau diejenigen Muskeln aktivierten, die beim eigenen

Schmerzerleben typischerweise aktiviert werden und einen schmerzvollen Ausdruck von Ausdrücken anderer Basisemotionen unterscheiden. Aber die Frage ist, warum die Autoren dieser Studie dies als empathischen Zustand deuteten, wenn es doch eher wie emotionale Ansteckung erscheint. Somit besteht die Gefahr, dass mit der Isomorphie-Bedingung Empathie und Mitgefühl verwechselt werden.

Eine Verallgemeinerung dieser Bedingungen von de Vignemont und Jacob (2012) auf *alle* Fälle von Empathie hätte zudem zur Folge, dass wir – vor allem wegen Bedingung (i) – nur dann empathisch sein können, wenn wir uns selbst in diesem Moment in dem entsprechenden emotionalen Zustand befinden. Denn damit wird Empathie auch im epistemischen Sinne des *Verstehens* Anderer durchweg als *affektiver* Zustand aufgefasst. Dieser Ansatz versucht somit zwar, das Phänomen der Empathie begrifflich von anderen Phänomenen zu unterscheiden, erlaubt aber innerhalb der Empathie selbst keine Differenzierungen, vergleichbar mit Goldmans Stufen der Simulation. In der Summe sind die von de Vignemont und ihren Mitstreitern genannten Bedingungen an Empathie nicht überzeugend.

Karsten Stüber (2006) betrachtet – ähnlich wie Goldman – die Simulations-Theorie in direkter Kontinuität zu Lipps' Einfühlungstheorie und schlägt eine ähnliche Zweiteilung wie Goldman vor, fasst diese aber in Begriffen der »Empathie«, verstanden als mentales Resonanzphänomen, das in unterschiedlichen Komplexitätsgraden auftritt (2006: 20 f., 131 ff.). Er steht dabei Lipps systematisch näher als Goldman, auch weil er nicht auf den Simulationsbegriff festgelegt ist. Aber gemeinsam ist allen Konzeptionen die Grundidee, dass Empathie im Nachvollzug der mentalen Zustände eines Anderen besteht. Goldmans Gedankenlesen niedriger Stufe entspricht Stübers Begriff der elementaren Empathie (*basic empathy*), dem Gedankenlesen höherer Stufe entspricht die nachvollziehende Empathie (*reenactive empathy*). Jene manifestiert sich bereits in den ersten sozialen Interaktionen des Kindes. Es ist eine quasiperzeptuelle Fähigkeit, andere Wesen unmittelbar als Lebewesen, geistbegabt bzw. beseelt zu erkennen sowie zu verstehen, dass jemand gerade diese oder jene Absicht verfolgt, verängstigt oder amüsiert ist. Stüber wertet die Spiegelneuronen im Sinne eines neuronalen Nachahmungsmechanismus ebenfalls als empirischen Beleg für seinen Begriff der elementaren Empathie und für Lipps' Konzeption der Einfühlung als innerer Nachahmung. Er glaubt aber nicht, dass Spiegelneuronen elementare Empathie erklären können.

Die nachvollziehende Empathie entspricht sozialer Kognition höherer Stufe, dem traditionellen Bereich der alltagspsychologischen Erklärungen mittels propositionaler Einstellungen zum Zwecke der Rationalisierung des Verhaltens. Sie entspricht ebenso dem von Apperly und Butterfill (2009) charakterisierten System 2. Diesen Nachvollzug der Gedankengänge des Anderen charakterisiert Stüber als Nachahmung bzw. Simulation, aber es geht ihm hier in erster Linie darum, dass wir andere Menschen als Wesen verstehen, die aus Gründen handeln. Insofern subjektive Gründe gerade nicht durch die automatische Aktivierung von Spiegelneuronen erklärt werden könnten, müssten wir (mindestens) diese beiden Formen der sozialen Kognition unterscheiden. Stüber macht geltend, dass im Falle rationaler Handlungserklärungen unter Berufung auf subjektive Gründe stets ein gesamtes Netz mentaler Zustände in Rechnung gestellt werden müsse. Dies setze allerdings die Fähigkeit voraus, zwischen relevanten und irrelevanten Faktoren in einer konkreten Situation unterscheiden zu können. Statt Goldmans Simulationstheorie steht Stübers Begriff der nachvollziehenden Empathie wegen seiner Betonung der Rationalitätsannahme offensichtlich Dennetts Theorie der intentionalen Einstellung näher. Seine Differenzierung von Stufen der Empathie scheint daher konsistenter als Goldmans. Für Stüber ist trotzdem soziale Kognition keine rein begriffliche Fähigkeit, denn elementare Empathie sei konstituiert durch quasi-perzeptuelle Mechanismen, Andere direkt als geistbegabt zu erkennen (Stüber 2006: 20, 147). Wenn wir über direkte Wahrnehmung, *dass* der Andere wütend ist, auch verstehen wollen, *warum* er wütend ist, so geht dies über elementare Empathie hinaus. Stüber meint, dass diese begriffliche Fähigkeit von der Theorie-Theorie besser erfasst werde und entspricht damit offenbar dem oben formulierten Vorschlag, elementare Empathie als Wahrnehmung, nachvollziehende Empathie als Schlussfolgerung zu konzipieren. Er glaubt allerdings nicht, alle Begriffe von mentalen Zuständen könnten nur im Kontext einer gesamten Theorie erworben werden. Davon nimmt er z.B. die Begriffe für die Basisemotionen Wut, Angst, Ekel, Neugier und Freude aus.

Phänomenologische Zugänge

Mit seinem Verständnis von elementarer Empathie als quasiperzeptueller Fähigkeit, die uns einen unvermittelten Zugang zum Geist Anderer gewährt, steht Stüber auch Zahavis phänomenologischer Konzeption von Empathie nahe. Allerdings entwickelt Zahavi (2014) seine Position in der Tradition der Phänomenologen Max Scheler, Edith Stein und Edmund Husserl, die sich äußerst kritisch mit Lipps' Theorie der Einfühlung auseinandergesetzt haben. Die phänomenologische Position unterscheidet sich durch ihre Fokussierung auf das Ziel einer adäquaten Beschreibung der Erlebnisebene unter völligem Verzicht auf eine Untersuchung der zugrunde liegenden Mechanismen deutlich von den kognitivistischen Positionen. Im Vordergrund steht die Frage, wie wir die Einfühlung erleben. Edmund Husserl und

Maurice Merleau-Ponty haben die Rolle des Körpers für Empathie herausgearbeitet. Mit den Mitteln der heutigen Kognitionswissenschaft können diese Hinweise präzisiert werden (siehe Kapitel 5). Zahavis neuphänomenologische Konzeption greift entscheidende Elemente der älteren Theorien auf und positioniert sich an der Schnittstelle von Phänomenologie und Kognitionswissenschaft. Sie bereitet die theoretische Neuerung des Enaktivismus als integrativer Theorie vor, die der Dynamik von bewusster Erfahrung, Gehirnaktivität und nicht zuletzt der Rolle des Körpers Rechnung tragen möchte.

Zahavi konstatiert die bereits erwähnte große Uneinigkeit über die »korrekte« Verwendung des Begriffs der Empathie in den von Lipps' Arbeiten ausgehenden Debatten bis heute. Nicht selten werden unterschiedliche Phänomene wie emotionale Ansteckung, Nachahmung, Sympathie und Empathie in einen Topf geworfen oder miteinander verwechselt. Zahavi ist davon überzeugt, dass insbesondere hier die differenzierten Überlegungen Schelers, Husserls und Steins zur Klärung beitragen können (Zahavi 2014: 115–118). Seine kenntnis- und detailreichen Ausführungen von deren Theorien der Empathie können hier nicht adäquat rekapituliert, sondern nur skizziert werden. Er schließt sich aber dezidiert deren Kritik an Lipps' Einfühlungstheorie an, was oben bereits angedeutet wurde. Der wichtigste Unterschied zur Einfühlungs- und Simulations-Theorie ist das Beharren aller phänomenologischen Denker auf einer Konzeption von Empathie, die diese als Form von Intentionalität sui generis ausweist, der Gerichtetheit des Geistes auf Objekte. Das Objekt im Falle der Empathie ist die psychische Befindlichkeit des Anderen, deren mentale Zustände mir im subjektiven Erleben unmittelbar *als die seinigen* präsentiert werden. Wir erleben den Anderen als Subjekt mit eigener Perspektive auf die Welt. D.h., diese Form der Intentionalität unterscheidet sich grundsätzlich vom

Erkennen von Objekten und vom Selbstwissen. Hierin endet aber bereits die Parallele zu Lipps' Standpunkt. Denn die phänomenologische Auffassung von Empathie beinhaltet weder einen Nachahmungsprozess noch einen Akt der Projektion. Das empathisch verstehende Subjekt muss auch nicht die psychische Befindlichkeit des Anderen selbst schon aus eigener Erfahrung kennen. Schon gar nicht muss es dann, wenn es empathisch auf den Anderen bezogen ist, die gleichen mentalen Zustände haben wie dieser Andere. Zahavi betont die Direktheit unseres erlebnismäßigen Zugangs zu den Emotionen und Absichten des Anderen und begreift Empathie – im Anschluss an Steins Bestimmung – als eine wahrnehmungsbasierte bewusste Erfahrung fremden Bewusstseinslebens überhaupt (Zahavi 2014: 114). Als intentionaler Modus steht die Empathie auf einer Stufe mit Erinnerung, Objektwahrnehmung und Fantasie, weist die wahrgenommene Freude oder Wut aber immer schon als die eines Anderen, nicht als die meinige, aus. Wir beobachten nicht zunächst unbedeutende Körperbewegungen, die wir dann durch einen Akt der Projektion beseelen oder mit Bedeutung aufladen. Vielmehr geben diese expressiven Phänomene bereits die mentalen Phänomene zu erkennen. Von großer Bedeutung für die phänomenologische Konzeption ist der Umstand, dass Empathie diese Emotionen und Absichten *als* die des Anderen präsentiert. Denn wie oben erörtert, stellt sich der Simulations-Theorie wie schon Lipps' Einfühlungstheorie das Problem, dass ich womöglich nur meine eigenen Zustände erkennen kann, da ich sie in mir *produziere* und auf den Anderen *projiziere*. Dieses Problem stellt sich der phänomenologischen Konzeption nicht. Sie setzt schon voraus, dass Andere *wie wir* und *mit uns* in einer gemeinsamen Welt leben. Martin Heidegger meint daher, dass Theorien, die den Analogieschluss bemühen oder einer Art Projektion meiner eigenen Zustände in den Anderen bedürfen, einer skeptischen Herausforderung entgegentreten, die sich gar nicht stelle. Denn jedem Selbst sei schon begrifflich die Eigenschaft des Miteinanderseins inhärent, so dass wir es hier nicht mit hermetisch abgeschlossenen Subjekten zu tun hätten, sondern mit Wesen, die immer schon in einer Ich-Du-Beziehung aufeinander bezogen seien. Dadurch würden aufwendige kognitive Prozesse, die uns den Anderen und seine Befindlichkeit erst zugänglich machen müssen, jedoch überflüssig:

»Denn wenn dieses Wort (Einfühlung, TS) überhaupt noch einen Sinn haben soll, dann nur aufgrund der Voraussetzung, dass eben das ›Ich‹ zunächst in seiner Ichsphäre sein kann und dann von da in den anderen und dessen Sphäre hinein muss. Das ›Ich‹ bricht weder erst aus sich heraus ..., weil es schon draußen ist, noch bricht es in den anderen hinein, weil es sich mit diesem schon draußen trifft und da gerade, wie sich zeigen lässt, in einem echten Sinne.« (Heidegger 1996: 145)

Wenn Heideggers Diagnose zutrifft, dann ist das Ausgangsproblem u.a. von Lipps' Theorie der Einfühlung unangemessen formuliert. In der Tat scheinen die phänomenologischen Konzeptionen in dem Ziel geeint zu sein, die epistemologische Problematik des Fremdverstehens nicht durch kognitive Strategien überwinden, sondern auflösen zu wollen. Eine Spezifizierung, inwiefern sich Selbst und Anderer »draußen« treffen und sich das Problem somit gar nicht mit der vermeintlichen Virulenz stellen soll, bringt allerdings erst Merleau-Pontys Begriff der »Zwischenleiblichkeit«, der über seine Mittlerfunktion den Graben zwischen Selbst und Anderem unterläuft. Gallagher (2005), Fuchs (2010) und Breyer (2015) greifen dies produktiv auf und entwickeln Varianten des enaktivistischen Ansatzes (siehe Kapitel 5). Der triviale Umstand, dass Menschen *verkörperte Subjekte* sind, spielt bei den Phänomenologen bereits eine systematisch herausragende Rolle. Aus dieser Verkörperung und Einbettung in die Umwelt folgt unmittelbar die Situiertheit der Kognition, die Vertreter des Enaktivismus mit dem Begriff der »Kopplung« zum Ausdruck bringen, welcher an das Heidegger-Zitat oben erinnert: Das verkörperte Subjekt bildet mitsamt seiner unmittelbaren Umgebung ein einziges komplexes System, in dem Umweltgegebenheiten und sensomotorische Fähigkeiten des Subjekts wechselseitig aufeinander bezogen sind und einander bedingen. Aber das Subjekt ist mittels seines Körpers nicht nur stets schon »draußen« in der physischen Umgebung, sondern auch in seiner sozialen Umwelt immer schon auf Andere bezogen.

Max Scheler geht von der prinzipiellen Beobachtbarkeit geistiger Phänomene aus und entwickelt seine Theorie der Empathie als direkte soziale Wahrnehmung:

> »Sicher ist es wohl, dass wir im Lächeln die Freude, in den Tränen das Leid und den Schmerz des anderen, in seinem Erröten seine Scham, in seinen bittenden Händen seine Bitten, in dem zärtlichen Blick seiner Augen seine Liebe, in seinem Zähneknirschen seine Wut, in seiner drohenden Faust sein Drohen, in seinen Wortlauten die Bedeutung dessen, was er meint, usw. direkt zu haben vermeinen. Wer mir sagt, das sei aber keine ›Wahrnehmung‹, da es keine sein ›könne‹ ..., den bitte ich, sich von so fragwürdigen Theorien doch zum phänomenologischen Tatbestand zurückzulenken.« (Scheler 1973: 254)

Edmund Husserl und seine Schülerin Edith Stein betonen anders als Scheler, so Zahavi, dass mir der Körper des Anderen unmittelbar präsent sei, aber seine Erlebnisse selbst nicht direkt zugänglich:

»Like Husserl, Stein compares and contrasts empathy with perception. Empathy is unlike perception in that it doesn't give us its object, the empathized experience, originally. There will always, and by necessity, remain a difference in givenness between that which I am aware of when I empathize with the other, and that which the other is experiencing. To experience, say, the emotion of the other consequently differs from the way you would experience the emotion if it were your own. This is also why Stein rejects the proposal that empathy should make us undergo the emotion we perceive in the other. It doesn't literally involve the transmission of the other's experience into one's own mind. Rather, what is distinctive about empathy is precisely that the empathized experience is located in the other and not in oneself. However, although empathy differs from perception by not giving us the object originally, it does resemble perception in so far as its object, say, the empathized pain or distress, is given directly, unmediated, and non-inferentially as present here and now.« (Zahavi 2014: 126)

D.h., selbst wenn ich die Trauer oder Freude des Anderen nicht in derselben Weise *erleben* kann wie meine eigene, so muss ich doch nicht erst anhand meiner Erfahrung des Anderen auf sie *schließen* oder sie *simulieren* bzw. *nachahmen*. So glauben auch Husserl und Stein (wie Scheler) trotz unterschiedlicher, teils anderslautender, Formulierungen, dass wir nicht bloß Anzeichen oder psychologisch bedeutungslose Körper erleben, sondern *ihn oder sie* direkt wahrnehmen. In einer Hinsicht parallelisiert Husserl Objekt- und Personenwahrnehmung: Wir bekommen niemals Gegenstände in ihrer Dreidimensionalität vollständig in den Blick, sondern immer nur Profile, die wir in unserer Erfahrung insofern transzendieren, als wir die verborgenen Profile als solche mit repräsentieren, statt zweidimensionale Flächen zu sehen. Wenn ich vor einem Haus stehe, so präsentiert es sich mir nicht als zweidimensionale Scheibe, sondern als dreidimensionales Gebäude mit vier Seitenwänden und einem Inneren. Obwohl ich nur die eine Fassade sehen kann, sind mir die anderen Profile des Hauses als abwesend präsent (vgl. Noë 2004). Ich kann sie mir aber verfügbar machen, indem ich z.B. um das Haus herumgehe. Dies seien jedoch keine Schlussfolgerungen, sondern, so Husserl, Elemente der Wahrnehmung. In gleicher Weise würden auch die Erlebnisse des Anderen in meiner Erfahrung seines expressiven Körpers mit präsentiert.

Dafür sprechen auch bereits erwähnte experimentelle Befunde, die zeigen, dass wir unwillkürlich die Perspektive anderer anwesender Personen berücksichtigen, selbst wenn die zu lösende kognitive Aufgabe dies nicht erzwingt. So sollten Versuchspersonen in Agnes Kovács' et al. (2010) Experiment den Ort eines Balls angeben. Ihre Reaktionszeiten waren signifikant länger, sobald eine andere anwesende Figur eine falsche Überzeugung über den Ort des Balls hegte, obwohl weder die Anwesenheit jener Figur noch deren Überzeugungen für die Lösung der Aufgabe relevant waren. Auch Studien zum Entrainment belegen dies. Michael Richardson et al. (2007) zeigten, dass zwei Menschen in Schaukelstühlen automatisch nach und nach ihre Schaukelfrequenz synchronisieren, ohne es zu beabsichtigen. Dieser Prozess mündet in eine temporäre Koordination des Verhaltens der beiden, ohne jegliche vorherige Planung. Es scheint, als könnten wir die Perspektive des Anderen gar nicht ignorieren, sondern integrierten sie automatisch in unsere Urteile und Handlungspläne auf der Basis der Erfahrung des Anderen. Dies scheint jedoch eher eine Vorstufe bzw. Bedingung von Empathie zu sein als Empathie mit den konkreten Gefühlen selbst. Die von Husserl postulierte Indirektheit der Empathie betrifft also nur die These, dass wir zum Verstehen des Anderen nicht seine Erlebnisse *duplizieren* müssen, um sie gleichwohl über die Wahrnehmung seines Körpers mit präsent zu haben. Diese Ausführungen verbleiben allerdings auf der phänomenal-personalen

Erlebnisebene und treffen keine Aussagen über die Natur subpersonaler Mechanismen, die solche empathischen Erlebnisse ermöglichen. Insofern führen diese alternativen Konzeptionen von Empathie als perzeptuellem Zugang zum Geist Anderer, die wir bei Stüber und den phänomenologischen Theorien finden, unmittelbar zu den jüngeren enaktivistischen Positionen von z.B. Gallagher und anderen (vgl. De Jaegher, Di Paolo und Gallagher 2010), um die es im folgenden Kapitel geht.

Theorie-Theorie und Simulations-Theorie liefern gegensätzliche Aussagen über unseren Weg zum Verständnis der mentalen Zustände anderer Menschen. Sie teilen aber trotz der für sie jeweils entstehenden spezifischen Probleme einige Grundannahmen, die in der Forschung ebenfalls kontrovers diskutiert werden. Insbesondere Neuphänomenologen und Enaktivisten weisen diese zurück. (1) So wird in diesen Ansätzen konsequent die Möglichkeit eines *direkten* Zugangs zum Geist Anderer bestritten. Dies führt zu einer epistemischen Kluft, die durch Simulation oder Schlussfolgerung überbrückt werden soll. (2) Mit der Annahme, dass uns immer nur körperliche, aber keine geistigen Phänomene in der Wahrnehmung gegeben seien, geht die zweite Annahme einher, dass soziale Kognition weitestgehend eine passive und einseitige Angelegenheit sei, insofern jeweils nicht die soziale *Interaktion* mit dem Anderen, sondern die reine Beobachtung von einem mehr oder weniger isolierten Standpunkt aus als paradigmatischer Fall sozialer Kognition angesehen wird. (3) Schließlich verengen sowohl Theorie-Theorie und Modularitäts-Theorie als auch (mit Abstrichen) die Simulations-Theorie (in Goldmans typischem Gewand) die Phänomene der sozialen Kognition auf die Erklärung und Vorhersage bzw. die Rationalisierung des Verhaltens Anderer über die Zuschreibung propositionaler Einstellungen. Alle drei Ansätze postulieren einen kognitiven Prozess der Informationsverarbeitung zwischen Wahrnehmungsinput und Projektion bzw. Zuschreibung propositionaler Einstellungen auf die beobachtete Person. Wie im letzten Abschnitt deutlich wurde, lehnen phänomenologische Konzeptionen der Empathie diese Charakterisierung der sozialen Kognition und der mit ihr überhaupt verbundenen Aufgabe ab, indem sie explizit einen direkten wahrnehmungsbasierten Zugang zu den geistigen Zuständen anderer Menschen für möglich halten und dabei die Rolle des Körpers bzw. *aller* dabei involvierten Körper hervorheben. Diesen Punkt nehmen Ansätze auf, die unter der Bezeichnung »Enaktivismus« firmieren. Sie weisen die drei oben genannten grundlegenden Annahmen zurück und verteidigen eine andere Konzeption von sozialer Kognition und mentalen Zuständen. Im Folgenden fünften und abschließenden Kapitel führen wir zunächst diese noch recht junge Position des Enaktivismus ein und erörtern sie exemplarisch ausführlicher am Beispiel von Shaun Gallaghers Interaktions-Theorie (2001, 2005, 2008).

5. Enaktivistische Theorien

Paradigmenwechsel in der Kognitionswissenschaft?

Mittlerweile sind auch Theorie-, Modularitäts- und Simulations-Theorien nicht mehr die einzigen systematischen Alternativen, wenn es um die adäquate Beschreibung der Strategien zur sozialen Kognition geht. Die jüngst zu beobachtende Renaissance phänomenologischer Ansätze in der Kognitionswissenschaft betrifft auch das Themenfeld der Intersubjektivität. Die perspektivenreichen und durchaus unterschiedlichen Positionen von Edmund Husserl, Edith Stein, Jean-Paul Sartre, Max Scheler und Maurice Merleau-Ponty werden heute produktiv z.B. von Shaun Gallagher (2005), Dan Zahavi (2014), Thomas Fuchs (2010), Thiemo Breyer (2015) und zahlreichen anderen weitergeführt. Diese Theorien markieren einen tiefgreifenden Einschnitt, weil sie nicht bloß einige Annahmen der bisher diskutierten Ansätze zurückweisen, sondern darüber hinaus eine völlig andere Konzeption mentaler Zustände samt eines radikal verschiedenen Erklärungsrahmens von Kognition zugrunde legen. Goldman erklärt in Anlehnung an Marx: «Ein Gespenst geht um in den Laboren der Kognitionswissenschaft, das Gespenst der verkörperten Kognition.« (Goldman & de Vignemont 2009: 154)

Die bisher diskutierten Theorien wurden vor dem Hintergrund des kognitivistischen Paradigmas in der Kognitionswissenschaft und der Philosophie des Geistes formuliert. Was heißt das? In ihrer Ablehnung des Behaviorismus war den frühen Kognitionswissenschaftlern »daran gelegen, die funktionale Eigenständigkeit einer kognitiven Zwischeninstanz zwischen sensorischem Input und motorischem Output ... zu etablieren und die kognitiven Mechanismen auf ihre Gesetzmäßigkeiten freizulegen« (Breyer 2015: 28). Kognitive Prozesse spielen sich im Gehirn ab und sind eingeklemmt zwischen passiv empfangenen Signalen der Außenwelt einerseits und aktiv produzierten Handlungen in eben dieser Außenwelt andererseits. Die Umgebung eines kognitiven Systems fungiert lediglich als Quelle solcher Inputs und als Arena für Outputs. Susan Hurley (1998) bezeichnet dies als »Sandwich-Modell« der Kognition, da die theoretisch interessanten kognitiven Prozesse zwischen In- und Outputs vermitteln wie der Belag zwischen zwei Weißbrotscheiben.

Zu den zentralen Annahmen dieser lange dominanten Position in der Kognitionswissenschaft gehört zudem die Annahme, dass für diese kognitiven Prozesse *mentale Repräsentationen* charakteristisch sind; sie werden zur Erklärung insbesondere flexibler Verhaltensweisen postuliert (Pylyshyn 1984). Die neuronalen Prozesse des Gehirns werden als – kognitive – Manipulationen von Vehikeln semantischer Eigenschaften aufgefasst, wobei neuronale Muster für Entitäten, Eigenschaften und Sachverhalte der Außenwelt stehen. Selbst angesichts zahlreicher Unterschiede zwischen den diversen kognitivistischen Theorien bleibt deren Verpflichtung auf die »core assumption that mental processes involve content-bearing internal states and that a correct accounting of those processes must invoke structures that serve to stand for something else« (Ramsey 2007: xi). Die Reduktion von sozialer Kognition auf die kognitive Fähigkeit der *Metarepräsentation* spricht hier Bände, insofern die Fähigkeit gemeint ist, die *repräsentationalen Zustände* anderer Individuen zu *repräsentieren.* Peter Carruthers ist hier explizit:

»Human beings are inveterate mindreaders. We routinely (and for the most part unconsciously) represent the mental states to the people around us (thus employing *metarepresentations* – representations of representational states). We attribute to them perceptions, feelings, goals, intentions, knowledge, and beliefs, and we form our expectations accordingly.« (2005: 121)

Alle von Carruthers genannten mentalen Phänomene werden in diesem Paradigma als repräsentationale Zustände aufgefasst. Wahrnehmungen, Überzeugungen usw. sind gehaltvoll, insofern sie Objekte, Ereignisse und Sachverhalte als auf bestimmte Weise beschaffen präsentieren. Kognition vollzieht sich in diesem Erklärungsrahmen in Form von mechanischen Manipulationen solcher mentaler Repräsentationen, die im Gehirn realisiert sind. Soziale Kognition ist als Sonderfall durch die spezifische Art der Information ausgezeichnet, die repräsentiert und verarbeitet wird. Für Theorie-, Modularitäts- und Simulations-Theorie ist soziale Kognition jederzeit eine Angelegenheit des Gedankenlesens (*mindreading*): Tooby & Cosmides (1995: xvii) erklären in ihrem Vorwort zu Baron-Cohens *Mindblindness*: »Humans everywhere interpret the behavior of others in ... mentalistic terms because we all come equipped with a ›theory of mind‹ module (ToMM) that is compelled to interpret others this way ... We are ›mindreaders‹ by nature«. Und Goldman schränkt die Rolle von Spiegelneuronen für soziale Kognition, wie gesehen, gerade deshalb ein, weil sie nicht die für das Gedankenlesen charakteristische gedankliche Projektion erklären können. D.h., sei es, dass wir andere simulieren oder dass wir auf allgemeine psychologische Daumenregeln und Theorien zurückgreifen, die Kognitivisten bestimmen ihre jeweils favorisierte Strategie des Gedankenlesens zur Überbrückung der epistemischen Kluft zwischen beobachtbarem Verhalten und den dahinter verborgenen mentalen Zuständen.

In diesem Kapitel wird es um Ansätze gehen, die dieses orthodoxe Paradigma hinterfragen und viele – oft sogar alle – seine Annahmen zurückweisen. Diese Positionen legen anstelle des repräsentationalen Paradigmas den sogenannten »Enaktivismus« (Varela 1988, Varela et al. 1992) zugrunde. Diese Bezeichnung – die Varela (1988: 91 Anm.) eigentlich nur »als Behelf dienen« sollte bis eine bessere Bezeichnung gefunden würde – steht für die Betonung der zentralen Rolle von Verkörperung und Situiertheit kognitiver Phänomene. Was damit genau gemeint ist, wird im folgenden Abschnitt genauer dargestellt. Innerhalb dieses konkurrierenden Paradigmas, welches Kognition ohne die Annahme der Manipulation bzw. Berechnung mentaler Repräsentationen charakterisieren möchte, verteidigen Gallagher (2001, 2005) und andere die Hypothese, dass wir viele mentale Zustände, z.B. Emotionen und Absichten, direkt wahrnehmen können, so dass keinerlei Bedarf für anschließende Simulationen oder Schlussfolgerungen besteht. Im Anschluss soll Gallaghers facettenreiche Theorie exemplarisch ausführlich diskutiert werden.

5.1 Aspekte situierter Kognition

In den bisher diskutierten kognitivistischen Ansätzen spielen der über das Gehirn hinausgehende Körper und die eine Person umgebende Situation keine große explanatorische Rolle. Fingerhut et al. (2013: 18) sprechen gar von der »Körpervergessenheit und ... Körperverachtung« dieser Tradition. Die unter dem Stichwort der situierten Kognition versammelten theoretischen Positionen machen geltend, dass wir der Natur kognitiver Prozesse mit dem verengten Fokus auf Gehirnprozesse nicht gerecht werden können. Vielmehr müssen wir in unseren Erklärungen der Kognition beachten, inwiefern sie (a) *verkörpert* und (b) in die unmittelbare natürliche, technische und soziale Umgebung *eingebettet* ist, und sich (c) oft gar in diese Umgebung hinein *erstrecken* bzw. in manchen Fällen (d) *erweitert* und auf mehrere Individuen *distribuiert* sein kann. Diese Aspekte der Kognition sollen im folgenden Abschnitt zunächst kurz erläutert und an Beispielen veranschaulicht werden (ausführlichere Überblicke bieten Walter 2014 und Fingerhut, Hufendiek, Wild 2013: 9–102).

Wenn behauptet wird, dass Kognition verkörpert sei, dann wird damit nicht eine verkörperte von einer nicht-verkörperten Kognition unterschieden. Vielmehr soll damit zum Ausdruck gebracht werden, dass in vielerlei Hinsicht die gesamte Bandbreite kognitiver Leistungen wesentlich auf den Körper angewiesen und durch diesen geformt ist. Diese Auffassung wendet sich natürlich offen gegen jede cartesianische Trennung des Geistes vom Körper, möchte die für spezifische kognitive Akte charakteristische Art der Verkörperung bei unterschiedlichen Lebewesen herausarbeiten und aufzeigen, inwiefern diese das kognitive Repertoire des Lebewesens bestimmt. Noë (2004: 25) bringt dies auf den Punkt, wenn er mit Bezug auf die Wahrnehmung und deren vermeintliche Substratneutralität (von der Funktionalisten ausgehen) erklärt: »To perceive like us ... you must have a body like ours.« Uns scheint es trivial, aber der Umstand, dass wir aufrecht gehen, ermöglicht uns nicht nur eine bestimmte visuelle Perspektive, sondern befreit auch – im Unterschied zu anderen Tieren – unsere Arme und Hände, die wir für andere kognitive Zwecke einsetzen können. Für soziale Kognition sind z.B. Gesten und Körpersprache von besonderer Bedeutung. Von diesem Standpunkt aus präsentiert uns die Erfahrung Objekte an einem bestimmten räumlichen Standort; solche Erfahrung setzt einen verkörperten Wahrnehmenden voraus. Außerdem sind die im Gehirn ablaufenden kognitiven Prozesse in ihrer Funktionalität auf einen Organismus angewiesen, der sich in einem das Überleben sichernden homöostatischen Gleichgewicht befindet (Cosmelli & Thompson 2010).

Ein wesentlich verkörpertes Erlebnissubjekt ist automatisch in die Umwelt eingebettet, und zwar insofern es sich immer einer bestimmten Situation ausgesetzt sieht und kognitive Akte in diesem Kontext ausgeführt werden. Die These der eingebetteten (*embedded*) Kognition macht geltend, dass die über die individuellen Körpergrenzen hinausgehenden Umweltbedingungen kognitive Leistungen nicht nur oft wesentlich mitbestimmen, sondern wir auch einen Teil unserer kognitiven Last an die Umgebung abgeben können. Menschen strukturieren und gestalten ihre Umgebungen entsprechend so, dass kognitiv möglichst nur minimaler Aufwand erforderlich ist. Es spielt für unsere soziale Kognition folglich eine wichtige Rolle, ob wir unser Gegenüber gerade bloß beobachten oder ob wir aktiv mit ihr interagieren können, um so etwas über ihre geistige Befindlichkeit zu erfahren. Wir setzen Gestik und Mimik auch ein, um uns Anderen verständlich zu machen (McGeer 2001).

Schließlich können sich unsere kognitiven Prozesse selbst auch über unser Gehirn und unseren Körper hinaus in die physische und soziale Umgebung hinaus erstrecken (Clark & Chalmers 1998). Wir verwenden alltäglich eine Vielzahl elektronischer Geräte, die kognitive Aufgaben für uns übernehmen. Unsere Smartphones dienen als externes Gedächtnis, andere Menschen dienen als Kooperationspartner bei der Lösung kognitiver Aufgaben, die wir alleine nicht bewältigen könnten.

Dimensionen der Verkörperung

Der Aspekt der Verkörperung wurde bereits von den Phänomenologen Edmund Husserl und insbesondere Merleau-Ponty (1964) betont, der den Begriff des »Leibes« (*corps propore*) als Kontrastbegriff zum »Körper« (*corps objectif*) einführte. Der physische »Körper« ist das äußerlich wahrgenommene Objekt der Erkenntnis, nicht wesentlich von anderen Körpern verschieden. Mit Leib ist dagegen die Grundbedingung unserer Kognition angesprochen, er markiert einen Standpunkt, den wir nicht verlassen oder hintergehen können, er bestimmt die Art und Weise unserer Wahrnehmung der Welt. Denn unser eigener Leib ist nicht ein physischer Körper wie jeder andere: »Leib« bezeichnet die Dimension des Körpers als Sinnes- und Empfindungsorgan, also als wahrnehmendes Subjekt, kognitive Akte der Wahrnehmung ermöglichend und zwischen Körper und Geist vermittelnd. Das ist auch zentral für die soziale Kognition, denn »*Leib* ist der Mensch allerdings *auch für die Anderen*, die ihn selbst in seinem Ausdruck, seiner Haltung und seinen Äußerungen unmittelbar, »leibhaftig« wahrnehmen ...« (Fuchs 2010: 99). Dies erfasst Merleau-Ponty mit seinem Konzept einer kommunikativen »Zwischenleiblichkeit«, die für die soziale Kognition besonders relevant ist. Denn sie benennt die dynamische zwischenmenschliche Interaktion, in der zwei oder mehrere verkörperte Akteure aufeinander bezogen sein können.

Gallagher (2012) unterscheidet die These des »biologischen *embodiment*« von der eines »radikalen *embodiment*«. Während jene die kognitive Rolle von Anatomie, Chemie und Bewegung betrifft, geht diese weiter mit der Behauptung, dass »die Handlungsorientierung die meisten kognitiven Prozesse prägt« (Gallagher 2012: 329). Zu den chemischen Bedingungen der Kognition gehören Phänomene wie eine erhöhte Herzschlag- oder Atemfrequenz, der Adrenalinspiegel oder Hormonzyklus und andere Aspekte unseres »internen Milieus« (Damasio 2011). Solche »strukturellen Merkmale unseres Körpers außerhalb des Nervensystems« bestimmen unsere kognitiven Leistungen in erheblichem Maße mit, denn sie werden vom wahrnehmenden und erkennenden Leib durchlebt. Auf die anatomischen Besonderheiten jedes kognitiven Systems wie z.B. eine aufrechte Haltung wurde oben schon verwiesen. Die These der *radikalen* Verkörperung der Kognition geht auf die Pionierarbeiten von Francisco Varela zurück und betrifft bereits die Kernthese des Enaktivismus, der Kognition als verkörpertes Handeln auffasst:

»Mit *verkörpert* meinen wir zweierlei: Kognition hängt von Erfahrungen ab, die ein Körper mit verschiedenen sensomotorischen Fähigkeiten ermöglicht. Diese sind ihrerseits in einen umfassenderen biologischen, psychologischen und kulturellen Kontext eingebettet. Mit *Handeln* möchten wir ... betonen, dass sensorische und motorische Prozesse, Wahrnehmung und Handlung, in der lebendigen Kognition prinzipiell nicht zu trennen sind. Beide gehören aber bei Individuen nicht zufällig zusammen, sondern haben sich auch gemeinsam entwickelt.« (Varela et al. 1992: 238)

Diese Kernidee wurde von zahlreichen Philosophen, z.B. Noë (2004, 2009), Gallagher (2005), Hutto & Myin (2013, 2017) aufgenommen und in diverse Richtungen weiterentwickelt. Gemeinsam ist diesen Varianten die These, Kognition dürfe nicht als Resultat von Gehirnprozessen betrachtet werden, die durch Umweltreize stimuliert werden und lediglich eine vorgefundene Welt *repräsentieren* sollen. Enaktivismus wird heute in der Regel in Verbindung gebracht mit einem *handlungsgeleiteten Ansatz* der Kognition: »Probleme sind nicht vorgegeben, sondern *handelnd erzeugt* (›*enacted*‹), aus einem (Hinter/Unter-)Grund *hervorgebracht* (›*brought forth*‹). Was wichtig ist, wird vom gesunden Menschenverstand mit Bezug auf den Handlungszusammenhang bestimmt« (Varela 1988: 90). Auf die Wahrnehmung trifft dies im Besonderen zu, sie ist »wahrnehmungsgeleitetes Handeln« (Varela et al. 1992: 238). Daher, so Noë (2009: 22f.), »sollten wir es als etwas sehen, was wir tun, als etwas, das wir aktiv betreiben«. Das gilt auch für die restliche Bandbreite der kognitiven Leistungen, denn seiner Meinung nach können »sinnvolle Gedanken nur da entstehen, wo das ganzheitliche Lebewesen dynamisch mit seiner Umwelt interagiert« (ebd.). Die methodische Konsequenz aus der Annahme, dass kognitive Leistungen nicht allein auf Gehirnaktivität zurückgehen, sondern eine Errungenschaft des ganzen Lebewesens sind, ist, dass wir »ein größeres System untersuchen müssen, von dem das Gehirn lediglich ein Teil ist«. Kognition, so die Enaktivisten, »erfordert die Zusammenarbeit von Gehirn, Körper und Welt« (Noë 2009: 25). Grob sollten drei Richtungen des Enaktivismus unterschieden werden, die je verschiedene Aspekte akzentuieren (vgl. zum Folgenden Hutto & Myin 2013: 9–15): der *sensomotorische*, *autopoietische* und *radikale* Enaktivismus. Diese werden auch in den folgenden Erörterungen zur sozialen Kognition eine wichtige Rolle spielen.

Sensomotorischer Enaktivismus

Noë (2004, 2009) ist der paradigmatische Vertreter des sensomotorischen Enaktivismus, dessen Thesen besonders von der Phänomenologie Husserls und der ökologischen Psychologie Gibsons (1982) inspiriert sind. Gibson lehnte den repräsentationalistischen Ansatz ab und führte stattdessen das Konzept der Affordanzen ein. Dieser aus dem englischen Wort für *anbieten* oder *gewähren* (*afford*) abgeleitete technische Ausdruck setzt bei der Komplementarität von Wahrnehmungssubjekt und Umgebung an, die wechselseitig so aufeinander verwiesen sind, dass jede konkrete Umgebung einem Lebewesen, welches eine spezifische sensomotorische Ausstattung mitbringt, diverse Handlungsangebote bzw. -anregungen macht, aber andere Handlungen verhindert.

So erlaubt eine steile Felswand womöglich nur bestimmten Tieren das Hinaufklettern; allerdings ist es nur dem Menschen möglich, sie ästhetisch in ihrer Erhabenheit zu würdigen und durch diverse Techniken künstlerisch festzuhalten. Eine ebene, harte Oberfläche erlaubt vielen Lebewesen eine ungehinderte Fortbewegung, während Nässe oder ein Ölfilm vielen Lebewesen diese Möglichkeit nehmen. Anderen Tieren gelten diese Angebote nicht zwangsläufig und wenn doch, dann nicht in derselben Weise, da im Begriff der Affordanz gleichermaßen Rücksicht auf die Merkmale des Lebewesens und der Umgebung genommen wird. Wahrnehmen und Navigieren in der Umwelt gelingen einem Lebewesen, so Gibson, ohne dass sein Gehirn eine Kopie der Umwelt erstellen müsste. Wie in den Beispielen deutlich wird, schließt die Umgebung auch die vom Menschen strukturierte bzw. manipulierte Umwelt ein:

»Unter den Angeboten (*affordances*) der Umwelt soll das verstanden werden, was sie den Lebewesen anbietet (*offers*), was sie zur Verfügung stellt (*provides*) oder gewährt (*furnishes*), sei es zum Guten oder zum Bösen [...] Ich meine damit etwas, das sich auf die Umwelt und das Lebewesen gleichermaßen bezieht und zwar auf eine Art, die kein gebräuchliches englisches Wort auszudrücken vermag. Zum Ausdruck bringen soll es die Komplementarität von Lebewesen und Umwelt.« (Gibson 1982: 137)

Der zweite zentrale Begriff, der den der Affordanzen sinnvoll ergänzt, ist der Begriff einer *strukturellen Kopplung* von Lebewesen und Umwelt. Lebewesen sind dem enaktivistischen Ansatz zufolge derart aufeinander und ihre Umgebung bezogen, dass sie im Vollzug kognitiver Leistungen, bei denen das Lebewesen auf Strukturmerkmale der Umgebung wesentlich zurückgreift, nicht als zwei isolierte Einheiten, sondern als ein einziges gekoppeltes System betrachtet und erklärt werden müssen. Von einer adäquaten Kopplung kann man dann sprechen, wenn das Lebewesen mit seiner körperlichen Beschaffenheit und sensomotorischen Ausstattung flexibel und intelligent auf die Angebote (und Hindernisse) der Umgebung reagieren kann. Entscheidend für den aktiven Vollzug der Wahrnehmung ist für uns die Beherrschung einer Form praktischen Wissens bzw. Können (*know how*). Sehen ist Noë zufolge »eine Technik«, bei der wir die Welt gleichsam aktiv »mit Hilfe unseres praktischen Wissens darüber erforschen, wie unsere Bewegungen unsere Sinneswahrnehmung der Welt bedingen und verändern« (2009: 80). Für das Sehen sind Bewegungen wie Blinzeln, Kopf- und Augenbewegungen wichtig, für das Hören und Tasten müssen wir andere Regeln und sensomotorische Abhängigkeiten beherrschen. Um die Rückseite des Buches vor mir auf dem Tisch in den Blick zu bekommen, muss ich wissen, wie ich mich oder das Buch bewegen muss, um es von der Rückseite betrachten zu können. Noë selbst ist – anders als Gibson – unentschieden, ob er in seiner Theorie auf mentale Repräsentationen völlig verzichten oder bloß ihre Rolle und ihr Format anders konzipieren möchte. Insofern kann eine schwache Version des sensomotorischen Enaktivismus durchaus auch als kompatible Bereicherung traditioneller Ansätze verstanden werden.

Autopoietischer Enaktivismus

Die zweite Variante ist der *autopoietische Enaktivismus*. Er geht zurück auf die Arbeiten zur biologischen Grundlage der Kognition von Francisco Varela und Humberto Maturana (Maturana & Varela 1980, Varela et al. 1992) und wurde nach Varelas Tod insbesondere von Evan Thompson (2007) weiterentwickelt. Der Kern des autopoietischen Enaktivismus ist die These, dass es eine tiefe »Kontinuität von Leben und Geist« gebe, da »Lebendiges und Geistiges eine Menge struktureller Eigenschaften ihrer Organisation teilen. Die Merkmale, welche die Organisation des Geistigen ausmachen, sind eine angereicherte Version derjenigen Merkmale, welche die Organisation des Lebendigen ausmachen« (Thompson 2011: 192). Diese zentrale Idee, die diese Variante noch über die sensomotorische Version hinausführt, kommt aus der Biologie, denn sie macht geltend, dass ein Lebewesen ein sich selbst organisierendes Wesen ist, und dass alle kognitiven Phänomene aus der komplexen *Selbstorganisation* und kontinuierlichen *Selbsterzeugung* (*Autopoiesis*) von Lebewesen resultieren: »Eine einzelne Zelle z.B. schafft ihre eigene Identität, indem sie selbst eine halbdurchlässige Membran erzeugt, die ihr molekulares Netzwerk von der Außenwelt zwar trennt, aber gleichwohl eine Interaktion (Stoffwechsel), ja sogar Kopplung, mit ihr ermöglicht.« (Thompson 2011) Die Kopplung von Lebewesen und Umgebung ergibt sich durch die biologischen Bedürfnisse der Zelle, die eine ansonsten rein physikalische Umgebung in eine Umwelt transformieren, die der Zelle entweder zuträglich oder abträglich ist. Insofern sind Lebewesen *autonome* Systeme, da sie trotz (oder gerade mittels) ihres konstanten Stoffwechsels ihre Identität aufrechterhalten. Dies macht Lebewesen zu *Aktivitätszentren* in der Natur. Der Bezug auf einzelne Zellen als paradigmatisch autopoietische Systeme macht allerdings den sehr weit gefassten liberalen Begriff von Kognition deutlich. Nicht jeder ist gewillt, die angemessenen Reaktionen eines Bakteriums auf den Zuckergehalt in seiner Umgebung als kognitive Leistung einzustufen. Hanne De Jaegher und Ezequiel Di Paolo (2007) aber haben die zentralen Gedanken dieses Ansatzes in die Domäne der sozialen Kognition übertragen und als theoretische Alternative zu Theorie- und Simulations-Theorie verteidigt. Entscheidend ist für sie die relative Autonomie des Interaktionsprozesses zwischen zwei oder mehreren Individuen, der insofern die »Sinnstiftung« (*sense-making*) konstituiert, als das Verstehen von den partizipierenden verkörperten Individuen gemeinsam *in* der Interaktion ausgehandelt wird. Wir kommen darauf zurück.

Radikaler Enaktivismus

Die dritte und letzte Variante des Enaktivismus ist der *radikale Enaktivismus* von Daniel Hutto und Erik Myin (2013, 2017). Diese Version bricht am deutlichsten und gründlichsten mit allen oben genannten Annahmen der traditionellen Konzeption von Kognition, da *elementare* Kognition – vor allem in Wahrnehmung und zielgerichteter Handlung, aber auch in Vorstellungen und Erinnerungen – keiner Verarbeitung mentaler Repräsentationen bedürfe. Solche elementaren kognitiven Leistungen sind vielmehr interaktiv, dynamisch und relational. Sie seien nicht auf die Aufnahme und Verarbeitung von Information oder gar Gehalt angewiesen, die dann benutzt, wiederverwendet, gespeichert und im Gehirn repräsentiert wird (Hutto & Myin 2017: xiv). Stattdessen könnten elementare kognitive Leistungen von Menschen, anderen Tieren, und insbesondere Kleinkindern über verkörperte, raumzeitlich ausgedehnte Interaktionen dieser Lebewesen mit ausgewählten Aspekten ihrer Umgebung verstanden werden, die empfindlich für Informationen sind. Die komplexe Gehirnaktivität, die solche Interaktion ermöglicht, *repräsentiert* nicht die Umwelt, sondern antizipiert, beeinflusst und koordiniert die Reaktionen im Hintergrund (ebd.). Zieht man die kognitive Verarbeitung von Repräsentationen aus ihrer Klammer aus Angeboten (Reizen) der Umgebung und Handlungen (Reaktionen) des Lebewesens heraus, so wird das Sandwich-Modell in eine Variante des Behaviorismus transformiert, so scheint es, denn zurück bleibt ein Reiz-Reaktions-Schema: »Experiencing organisms are set up to be set off by certain worldly offerings«, d.h., »they respond to such offerings in distinctive sensorimotor ways that exhibit a certain minimal kind of directedness and phenomenality.« (Hutto & Myin 2013: 19)

Gallaghers (2001, 2005, 2008) enaktivistische Interaktions-Theorie weist Gemeinsamkeiten mit allen drei Varianten des Enaktivismus auf, steht aber dem Radikalen Enaktivismus in seiner strikten Ablehnung mentaler Repräsentationen am nächsten. Diese ist Gegenstand des direkt folgenden Kapitels, welches sich auf folgende Aspekte von Gallaghers Argumentation konzentriert: (a) seine phänomenologisch fundierte Charakterisierung der ontogenetischen Basis sozialer Kognition, (b) seine phänomenologische Kritik am Individualismus von Theorie- und Simulations-Theorie im Vergleich zu seiner Interaktions-Theorie, sowie (c) seine Theorie der direkten sozialen Wahrnehmung.

5.2 Gallaghers Interaktions-Theorie

Vor dem Hintergrund dieser Skizze der relativ jungen Debatte über situierte, verkörperte und enaktive Kognition können wir uns nun Gallaghers Interaktions-Theorie widmen. Auf der Basis einer Konzeption mentaler Zustände, zu deren wesentlichen Merkmalen die Verkörperung gehört, weist Gallagher die den traditionellen Ansätzen zugrunde liegende Annahme zurück, dass es überhaupt ein erkenntnistheoretisches Problem des Zugangs zu den mentalen Zuständen anderer Personen gebe. Denn wenn z.B. Gesichtsausdruck, Körperhaltung usw. *konstitutive* Bestandteile z.B. einer Emotion sind, dann ist die Emotion selbst nicht *hinter* einem ansonsten bedeutungslosen körperlichen Ausdruck und Verhalten verborgen. Vielmehr sind dann Angst, Freude oder Wut wahrnehmbar; der körperliche Ausdruck ist selbst geistig durchwirkt, die mentale Sphäre scheint durch den Körper gleichsam hindurch. Das mache aber, so Gallagher, in vielen Fällen kognitive Prozesse und Strategien wie Simulationen oder Schlussfolgerungen, die über die Wahrnehmung hinausgehen, überflüssig. Folgerichtig schlägt er als theoretische Alternative zu den genannten Positionen die Theorie der *direkten sozialen Wahrnehmung* von Emotionen und anderen mentalen Zuständen vor:

»The basic claim ... is that in most intersubjective situations we have a direct, pragmatic understanding of another person's intentions because their intentions are explicitly expressed in their embodied actions. For the most part this understanding does not require us to postulate some belief or desire that is hidden away in the other person's mind, since what we might reflectively or abstractly call their belief or desire is expressed directly in their behavior.« (Gallagher 2001: 86)

Außerdem betont Gallagher, dass soziale Kognition keine einseitige passive Angelegenheit sei, sondern sich paradigmatisch in der Interaktion über verkörperte Praktiken wie eben Gestik und Mimik vollziehe. Es macht für die soziale Kognition einen bedeutsamen Unterschied, ob man nur *beobachtet*, wie andere Akteure agieren und miteinander interagieren, oder ob man selbst *aktiv* in die Interaktion *einbezogen*, *involviert* ist und sich mit dem Anderen von Angesicht zu Angesicht auseinandersetzt (Schilbach et al. 2013). Insofern in paradigmatischen sozialen kommunikativen Kontexten immer zwei oder mehrere Personen aufeinander bezogen und aneinander »gekoppelt« sind, vollziehe sich, so Gallagher, auch der Prozess der sozialen Kognition nicht individuell, sondern zwischen den Interaktionspartnern. Nicht nur unsere Umgebung und physikalische Objekte, sondern auch Personen und deren mentale Einstellungen eröffnen uns in der alltäglichen Interaktion zahlreiche Handlungs- und Interaktionsmöglichkeiten (Affordanzen). In sozialer Interaktion sind einige Gesten, Handlungen und Reaktionen angemessen, andere unangemessen. Der Psychologe James J. Gibson (1982) hatte dieses Konzept der Affordanzen in seiner ökologischen Theorie der Wahrnehmung in Bezug auf unsere unmittelbare Umgebung entwickelt, es lässt sich aber auch auf die soziale Domäne erweitern: So wie ein Stuhl zum Sitzen einlädt, ermöglichen das Lächeln einer anderen Person oder ihre ausgestreckte Hand verschiedene Reaktionen, die in eine durch Reziprozität gekennzeichnete soziale Interaktion münden können. Aktion und Reaktion modifizieren jeweils entscheidend die Geisteshaltung aller Beteiligten. Dadurch unterscheidet sich die soziale Kognition entscheidend von der Erkenntnis der physischen Welt. Interaktionsangebote lassen den jeweils anderen nicht unberührt und haben im Fall der sozialen Kognition Einfluss auf das »Objekt« des Verstehens. Soziale Kognition ist somit gerade nicht analog zur Erforschung von Bäumen.

Primäre und sekundäre Intersubjektivität

Gallagher zufolge erfassen Theorie-Theorie und Simulations-Theorie nur eine begrenzte Anzahl von Fällen sozialer Kognition. Denn seiner Meinung nach legen diese Theorien zum einen nicht die typischen alltäglichen interaktiven Situationen zugrunde, in denen wir die Gefühle und Absichten anderer erfassen; zum anderen ignorieren oder vernachlässigen sie mit der Betonung des »Erwerbs« einer vollständigen Theorie des Geistes um den vierten Geburtstag herum (Kriterium: Verständnis falscher Überzeugungen) wichtige Fähigkeiten sozialer Kognition, die diesem

Entwicklungsschritt vorausgehen. Daher kritisiert Gallagher den Fokus auf die *False-Belief*-Aufgaben in der empirischen Untersuchung der sozialen Fähigkeiten von Kleinkindern. Denn diese setzten im Design der Aufgaben bereits voraus, dass eine Variante der Theorie-Theorie zutrifft. Der typische Fall der sozialen *Interaktion*, die gerade nicht in der rein passiven Beobachtung des Anderen aufgeht, sondern durch den *aktiven* Austausch zweier Personen gekennzeichnet ist, werde von den klassischen Aufgabenstellungen nicht berücksichtigt. Diese Experimente zum Verstehen falscher Überzeugungen transferierten also, so Gallaghers Vorwurf, Befunde über einseitige Dritte-Person-Beobachtungen Anderer auf Zweite-Person-Interaktionen (zwischen mir und dir). Wie oben gesehen, schnitten Dreijährige genau dann in solchen Aufgaben besser ab, wenn es ihnen gestattet war, mit der Figur in der Geschichte zu interagieren (Rubio-Fernandez & Geurtz 2012).

Obwohl er den Einschnitt um den vierten Geburtstag anerkennt, erklärt Gallagher:

> »Prior to this, however, the basis for human interaction and for understanding others has already been laid down by certain embodied practices – practices that are emotional, sensory-motor, perceptual and nonconceptual. I want to suggest that these embodied practices constitute our primary access for understanding others, and continue to do so even after we attain theory of mind abilities.« (Gallagher 2001: 85)

Selbst wenn unsere *distanzierte* Beziehung zu anderen durch Simulationsprozesse oder theoretisches Schlussfolgern gut beschrieben wäre, könne dies nicht einfach auf unsere *direkte* Interaktion mit anderen übertragen werden. Denn bevor wir eine Theorie über andere entwickeln oder ihre Überzeugungen und Wünsche simulieren, verfügten wir bereits über ein *vortheoreti-*

sches, nichtbegriffliches und verkörpertes praktisches Wissen (know how) darüber, wie sich Menschen in bestimmten Situationen verhalten. Dieses Wissen erwerben (und zeigen) wir durch Wahrnehmungsfähigkeiten, die Trevarthen (1979) als »primäre Intersubjektivität« bezeichnet: Dazu gehören die eher noch unstrukturierten frühen Interaktionen zwischen Kind und Bezugsperson, z.B. in der Neugeborenen-Imitation, dem Augenkontakt und Blickfolgen, der Wahrnehmung zielgerichteter Handlungen, Bedeutungen und Emotionen in Gestik und Mimik, Bewegungen und Körperhaltungen sowie Protokonversationen. Dieses praktische Wissen, das den massiv hermeneutischen Hintergrund für die später sich entwickelnden begrifflichen Fähigkeiten der »sekundären Intersubjektivität« bildet, leitet sich ab aus verkörperten Fähigkeiten in Zweite-Person-Interaktionen mit Anderen. Diese beiden Entwicklungsphasen der Intersubjektivität sind getrennt durch den kognitiven Einschnitt der »Neunmonats-Revolution« (Tomasello 2001), dem Einsetzen triadischer Beziehungen zwischen Kind, Bezugsperson und Gegenstand in Szenen geteilter Aufmerksamkeit usw. Beiden Phasen ist gemeinsam, so Gallagher, dass Kinder hier verkörperte Fähigkeiten zur sozialen Interaktion mit Anderen nutzen, ohne mentale Zustände als solche zu verstehen und ihnen zuzuschreiben. Selbst die soziale Kognition auf der Ebene der sekundären Intersubjektivität konstituiere noch kein begriffliches, sondern ein ›vormentalistisches‹ und verkörpertes Verständnis. Kinder müssen auf dieser Stufe noch keine mentalen Zustände als solche verstehen. Eine voll ausgebildete soziale Kognition bedürfe allerdings noch einer weiteren Fähigkeit, so Gallagher im Einklang mit Daniel Hutto (2008), nämlich der Fähigkeit, mentale Begriffe wie »Gründe« und »aus Gründen handeln« über eine Sensibilität für Geschichten, in denen Menschen genau dies tun, zu erwerben. Da Kinder über einen langen Zeitraum, durch Erzählungen ihrer Eltern zahlreichen Märchen und anderen Geschichten ausgesetzt sind, die ihnen vorgelesen werden, lernen sie mit dem mentalistischen Vokabular flexibel umzugehen und es zur Verhaltenserklärung, aber auch zur Regulierung ihrer Interaktionen einzusetzen. Da bei Gallagher der Status unserer *frühesten* intersubjektiven Fähigkeiten im Fokus steht, soll auch in dieser Darstellung die primäre Intersubjektivität im Vordergrund stehen.

Gallagher bestreitet die entwicklungspsychologische These, dass soziale Kognition ein Verständnis mentaler Zustände als solcher voraussetzt. In der Tat kulminiert die soziale Kompetenz von Kindern zwar im Verständnis falscher Überzeugungen. Dem gehen jedoch zahlreiche Facetten zwischenmenschlichen Verständnisses voraus. Während Vertreter kognitivistischer Ansätze diese Fähigkeiten in der Regel lediglich als *Vorläufer* sozialer Kognition ansehen, macht Gallagher deren Status als genuine Fähigkeiten sozialer Kognition geltend. Es seien hier nur einige wenige Beispiele herausgegriffen. So postuliert Baron-Cohen z.B. den *Eye-Direction*-Detektors und den *Shared-Attention*-Mechanismus, die dem Kind erlauben zu erkennen, wohin ein anderer blickt und sich gemeinsam auf einen Gegenstand, z.B. eine Puppe, zu konzentrieren. Darüber hinaus können Kinder schon von Geburt an zwischen unbelebten Objekten und Personen unterscheiden, sie reagieren besonders auf sozial relevante Reize wie menschliche Gesichter und können auch simple Handlungen wie das Herausstrecken der Zunge nachahmen. Baron-Cohen (1995) und Leslie (1994) unterscheiden diese Fähigkeiten von der Theorie-des-Geistes-Fähigkeit, für die sie eigens einen Mechanismus ansetzen. Gallagher hingegen betont die Relevanz dieser Fähigkeiten für soziale Kognition gerade aufgrund der Tatsache, dass sie begrifflichem Verständnis vorausgehen und eher als verkörpertes *know how* zu charakterisieren sind, im Einklang mit dem enaktiven Ansatz. Die Neugeborenen-Imitation (Meltzoff & Moore 1977) setzt bereits ein Gespür für den (Körper des) Anderen voraus, denn um die motorische Aktion des Gegenüber nachahmen zu können, scheint das Neugeborene bereits anzunehmen, dass eine wichtige *körperliche* Ähnlichkeit zwischen beiden vorliegt, dass der Andere »wie ich« ist (Meltzoff 2007). Meltzoff konnte Nachahmung schon bei Säuglingen nachweisen, die gerade einmal eine Stunde alt waren, also auch noch nicht mittels eines Spiegels mit ihrer eigenen Gestalt vertraut sein konnten, die sie dann mit der Gestalt ihres Gegenübers hätten vergleichen können. Die Säuglinge scheinen zur erfolgreichen Imitation die visuelle Information erfolgreich in einen motorischen Plan übersetzen zu müssen. Gopnik und Meltzoff (1997: 129) sprechen hier von einem »cross-modal representational system that connects self and other ... This initial coding then becomes the basis for the child's further acquisition of a theory of action«. Gallagher und Meltzoff (1996) meinen, das propriozeptive Erleben des Säuglings und seine visuelle Wahrnehmung des Anderen seien mittels eines unbewussten »Körperschemas« in demselben Format kodiert. Das Körperschema definiert Gallagher (in grober Annäherung) als ein angeborenes System unbewusster sensomotorischer Fähigkeiten und Gewohnheiten, die bestimmen, in welcher Weise der Körper unsere Wahrnehmung und Kognition bestimmt, begrenzt und ermöglicht (Gallagher 2005: 24). Dazu gehören z.B. unser aufrechter Gang, unsere Körperhaltung im Allgemeinen sowie unbewusste Augen-, Kopf- und Körperbewegungen oder Greifhandlungen, die zur Konstitution der Wahrnehmung unwillkürlich ausgeführt werden. Zum Körperschema gehört auch die unbewusste vorreflexive Kenntnis der *Grenzen* des eigenen Körpers; allerdings zeigen experimentelle Studien wie die »Gummihand«-Illusion die Flexibilität des Körperschemas, da die Versuchspersonen in solchen

Experimenten eine Gummihand nach angemessener Manipulation des sensorischen Feedbacks als *Teil* des eigenen Körpers ansehen (Botvinick & Cohen 1998, auch Metzinger 2010).

Vom Körperschema unterscheidet Gallagher das »Körperbild«, ein System von vornehmlich bewussten Wahrnehmungen, Meinungen und Einstellungen die Position und Haltung des eigenen Körpers und der Gliedmaße betreffend. Dieses wird im Gegensatz zum Körperschema allererst entwickelt und durch Erfahrung angereichert. Zur Illustration des Unterschieds mag der Verweis auf das Erlernen einer neuen Fähigkeit wie Schwimmen oder Fahrradfahren dienen. Da zu Beginn eine bewusste Konzentration auf die Lage und Koordination der Gliedmaßen erforderlich ist, kontrolliert diesen Prozess eher das Körperbild. Mit wachsenden Fortschritten jedoch übernimmt das unbewusste Körperschema nach und nach die Kontrolle. Sportprofis und Musikvirtuosen denken über ihre motorischen Bewegungen nicht nach; tun sie es doch, leidet darunter meist die Performanz. Pathologische Befunde wie der Fall des Patienten Ian Waterman (Gallagher 2005: 40–64) begründen eindrucksvoll die Differenzierung, weil er sein durch einen Unfall beeinträchtigtes Körperschema durch sein bewusstes Körperbild kompensieren muss, indem er mangels sensorischen Feedbacks von der Lage seiner Gliedmaße über jede seiner Bewegungen nachdenken muss.

Gallagher zufolge sollten wir die Leistung des Körperschemas nicht wie Gopnik und Meltzoff (1997) als theoretisches Schlussfolgern interpretieren, sondern eher als rein motorischen Handlungsplan, der gar nicht einem mentalen Zustand äquivalent ist. Das Kind müsse kein internes Modell (keine Repräsentation) konsultieren, so Gallagher, um die Übersetzung der visuellen Information in einen motorischen Plan zu leisten, wenn das visuell wahrgenommene Gesicht des Anderen und das propriozeptiv erlebte eigene Gesicht bereits in ein und demselben

Format kodiert sind. Wichtig ist in diesem Zusammenhang, dass Säuglinge offenbar nicht Aktionen von Gegenständen nachahmen, die so manipuliert sind, dass sie ebenfalls als das Herausstrecken der Zunge oder Ähnliches wahrgenommen werden können. »Nachahmung ist also bereits bei Neugeborenen eine *soziale* Antwort, die ein Wissen um die Sozialität des Anderen einschließt.« (Dornes 2006: 84) Daher interpretiert Gallagher das Körperschema als eine Menge pragmatischer (handlungsorientierter) Fähigkeiten, die im sich entwickelnden Nervensystem verkörpert sind. Für unseren Zusammenhang von Bedeutung ist die These, dass die Neugeborenen-Imitation als Hinweis auf eine äußerst frühe Manifestation wesentlich verkörperter kognitiver Fähigkeiten gedeutet wird, die für die *soziale* Kognition des Kindes relevant sind, ohne dass hier von einer (expliziten oder impliziten) *Zuschreibung mentaler Zustände* im Sinne der Theorie-Theorie oder von einer Simulation des Anderen gesprochen werden könne.

Ein weiteres Beispiel ist das Verhalten von Säuglingen in sogenannten »Still-face-Experimenten«. In einer Reihe beeindruckender Studien zeigten sowohl Edward Tronick und seine Mitarbeiter als auch Colwyn Trevarthen und Kollegen, dass Kinder schon im Alter von wenigen Monaten ein gutes Gespür dafür haben, welche Aktionen und Reaktionen im sozialen Austausch z.B. mit der Mutter angemessen bzw. zu erwarten sind und welche nicht (Trevarthen 1977, Tronick et al. 1979, Murray & Trevarthen 1985). Nach wenigen Minuten gemeinsamen Spiels, das durch ein Geben und Nehmen kommunikativer Gesten gekennzeichnet ist, hält die Mutter im Experiment plötzlich inne. Unterbricht die Mutter dadurch die Interaktionsdynamik, so wird das Kind enttäuscht, gestresst und wütend; es setzte alle verfügbaren Mittel ein, um die Mutter wieder in die Interaktion einzubinden. Da alle Versuche, die Aufmerksamkeit der Mutter zu erregen, scheitern, beginnt es zu schreien und ist nach kurzer Zeit völlig verstört. Erst wenn die Mutter die Kommunikation wieder aufnimmt, ist das Baby erlöst. Mit anderen Worten: Diese Versuche demonstrieren, dass schon Kleinkinder »soziale Erwartungen« haben, die enttäuscht werden können (Dornes 2006: 82). Ähnliche Irritationen werden bei Säuglingen in »Perturbationsexperimenten« hervorgerufen. Hier interagiert die Bezugsperson zwar weiterhin mit dem Kind, ihre Reaktionen passen zeitlich oder inhaltlich jedoch nicht mehr zu den Aktionen des Säuglings. Dies kann manipuliert werden, indem das Kind über einen Bildschirm mit der Mutter interagiert, aber die Gesten der Mutter dem Kind zeitverzögert vorgespielt werden, so dass sie nicht mehr dem Rhythmus der Kommunikation und den Angeboten des Säuglings entsprechen. Auch dies bemerken Kinder sofort, was für eine früh erworbene oder gar angeborene Interaktionserwartung und ein Gespür für die Dynamik und »Musikalität« (Trevarthen & Reddy 2007) der Interaktion spricht.

Experimente dieser Art belegen die Bedeutsamkeit der dyadischen Beziehungen mit anderen Personen für das Kind im ersten Lebensjahr. Diese Protokonversationen sind dominiert durch »Interaffektivität« (Fuchs 2010: 190), insofern Kind und Bezugsperson wechselseitig ihre Emotionen aufeinander abstimmen. Gefühle erweisen sich aber, folgert Thomas Fuchs (ebd.), als »zwischenleibliche Phänomene«, insofern sie sich innerhalb des Interaktionsprozesses manifestieren. Fuchs stimmt mit Gallagher darin überein, dass daher die Verkörperung die »Basis der Intersubjektivität« bildet (ebd.). Es forme sich darin, wie Fuchs ausführt, ein implizites Beziehungswissen über soziale »Verhaltensbereitschaften« als »präverbales, nicht symbolisch kodiertes Wissen darüber, wie man mit anderen umgeht ... ein prozedurales Wissen in dem Sinne, dass es nur im Umgang mit Anderen zugänglich, also nur im Prozess der Interaktion und in ähnlichen

Situationen realisiert wird«. Neuronal hinterließen diese Verhaltensbereitschaften als »Dispositionen des Wahrnehmens, Fühlens und Verhaltens« langfristig Spuren (Fuchs 2010: 192 f.). Damit bezieht sich Fuchs auf die Spiegelneuronen; seine Deutung steht offenbar der oben entwickelten Interpretation nahe, die die Handlungsbereitschaft des Beobachters herausstellt.

Auch Vertreter der traditionellen Ansätze wie z.B. Goldman (2012) gehen von der Verkörperung des Geistes aus. Dessen Konzeption der Verkörperung geht z.B. Gallagher jedoch nicht weit genug, insofern Goldman und de Vignemont (2009) gerade nicht die seiner Meinung nach zentralen phänomenologischen Einsichten aufnehmen, die der Enaktivismus verteidigt. So kritisiert Gallagher z.B. die minimalistischen Konzessionen Goldmans zur Verkörperung der Kognition, die »von den meisten in dieser Richtung arbeitenden Theoretikern kaum noch als verkörperte Kognition erkannt werden würde« (Gallagher 2012: 322). Goldman und de Vignemont (2009) schätzen z.B. die Bedeutung von Anatomie und Körperchemie für Kognition eher gering ein und halten daran fest, dass mentale Phänomene im Gehirn realisierte mentale Repräsentationen seien, und verstehen sie als »körperformatierte Repräsentationen«, d.h. als Repräsentationen, die von Aspekten des Körpers handeln, aber in neuronalen Prozessen realisiert sind (vgl. auch Goldman 2011).

Die Moral dieser Überlegungen zu unserer verkörperten sozialen Kompetenz ist, so Fuchs und Gallagher, dass weder Kinder noch Erwachsene einer Theorie des Geistes oder Schlussfolgerungen bedürften, um einander zu verstehen: »Die primäre Wahrnehmung der Anderen beruht nicht auf hypothetischen Schlüssen auf eine unsichtbare Innenwelt in ihren Köpfen, sondern auf der zwischenleiblichen Kommunikation und wechselseitigen Empathie verkörperter Subjekte.« (Fuchs 2010: 191) Bezüglich der phänomenologischen Basis sozialer Kognition in den genannten verkörperten Praktiken, die Kinder bereits kurz nach der Geburt beherrschen und in der Folge verfeinern, haben die Enaktivisten sicher gute Argumente für ihre These. Es gibt wenig Gründe, diese Fähigkeiten lediglich als Vorläufer echter sozialer Kognition anzusehen. Gallagher und Fuchs ist außerdem zugutezuhalten, dass es sich für uns in der Tat nicht so anfühlt, als müssten wir auf die Emotionen und Absichten anderer Menschen *schließen* oder als müssten wir sie *simulieren*. Phänomenal erleben wir soziale Kognition in der Regel *direkt und unmittelbar in der Interaktion*. Die enaktivistische Interaktions-Theorie betont die Funktion der Interaktion entsprechend im Gegensatz zur bloßen Beobachtung und stellt die Rolle des Körpers bzw. Leibes und der resultierenden Zwischenleiblichkeit heraus. Nun stellt sich an diese neue Konzeption allerdings die Frage, wie diese tatsächlich zu den konkurrierenden Ansätzen der Theorie-Theorie, Modularitäts-Theorie und Simulations-Theorie steht. Denn diese beanspruchen keineswegs, die *phänomenal* erlebten Prozesse sozialer Kognition zu beschreiben, sondern die zugrunde liegenden subpersonalen Prozesse und Mechanismen. Was folgt aus der phänomenalen Unmittelbarkeit für die Beschreibung der subpersonalen Prozesse und Mechanismen? Damit beschäftigt sich der jetzt unmittelbar folgende Abschnitt, während Kapitel 5.4 Gallaghers These erörtert, dass uns die mentalen Einstellungen Anderer *direkt* in der Wahrnehmung gegeben seien.

5.3 Soziale Interaktion, Individualismus und das Gespür für Andere

De Jaegher, Di Paolo und Gallagher (2010) erklären, dass der Interaktionsprozess selbst wesentlich das Verstehen konstituiert.

Sie argumentieren, »that interactive processes are more than a context for social cognition: they can complement and even replace individual mechanisms« (De Jaegher et al. 2010: 441). Die in den Individuen ablaufenden individuellen kognitiven (neuronalen) Prozesse seien hingegen nicht hinreichend dafür, dass sich ein Verstehen der geistigen Sphäre des Anderen einstelle. Vielmehr ergebe sich das erst durch und in Interaktion. Daher plädieren sie auch für eine »interaktive Erklärung« von sozialer Kognition, die dieser konstitutiven Rolle der Interaktion Rechnung trägt. Der Ansatz, so De Jaegher, Di Paolo und Gallagher (2010: 446), führe soziale Kognition dahin zurück, wo sie hingehöre, nämlich *zwischen Individuen* statt bloß in ihre Köpfe, wo Vertreter klassischer Ansätze die Grundlagen sozialer Kognition vermuteten.

Tom Froese (2018) betont wie Gallagher und Fuchs den Unterschied zwischen bloß passiver Beobachtung anderer Personen und aktiver Interaktion mit ihnen. Froese geht so weit, nur letztere als »genuine Intersubjektivität« anzuerkennen, während Gallagher konzediert, dass auch jene Situationen als Fälle sozialer Kognition gewertet werden sollten und wir in solchen Ausnahmen durchaus auf Schlussfolgerungen angewiesen sein mögen. Aber Froese argumentiert auf der Basis eines *autopoietischen* Enaktivismus, wie er auch von De Jaegher und Di Paolo (2007) auf die soziale Domäne appliziert wird. Der Interaktionsprozess als solcher konstituiert soziale Kognition, was für sie heißt, dass Fälle genuiner Intersubjektivität nur dadurch erklärt werden könnten, dass das Verstehen des fremden Geistes nur *innerhalb* der Interaktion ausgehandelt und konstituiert werde. Der Prozess der Interaktion selbst werde ab einer bestimmten Komplexität nach und nach zu einer autonomen Entität, die nicht auf die Summe der jeweiligen Interaktionspartner reduziert werden könne (siehe auch Fuchs 2010, Fuchs & De Jaegher 2009).

Phänomenales Erleben vs. subpersonale Mechanismen

Was es allerdings zu bedeuten hat, dass das Verstehen der mentalen Einstellungen des Gegenübers nicht im Individuum, sondern *im Interaktionsprozess* stattfinden soll, und inwiefern dieser Prozess ein adäquates Vehikel oder Substrat für Verstehen sein kann, bleibt dunkel. Froese fordert einen entsprechenden interaktiven *Mechanismus* auf subpersonaler Ebene als Realisierung von sozialer Kognition allein auf der Basis seiner phänomenologischen Beschreibung genuiner Intersubjektivität. Die experimentelle Forschung müsse den enaktiven Ansätzen Rechnung tragen und sich vom methodischen Individualismus der überkommenen Paradigmen verabschieden, um Mechanismen zu bestimmen, die, so Froese, interne und relationale Aktivitäten von mehr als einem Individuum umfassen. Dazu gehöre »all kinds of activity crisscrossing the brains, bodies and environment of two or more people« (Froese 2018). Diese Forderung ist allerdings nicht zwingend, denn der Umstand, dass die phänomenale Beschreibung kognitiven Prozessen Eigenschaften zuschreibt, die den vermeintlichen Mechanismen (wie z.B. Gehirnvorgängen) abgehen, spricht nicht gegen die prinzipielle Möglichkeit, dass diese Mechanismen für die kognitiven Phänomene verantwortlich sind. Trifft z.B. eine Version der Emergenztheorie zu, wie sie z.B. Thompson (2007) vertritt, dann kommen dem emergierenden Phänomen auf der Ebene des Gesamtsystems Eigenschaften zu, die die verantwortlichen Teile des Systems nicht aufweisen. Kein einzelnes Wasser-Molekül ist selbst nass oder flüssig! Zudem gibt es andere Beispiele aus der interdisziplinären Erforschung des Geistes wie z.B. die erlebte Einheit des Bewusstseins die womöglich durch spezifische Oszillationen unter Neuronenverbänden hervorgebracht wird, denen solche Einheit selbst abgeht (Crick & Koch 1992). Ein weiteres Beispiel liefert die

Subjektivität des bewussten Erlebens (Chalmers 1996). Unsere Sinneseindrücke und Schmerzempfindungen präsentieren sich uns unmittelbar als unsere eigenen (Zahavi 2014). Sobald wir ein Hungergefühl bemerken, Angst haben oder einen Zahnschmerz empfinden, müssen wir uns nicht erst fragen, wer denn hungrig sei oder Zahnschmerzen habe. Diese Frage ist mit dem Vorliegen des jeweiligen mentalen Zustands beantwortet. Nun fragt sich, wie denn objektiv messbare Gehirnvorgänge solche subjektiven Empfindungen verursachen können. Hier besteht offenbar eine Erklärungslücke, die womöglich niemals geschlossen wird (Schlicht 2007). Allerdings zwingt uns die Subjektivität des Bewusstseins weder dazu, die vermeintlich verantwortlichen Gehirnmechanismen als subjektive Phänomene anzusehen, noch zu der Annahme, Gehirnvorgänge verfügten über Qualia. Wenn aber in diesen Fällen das phänomenale Erleben der Untersuchung und Beschreibung der subpersonalen Mechanismen keine Beschränkungen auferlegt, dann auch nicht im Falle der sozialen Kognition und Intersubjektivität (vgl. dazu ausführlicher Schlicht 2018).

Kopplung und ihre Voraussetzungen

Aber nicht nur die Rechtfertigung der Forderung nach interaktiven subpersonalen Mechanismen der sozialen Kognition ist problematisch. Auch die *Ersetzung* von Theorie- und Simulations-Theorie durch einen autopoietischen Enaktivismus, der allein auf Interaktion und interaktive Mechanismen setzt, ist problembehaftet, da er notwendigerweise unvollständig bleiben muss oder in einen Zirkel führt. Was ist damit gemeint? Aufgrund des komplexen reziproken Verhältnisses zwischen den Akteuren betrachten De Jaegher und Di Paolo die soziale Interaktion selbst als einen emergenten und autonomen Prozess, der das gegenseitige Verstehen konstituiert (De Jaegher & Di Paolo 2007: 492). Dafür ist eine angemessene *Kopplung* der Individuen erforderlich, die sich nicht rein zufällig ergeben darf, sondern aktiv und zweckmäßig herbeigeführt werden muss (ebd.: 488). In sozialen Situationen können Koordinationsmuster (in Gestik, Mimik etc.) auf die Dispositionen der Akteure zurückwirken, um die Interaktion zu modifizieren oder weiterzuführen. Wenn mein Gegenüber plötzlich die Augenbraue hochzieht, während ich erzähle, halte ich eventuell inne, überlege, was ich Falsches gesagt haben könnte, und wechsle womöglich das Thema.

Die soziale Interaktion kann aber nur dann diese Funktion einnehmen, wenn sie zunächst einmal aktiv herbeigeführt wird. Dazu sind kognitive Prozesse erforderlich, die zwangsläufig nicht ebenfalls durch die Interaktion erklärt werden können. Da sich ansonsten ein Zirkel ergäbe, müssen *individuelle* kognitive Prozesse eine erfolgreiche Kopplung herbeiführen. Denn von Kopplung soll noch nicht die Rede sein, wenn man sich bloß zufällig in einer bestimmten physikalischen oder auch sozialen Umgebung befindet. Die relevante Kopplung ergibt sich z.B. nicht bereits, wenn mehrere Personen in einer Warteschlange stehen. De Jaegher und Di Paolo (2007: 493) erklären dezidiert: »Bumping into each other in a busy street is not a social interaction in the first instance, but it can become one once one or both of the parties start to regulate the ensuing coupling.« Jemand muss (individuell) die Initiative übernehmen und die Kopplung aktiv durch verbale oder nonverbale Kommunikation herbeiführen. Ein Mann sitzt in einer Bar und sieht am anderenn Ende des Tresens die Frau seines Lebens. Eine soziale Interaktion wird sich nicht von selbst einstellen, wenn keiner von beiden Anstalten macht, eine solche herbeizuführen, sei es verbal oder nonverbal. Da die Enaktivisten ihren Ansatz als theoretische *Alternative* (nicht als *Ergänzung*) zu den traditionellen individualistischen Theorien betrachten, stellt diese von ihnen nicht näher thematisierte Genese der Kopplung aber ein Problem dar. Denn die »interaktive« Kopplung hat ihrerseits eigene kognitive Bedingungen, die im Individuum zu suchen sind und nicht in der Interaktion. Warum unternimmt eine Person einen Kopplungsversuch mit einer anderen Person in dieser Weise, aber koppelt sich mit Bäumen, Stühlen und Autos in einer anderen – zwar erkennenden oder praktischen, aber nicht reziproken – Weise?

Die von De Jaegher, Di Paolo und Gallagher geforderte kollektive Handlung der Sinnstiftung in sozialer Kognition macht somit dieselbe kognitive Voraussetzung, die kollektive (kooperative oder kompetitive) Aktivitäten jeglicher Art machen müssen und die man nicht einfach mit dem Hinweis auf Allgemeinplätze wie »Der Mensch ist ein soziales (oder politisches) Wesen« einfangen kann, wie John Searle (2009) herausstellt:

»Zusätzlich zu der biologischen Fähigkeit, andere Menschen als uns auf wichtige Weise ähnlich anzuerkennen, eine Weise, auf die uns Wasserfälle, Bäume und Steine nicht ähnlich sind, scheint mir die Fähigkeit, an kollektivem Verhalten teilzunehmen, so etwas wie ein vorintentionales ›Gespür für den Anderen‹ als tatsächlichen oder potentiellen Akteur in kooperativen Aktivitäten, wie man selbst einer ist, zu erfordern.« (Searle 2009: 115–16)

Dieses »Gespür« für den Anderen als Akteur und potenziellen Mitstreiter kann nicht wiederum durch »gemeinsame« Handlungen selbst erklärt werden, da jenes diesen grundlegend vorausgehen muss. Es stellt sich also nicht erst in der gemeinsamen Handlung ein, wie Searle erklärt:

»Das kollektive Verhalten verstärkt sicherlich das Gespür für andere als kooperative Akteure, und was noch interessanter ist, kollektive Intentionalität scheint einen gewissen Grad von Gemeinschaftssinn vorauszusetzen, bevor sie überhaupt je funktionieren kann.« (ebd.)

Die grundlegende Form von kollektiver Intentionalität in der koordinierten Interaktion, die laut De Jaegher, Gallagher und Froese erforderlich für soziale Kognition ist, setzt also ihrerseits die Fähigkeit voraus, den Anderen als solchen seinem Wesen nach wahrzunehmen und von bloßen Naturobjekten wie Pflanzen und Steinen zu unterscheiden. Wir müssen den Anderen als jemanden wahrnehmen können, der oder die zu Handlungen fähig, also ein Akteur ist und zudem als Kandidat für soziale Interaktion infrage kommt, also kommunikative und reziproke Handlungen ausführen kann, die an die betreffende Person adressiert sein können. Dies sind allerdings individuelle Akte sozialer Wahrnehmung und Kognition. Angesichts dieser Voraussetzungen wird der *interaktive* Erklärungsansatz sozialer Kognition zirkulär und muss an zentraler Stelle um solche *individuellen* kognitiven Prozesse der sozialen Kognition fundierend ergänzt werden.

Dieses Problem kann nicht gelöst werden, indem man anstelle der Interaktion einfach davon ausgeht, dass wir Menschen nicht nur im »Ich-Modus« handeln können, sondern auch im »Wir-Modus«. Mattia Gallotti und Chris Frith (2013) versuchen, anders als De Jaegher et al. (2010), in ihrer Erklärung sozialer Kognition allein auf individuell-kognitive Prozesse zurückzugreifen. Sie behaupten, dass der Vorteil, den interagierende Akteure hier haben, darin bestehe, dass sie einige wesentliche Aspekte der Situation im Wir-Modus statt im Ich-Modus repräsentieren (Gallotti & Frith 2013: 161). Dieser Ansatz bleibt allerdings unvollständig, da die Autoren keine Erklärung dafür angeben, wie wir Menschen vom Ich- in den Wir-Modus wechseln und was uns dazu veranlasst (vgl. dazu ausführlicher Martens & Schlicht 2017). Zwar kann der Interaktionsprozess selbst als partielle Erklärung für den Wechsel vom Ich- in den Wir-Modus dienen, aber dann folgt der Wir-Modus systematisch erst auf die Interaktion, er kann sie nicht ersetzen, wie Gallotti und Frith glauben. Zudem wird dadurch die Voraussetzung der Interaktion nicht theoretisch eingefangen. John Searle erklärt:

> »Was man voraussetzen muss, ist, dass die anderen Akteure sind wie man selbst, dass sie ein ähnliches Bewusstsein von einem als Akteur haben wie man selbst und dass dieses Bewusstsein auf beiden Seiten sich zu einem Sinn von uns als möglichen oder tatsächlichen kollektiven Akteuren zusammenfügt.« (Searle 2009: 117)

Soziale Affordanzen und interaktionsorientierte mentale Repräsentationen

Searle setzt dieses biologische Gespür für den Anderen als grundlegend und nicht weiter erklärbar an. Können wir es näher erläutern? Eine von Martens und Schlicht (2017) vorgeschlagene Erklärung setzt bei dem Begriff der Affordanzen als Handlungsmöglichkeiten an. Gibson zufolge nehmen wir solche Handlungsangebote direkt wahr, ohne dass wir dazu mentale Repräsentationen ansetzen müssten. Für unsere Zwecke sollte zwischen zwei Arten von Affordanzen unterschieden werden: 1. Bestimmte Flächen und Untergründe in unserer physischen Umgebung bieten Bewegungsmöglichkeiten, und Artefakte wie Kaffeetassen haben funktionale Eigenschaften, die allerlei Handlungsmöglichkeiten bieten, weil ihr Design schon auf die sensomotorische Beschaffenheit des Menschen Rücksicht nimmt. 2. Unsere soziale Umgebung erlaubt uns allerdings analog dazu Interaktions- und Kooperationsmöglichkeiten. Ein Lächeln lädt zur Kontaktaufnahme ein, eine ausgetreckte Hand des Gegenübers signalisiert den Einstieg in eine mögliche Interaktion usw. Nennen wir dies »soziale Affordanzen«. Um die vom Enaktivismus hinterlassene explanatorische Lücke in Bezug auf die Handlung der gemeinsamen Sinnstiftung zu schließen, kann eine repräsentationale Analyse des Begriffs der Affordanzen hilfreich sein. In Kürze besagt die These, dass wir soziale Affordanzen wahrnehmen können. So wie wir Handlungsmöglichkeiten in Bezug auf Objekte (und Beschaffenheiten) in der Umgebung wahrnehmend repräsentieren können, so können wir auch von bloßen Objekten unterschiedene Personen als Akteure wahrnehmen, die zu selbst initiierten Handlungen in der Lage sind – wobei diese Handlungen auch uns betreffen, also auf uns gerichtet sein können. Wie oben bereits erläutert, verstehen und nutzen schon Kleinkinder diese Interaktionsmöglichkeiten mit der Mutter oder anderen engen Bezugspersonen; sie haben von Geburt an ein gutes Gespür auch für die Reziprozität und den Rhythmus dieser Interaktionen (Tronick et al. 1978). Sie unterscheiden zwischen belebten und unbelebten Objekten (Striano & Reid 2006) und zeigen eine deutliche Präferenz für Gesichter gegenüber anderen Reizen (Johnson et al. 1991). Die andere Person wird also in der Wahrnehmung zunächst als zu reziproken Handlungen fähig repräsentiert. Diese wichtige Funktion sozialer Wahrnehmung geht jeder konkreten Interaktion mit Anderen voraus und muss als individueller kognitiver Prozess analysiert werden, der nicht durch eine Form von Interaktion oder gemeinsamer Aktion erklärt werden kann.

Allerdings kehrt dieser Vorschlag zum repräsentationalistischen Erklärungsparadigma zurück und wendet sich vom hier diskutierten Enaktivismus ab. Denn der Vorschlag lautet, Siegel

(2014) folgend, die Wahrnehmung von Affordanzen in eine intentionale Theorie der Wahrnehmung zu integrieren. Entscheidende Aspekte enaktiver und verkörperter Kognition können dabei jedoch integriert werden. Clark weist z.B. darauf hin, dass selbst eine handlungsgeleitete und verkörperte Auffassung von Kognition mit einer Analyse durch Repräsentationen vereinbar sei, auch wenn der z.B. aus Fodors Werken stammende Begriff der mentalen Repräsentation dazu modifiziert werden müsse. Der Kern dieses als Kompromiss gedachten theoretischen Ansatzes von Clark (1997) und Wheeler (2008) besteht in dem Versuch einer Vereinbarung von Thesen der verkörperten, situierten und enaktiven Kognition mit den Thesen der klassischen repräsentationalistischen Ansätze in der Kognitionswissenschaft. Der verkörperte und handlungsleitende Aspekt kognitiver Prozesse wird mit der Analyse von Affordanzen als »handlungsorientierten mentalen Repräsentationen« eingefangen. Wheeler (2008) charakterisiert diese Repräsentationen durch drei Merkmale: Sie sind (a) *handlungsspezifisch*, insofern sie an die Ausübung einer konkreten Handlung gebunden sind. Dadurch sind sie zwangsläufig auf die Beschaffenheit und die sensomotorischen Fähigkeiten des betreffenden Lebewesens bezogen und zugeschnitten. Daher haben sie (b) ein *egozentrisches Repräsentationsformat*, insofern sie aus der Perspektive des betreffenden Individuums »Gültigkeit« erlangen und dadurch die Kopplung des Individuums (und seiner Fähigkeiten) mit seiner konkreten Umgebung konstituieren. Dies macht diese Repräsentationen schließlich zwangsläufig auch (c) *situiert und kontextabhängig*, da sie handlungsleitend nur für dieses Individuum in dieser Umgebung sein müssen. Sie sind also nicht einfachhin auf andere Individuen oder Situationen übertragbar und können nicht von der konkreten Handlungssituation abgekoppelt werden. Man könnte diese Charakterisierung um einen Punkt ergänzen, der das Repräsentationsformat betrifft und der sich teils aus den ersten beiden Eigenschaften ergibt: Diese handlungsspezifisch situierten egozentrischen Repräsentationen müssen zudem (d) verkörpert sein, da sie zum einen die zu den Handlungen gehörigen »Motorprogramme« (Rizzolatti & Sinigaglia 2008) betreffen und zum anderen ein internes »körperliches Format« verwenden, um einen konkreten kognitiven Akt auszuführen (Goldman 2011; de Vignemont & Goldman 2009).

Analog dazu schlagen Martens und Schlicht (2017) vor, soziale Affordanzen als »interaktions-orientierte Repräsentationen« aufzufassen, die dem Wahrnehmenden das Wahrgenommene *als* Lebewesen präsentieren, genauer *als* Akteur, der zu reziproken Interaktionen in der Lage ist und daher als Kandidat für Kooperation infrage kommt. Daraus ergibt sich eine basale Funktion der sozialen Wahrnehmung, nämlich das Erkennen anderer Akteure als mögliche Interaktionspartner.

Auch interaktionsorientierte Repräsentationen haben Eigenschaften, die sie aufgrund ihrer Funktion von handlungsorientierten Repräsentationen unterscheiden: Sie sind (a) interaktionsspezifisch, da sie nicht nur die Präsenz eines anderen Akteurs (wie man selbst einer ist) anzeigen, sondern auch weil sie angemessene kommunikative Initiativen nahelegen (die auch in der Flucht bestehen können). Sie sind dadurch (b) ebenfalls ihrem Format nach egozentrisch strukturiert, da es sich um Interaktionsmöglichkeiten für den betreffenden Akteur in seiner Beziehung zu dem wahrgenommenen Gegenüber handelt. In welchem Maße sie (c) auch kontextabhängig bzw. situiert oder flexibel sind, ist dabei noch offen. Eindeutiger hingegen trifft auf diese Repräsentationen die Eigenschaft (d) zu, dass auch sie verkörpert sind, damit sie entsprechende kommunikative Gesten anleiten können, deren Ausführung sensomotorische Fähigkeiten erfordert. Damit bleibt Gallaghers These bewahrt, dass auf der

Ebene der Wahrnehmung bereits reichhaltige Informationen über soziale Aspekte der Umgebung – nämlich andere Akteure – verarbeitet werden können. Allerdings nimmt dieser Vorschlag Rekurs auf mentale Repräsentationen, um soziale Interaktion theoretisch zu fundieren. Verbunden mit einer modularistischen Kernwissen-Theorie (siehe oben) könnte ein Kernwissensystem basaler sozialer Wahrnehmung zugrunde liegen.

Interaktion

Welche Rolle kommt aber dann der sozialen Interaktion *selbst* zu, wenn sie nicht als konstitutiv für soziale Kognition angesehen werden kann? Enaktivisten weisen zu Recht auf den Unterschied zwischen aktiver Interaktion mit Anderen und deren bloßer Beobachtung hin, der auch für die der sozialen Kognition zugrunde liegenden neuronalen Prozesse relevant sein könnte (Schilbach et al. 2013). Dies wird allerdings von zahlreichen Philosophen und Psychologen, auch von Vertretern der klassischen Positionen, zugestanden und sogar hervorgehoben und erfordert daher keinen radikal neuen theoretischen Ansatz (z.B. Reddy 2008, Butterfill 2012, Gallotti & Frith 2013). So erklärt z.B. Chris Frith:

> »Kommunikation von Angesicht zu Angesicht ist keine Einbahnstraße. Die Art und Weise, wie Sie auf mich reagieren, verändert die Art und Weise, wie ich auf Sie reagiere. Das ist eine Kommunikationsschleife. [...] Die physische Welt verhält sich gegenüber meinen Versuchen, sie zu interpretieren, völlig indifferent. Aber wenn sich zwei Menschen gegenüberstehen, ist ihr Gedankenaustausch über Begriffsinhalte ein Gemeinschaftsunternehmen. Der Informationsfluss geht niemals nur in eine Richtung.« (Frith 2011: 231)

Und weiter:

»Eine Kommunikation von Angesicht zu Angesicht ist ein Prozess, der in beiden Richtungen abläuft. Sie hören zu, was ich sage, und antworten darauf. Ich wiederum antworte auf Ihre Antwort. Das bezeichne ich als ›die Schleife schließen‹.« (Frith 2011: 229)

Stephen Butterfill (2012) argumentiert, dass die Interaktion dem »Gedankenleser« wertvolle Zusatzinformation liefere und damit eine breitere Datenbasis für seine sozial-kognitiven Verstehensbemühungen bereitstelle als die bloße Beobachtung des Anderen. Dann betrifft der Kontrast zwischen Interaktion und Beobachtung eher die Hintergrundbedingungen, unter denen soziale Kognition stattfindet, er bestimmt aber nicht zwangsläufig die Natur der kognitiven Prozesse, die ein Verstehen der mentalen Zustände des Anderen betreffen. Auch Sören Overgaard und John Michael (2013) setzen sich kritisch mit den Vertretern des Interaktionismus auseinander und weisen mit guten Argumenten Gallaghers These zurück, dass die interaktiven enaktivistischen Ansätze tatsächlich eine vollständige theoretische Alternative zu den Varianten der Theorie-Theorie und Simulations-Theorie darstellen. Denn die Rolle der Interaktion, die sie plausiblerweise geltend machen können, stehe nicht im Konflikt mit den traditionellen Ansätzen. Die hier entwickelte Argumentation geht mit der These, dass der Enaktivismus auf individuelle Prozesse der sozialen Wahrnehmung angewiesen ist und somit die klassischen Ansätze keineswegs ersetzen kann, darüber hinaus.

Nun stellt sich angesichts der Erörterung der sozialen Wahrnehmung die Frage, wie dieser Wahrnehmungsprozess genauer charakterisiert werden soll. Können wir über die Wahrnehmung des Anderen als intentionalen Akteur und möglichen Interaktionspartner auch mentale Einstellungen wie Gefühle und Absichten wahrnehmen? Und wenn ja, ist Gallagher berechtigt, solche soziale Wahrnehmung als *direkt* zu charakterisieren?

5.4 Direkte soziale Wahrnehmung

Wesentliches Element der Interaktions-Theorie ist Gallaghers These, dass wir auf kognitive Prozesse wie Schlussfolgerungen und Simulationen (zumindest meistens) verzichten können, da uns die geistigen Einstellungen anderer oft bereits in der Wahrnehmung unmittelbar gegeben seien:

> »The smarter the perception is, the more work it does; the dumber it is, the more it requires extra cognitive processes (theory, simulation) to get the job done. The direct perception theorist is claiming that social perception is very smart and that in the usual circumstances of social interaction it does most of the work without the need of extra cognitive (theoretical or simulationist) processes.« (Gallagher 2008: 538)

Gallagher greift hier explizit auf die bereits erwähnte phänomenologische Konzeption Max Schelers zurück (siehe oben Kapitel 4). Gallagher kontrastiert einen »smarten«, informierten gegen einen eher verarmten, uninformierten Wahrnehmungsbegriff. Seiner Meinung nach konzipieren Vertreter der klassischen Positionen bereits das Phänomen der sozialen Kognition fälschlicherweise als »Problem«, da sie davon ausgingen, unsere Wahrnehmungsprozesse lieferten uns lediglich Informationen über Verhaltensweisen bzw. Körperbewegungen, die im Gegensatz zu geistigen Zuständen relativ bedeutungslos seien, während die durch sie ausgedrückten geistigen Zustände selbst gleichsam »hinter« dieser Fassade verborgen und unserem Zugriff von außen entzogen seien:

»The perception involved seems to be amazingly impoverished or ill-informed about the particular object (i.e. the person) which the subject perceives ... I see what the other person does, but until I call forth some theory, or until I run through a simulation routine, I seem not to have any sense of what that person is up to.« (Gallagher 2008: 536)

Aufgrund dieses unangemessenen Wahrnehmungsbegriffs würden kognitive Strategien wie Schlussfolgerungen oder Simulationen erst erforderlich. In den meisten Situationen verstünden wir, so Gallagher, die Absichten Anderer direkt und ganz pragmatisch, weil diese bereits in ihren verkörperten Handlungen zum Ausdruck kommen. Der Wahrnehmungsprozess sei ausreichend, um die Körperbewegung als einen Griff nach einem Getränk oder den Gesichtsausdruck als Angst oder Freude zu erkennen zu geben. Gleichwohl sei unsere Wahrnehmung nicht schon von Geburt an begrifflicher Natur, sondern zunächst nicht-begrifflich. Denn Kinder müssten die relevanten Begriffe auf der Basis ihrer Erfahrungen allererst erwerben, um Tische *als Tische* und Freude *als Freude* wahrzunehmen. Gallagher verweist aber darauf, dass Kleinkinder, selbst ohne die relevanten Begriffe zu besitzen, bereits sehr früh adäquat auf ein Lächeln oder biologische Bewegung reagieren können und diese als Ausdruck von Gefühlen oder als zielgerichtet zu erkennen scheinen. Es wurde bereits darauf verwiesen, dass Kinder auf der Basis unterschiedlicher Hinweise schon so früh Akteure von Objekten unterscheiden können, dass Susan Carey und Elisabeth Spelke sich sogar zur Annahme eines *angeborenen* Kernwissens in diesen Bereichen motiviert sehen.

Wenn Gallagher von *direkter* Wahrnehmung spricht, so möchte er nicht suggerieren, es gebe daneben auch eine *indirekte* Wahrnehmung. Vielmehr sei Wahrnehmung *immer* direkt: »The relevant contrast is not between direct and indirect perception but between perception and something added to perception, e.g. an inference or interpretation that goes beyond what is perceived.« (ebd: 537) Die Phänomenologie ist dabei sicher auf Gallaghers Seite, insofern es uns in der Tat typischerweise so vorkommt, als nähmen wir unsere Umgebung direkt wahr. Ich glaube nicht, einen *schwarzen Blechhaufen* zu sehen, von dem aus ich dann darauf schließe, dass es mein Auto sei. Ich vermeine unmittelbar *mein Auto* zu sehen. Ich glaube nicht, beim Anderen eine seltsame sinnlose Grimasse zu erkennen, sondern kann einen Ausdruck von purer Freude im Gesicht ablesen. Allerdings geht aus Gallaghers Ausführungen auch hervor, dass er sich damit bloß auf die personale bzw. phänomenale Erlebnisebene beschränkt. Denn seiner Meinung nach ist diese Direktheit der Wahrnehmung vereinbar mit der These, dass dabei im Gehirn zahlreiche komplexe Prozesse in getrennten Arealen (wie V4, V5 und V1) unterschiedliche Informationen verarbeiten. Diese getrennt verarbeitete Information werde dann eventuell – wie Hirnforscher glauben – zu Objekten gebündelt (Crick & Koch 1992). Aber dies seien Probleme der Hirnforschung, die die subpersonale Erklärung von Wahrnehmung betreffen, nicht aber Probleme, die sich dem Wahrnehmenden und der bewussten Wahrnehmung stellten:

»At the personal or conscious level, I do not have to perceptually piece together the shape and the color and the mass in order to get my car. Even if the sub-personal processes are complex (and I do not deny that they are), the perception that I have of my car is direct – I see it right there in front of me.« (Gallagher 2008: 537)

Da Gallagher aber den Begriff der direkten Wahrnehmung für die bewusst erlebte Wahrnehmung reserviert, während er komplexe Verarbeitungen auf neuronaler Ebene zugesteht, die diese scheinbar direkte Wahrnehmung ermöglichen, steht sein Vorschlag nicht im Widerspruch zu den vermeintlichen theoretischen Alternativen (vgl. Slors 2012). Denn Vertreter der klassischen Positionen zielen darauf ab, die subpersonalen Verarbeitungsprozesse als theoretische Schlussfolgerungen oder Simulationen zu charakterisieren. Es ist klar, dass Gopnik und Wellman von einer stillschweigenden (*tacit*), also (wenigstens weitgehend) unbewussten Theorie sprechen, die einem Wandel unterliegt. Ebenso klar ist, dass die automatische Aktivierung von Spiegelneuronen, die einen Simulationsprozess konstituieren soll, nicht dem Bewusstsein zugänglich ist. Gopnik und Wellman wie auch Goldman und Carruthers können in ihren alternativen Ansätzen zugestehen, dass es uns so *scheint*, als hätten wir einen direkten Zugang zum Geist anderer: Gopnik, Meltzoff und Kuhl (2006: 20–21) erklären sogar ausdrücklich, dass »nur ein Verrückter andere Menschen« so wahrnehme, als wären sie bloß »Hautsäcke, die in Tuchstücke gestopft und auf Stühle drapiert sind«. Man mag fragen: »Warum sehen wir keine Hautsäcke, sondern Männer und Frauen und Kinder – Menschen mit Gedanken, Gefühlen, Meinungen und Wünschen, wie auch wir selbst sie haben?« (ebd.) Gerade weil Meltzoff selbst die von Gallagher zum Beleg angeführten Studien zur Neugeborenen-Imitation durchgeführt hat, führen sie weiter aus, »dass wir die anderen Menschen wirklich vom ersten Augenblick an, in dem wir sie sehen, als *Menschen* wahrnehmen« (ebd. 41). Auch Peter Carruthers als Vertreter eines massiv modularistischen Ansatzes ist der Auffassung, dass »phenomenologically, our awareness of the mental states of other people can often seem immediate. It seems that we can just *see* someone's anger or fear, and our impression that a triangle in an animation display is chasing (trying to catch) a circle can seemingly be part of our perception of the event, not inferred in thought thereafter.« (Carruthers 2015: 498) Vertreter dieser Positionen argumentieren somit nicht vor dem Hintergrund eines grundlegenden epistemischen Skeptizismus bezüglich des Fremdpsychischen, sondern suchen nach einer adäquaten Beschreibung der subpersonalen kognitiven Mechanismen und Prozesse, die in uns den Anschein einer direkten Wahrnehmung hervorrufen (vgl. dazu Spaulding 2010: 131). Folglich stehen die Auffassungen von Vertretern der Theorie-Theorie wie Gopnik und Meltzoff und der Modularitäts-Theorie wie Carruthers nicht mit den *phänomenologischen* Ausführungen Gallaghers im Konflikt (vgl. auch die Argumente von Herschbach 2008 und Lavelle 2012). Shannon Spaulding folgert:

> »The phenomenological fluidity of our ordinary interactions does not establish that our ordinary way of understanding others is not mindreading. What phenomenology can tell us is that our ordinary interactions *seem* to be based on an immediate, pragmatic evaluative understanding. However, since the question in the mindreading literature is not about what our ordinary interactions *seem* to be but about the architecture and sub-personal processes *actually* responsible for our ordinary interactions, Gallagher's argument does not refute the broad scope of mindreading claim.« (Spaulding 2010: 132)

Da auch Gallagher zugesteht, dass er sich mit der Charakterisierung der direkten Wahrnehmung von Emotionen und Absichten nicht auf die unseren Wahrnehmungen zugrunde liegenden (subpersonalen) neuronalen Prozesse bezieht, kann seine Theorie auch nicht als echte theoretische Alternative zu Theorie- und Simulations-Theorie angesehen werden. Selbst Gallaghers These der direkten sozialen Wahrnehmung ist beschränkt auf bestimmte Typen mentaler Zustände, denn während z.B. Basisemotionen wie Angst, Wut und Freude sowie motorische Handlungsabsichten wahrnehmbar sind, gilt das für soziale Emotionen wie Stolz und Scham sowie für vorausgehende Absichten schon nicht mehr. Noch weniger plausibel ist die Behauptung, dass wir Überzeugungen, Wünsche oder andere propositionale Einstellungen an der Mimik oder Körpersprache ablesen könnten. Die phänomenologische Charakterisierung der Wahrnehmung ist also damit vereinbar, dass die ihr zugrunde liegenden kognitiven Prozesse als Schlussfolgerungen aufgefasst werden sollten. Da Gallaghers Theorie der direkten Wahrnehmung in der Tat keinen Beitrag zur Klärung der Natur der subpersonalen Prozesse der sozialen Kognition leistet, sondern sich lediglich auf die phänomenal-personale Ebene beschränkt, bedarf sie einer Ergänzung um eine tragfähige Charakterisierung der subpersonalen Mechanismen der sozialen Wahrnehmung. Genau diese fehlende Charakterisierung liefert die jüngst entwickelte und viel diskutierte Theorie der Wahrnehmung als *prädiktiver Verarbeitung* (Clark 2016).

5.5 Das Gehirn als Vorhersagemaschine

Die Theorie der Wahrnehmung als prädiktiver Verarbeitung (*predictive processing*) besagt, dass Wahrnehmung indirekt ist, weil die ihr zugrunde liegende kognitive Architektur in hohem Maße inferenziell ist. Diese Theorie ist hier relevant, weil sie erstens eine umfassende Theorie des Gehirns in kognitiver Hinsicht in Aussicht stellt (Friston 2010) und weil sie zweitens aufgrund ihres repräsentationalen und inferenziellen Charakters einem radikal enaktiven Ansatz widerspricht, der mentale Repräsentationen in jeglicher Form zurückweist. Verkörperte und enaktive Ansätze in der Kognitionswissenschaft betonen zwar die Dynamik von Gehirn, Körper und Umwelt, geben aber typischerweise keine konkreten Antworten auf die Frage, welche Funktion dem Gehirn in dieser Dynamik zukommt, wenn sie *nicht* darin bestehen soll, Aspekte der Außenwelt im Dienste erfolgreicher Verhaltensweisen zu repräsentieren. Aber auch Enaktivisten müssen sich mit dieser Frage auseinandersetzen. Gallagher schreibt:

> »The enactivist view is that the brain, as part of the body-environment system (not only regulating body, but regulated by the body and its affective processes), is, as Jesse Prinz puts it, ›set up to be set off‹ ... by prior experience and plastic changes. The brain works as an integral part of the organism which, as a whole, responds dynamically to environmental changes.« (Gallagher 2017: 24)

Dies bleibt leider unspezifisch und erinnert an behavioristische Bestimmungen. Auch daher ist es geboten, nach einer positiven Theorie über die neurokognitive Architektur zu suchen, die unserer Wahrnehmung zugrunde liegt. Auch aus diesem Grund ist die Theorie der prädiktiven Verarbeitung attraktiv: Sie ist die kongeniale Ergänzung zur Theorie des Bayesianischen Lernmechanismus, die Gopnik und Wellman im Rahmen der Theorie-Theorie vorgeschlagen haben. Im Folgenden sei diese Position daher in Grundzügen vorgestellt und dann auf die konkrete Thematik der sozialen Wahrnehmung hin weiterentwickelt.

Die Grundidee der Theorie des Gehirns als »Vorhersagemaschine« lautet: Das Gehirn verwendet aus ökonomischen Gründen eine Strategie zur Datenkomprimierung (*predictive coding*), wie sie in der Computerwissenschaft bekannt ist. Demzufolge kann ein System die ihm bereits bekannte Information einsetzen, um nicht ständig mehr Informationen als nötig berechnen zu müssen. Das Gehirn muss also nicht ständig *alle* eintreffenden Sinnesreize aufs Neue verarbeiten, sondern nur solche, die den Erwartungen und Hypothesen des Gehirns widersprechen. Einige Aspekte dieser Theorie wurden schon in Kapitel 2 ausführlich angesprochen. Daher nur zur Erinnerung: Das Gehirn ist unaufhörlich damit beschäftigt, zukünftige Änderungen im Bereich der Sinnesreize vorherzusagen, indem es ein Modell der Welt generiert, das auf zahlreichen Stufen der Verarbeitungshierarchie sowohl generelle als auch konkrete »Hypothesen« über die möglichen Ursachen der eintreffenden Sinnesreize erlaubt (Clark 2013). Dabei ist mit »Hypothesenbildung« natürlich kein bewusster Vorgang auf personaler Ebene, sondern ein unbewusster neuronaler Vorgang auf subpersonaler Ebene gemeint. Diese Erwartungen oder Vorhersagen werden dann mit dem tatsächlichen Input abgeglichen und die Hypothesen – abhängig von Diskrepanzen – auf den entsprechenden Stufen aktualisiert. Dies resultiert in der besten verfügbaren Hypothese mit Bezug auf den wahrscheinlichsten Zustand der Welt und die wahrscheinlichsten Ursachen der Sinnesreize, die im Gehirn eintreffen (Clark 2016, Hohwy 2013). Wie schon in Kapitel 2 besprochen, arbeitet diese Architektur des Gehirns gemäß Bayesianischen Schlussregeln (Hohwy 2013), d.h., das Gehirn ermittelt die Wahrscheinlichkeit einer Hypothese angesichts der eintreffenden Evidenz. Diese ergibt sich als Produkt der Wahrscheinlichkeit der Evidenz gesetzt den Fall, die Hypothese trifft zu, und der Apriori-Wahrscheinlichkeit der Hypothese, unabhängig von der Evidenz. Durch dieses Vorgehen löst das Gehirn das sogenannte »inverse Problem«, von mehrdeutigen Reizen auf deren korrekte Ursache schließen zu müssen. Das Verhältnis von Ursache und Wirkung ist selten eindeutig. Weil viele mögliche Ursachen infrage kommen, sind die Schlussfolgerungen des Gehirns probabilistisch und berücksichtigen Vorwissen über die Wahrscheinlichkeiten von Hypothesen. Vorhersagefehler sind demnach ein Indikator für Überraschungen, die das Gehirn möglichst minimieren, wenn nicht gar vermeiden möchte, um seinen eigenen Zustand in einem stabilen Gleichgewicht zu erhalten. (Denn die hierarchische Hypothesenbildung des generativen Modells umfasst auch die ganz basale Ebene des homöostatischen Gleichgewichts des Körpers, welches vom Gehirn kontrolliert wird, vgl. Damasio 1999). Es gibt stets mehrere Hypothesen, die die eintreffenden Reize potenziell erklären können, sich jedoch in ihren Vorhersagen über die Ursachen dieser Reize unterscheiden. Allerdings sind einige Hypothesen bereits von vornherein plausibler als andere, unabhängig vom konkreten Reiz. Wenn ich, in der Küche stehend, ein mir unbekanntes Geräusch höre, dann muss ich die Hypothese, dass es sich um ein Flugobjekt handelt, das soeben im Garten landet, nicht wirklich ernst nehmen. Wahrscheinlicher ist es in diesem Kontext, dass das Geräusch z.B. von der Spülmaschine, meinem Sohn oder dem Rauchmelder herrührt. Der Gehirnforscher Chris Frith bringt es folgendermaßen auf den Punkt:

»Wenn wir etwas wahrnehmen, beginnen wir tatsächlich innen: mit einer Apriori-Auffassung, die ein Modell der Welt ist, in der es Objekte in gewissen Raumpositionen gibt. Mithilfe dieses Modells kann mein Gehirn voraussagen, welche Signale meine Augen und Ohren empfangen sollten. Diese Vorhersagen werden mit den tatsächlichen Signalen verglichen, und natürlich werden Fehler festgestellt. Mein Gehirn begrüßt diese Fehler, weil sie es eine bessere Wahrnehmung lehren. Die Existenz von Fehlern sagt meinem Gehirn, dass sein Modell der Welt verbesserungsbedürftig ist. Die Art der Fehler sagt ihm, wie es ein besseres Modell der Welt konstruieren kann. Und so wiederholen wir den Schleifenprozess so lange, bis die Fehler so klein sind, dass sie nicht mehr stören. Gewöhnlich reichen ein paar Schleifenzyklen aus, die das Gehirn vielleicht nur rund 100 Millisekunden kosten.« (Frith 2010: 168)

Eine Konsequenz dieser Auffassung ist eine Umkehrung der traditionellen Deutung eintreffender Signale und deren neuronaler Verarbeitung: Denn die – im Falle der visuellen Wahrnehmung –

von der Netzhaut in den visuellen Kortex weitergeleiteten Signale werden nicht dazu verwendet, ein möglichst detailreiches Bild der Umgebung aufzubauen. In der Tat wird die traditionelle Sicht auf den Kopf gestellt, da Wahrnehmung nicht ein ›von unten nach oben‹ gerichteter Prozess der Merkmalserkennung ist, sondern eine delikate Balance wiederholter Kaskaden von ›top-down‹- und ›bottom-up‹-Prozessen. Daher sind die Signale, die die neuronale Hierarchie hinauf gesendet werden, lediglich Fehlermeldungen, also Informationen, die den Hypothesen des Gehirns widersprechen. Denn was zutrifft und dem Gehirn somit bereits bekannt ist, muss nicht erneut verarbeitet werden. Vertreter dieser Interpretation der kognitiven Architektur von Gehirnvorgängen verallgemeinern diese Theorie auf alle geistigen Fähigkeiten, die im Prinzip nach diesem Muster ablaufen und dem einen Ziel der Fehlerminimierung und Modelloptimierung unterstellt sind (Clark 2016, Hohwy 2013). Neben der Aktualisierung von Modellen und Hypothesen kann die Fehlerminimierung auch durch Handlungen erfolgen. Dazu wird nicht das Modell geändert, sondern aktiv in die Welt eingegriffen, damit sie den Hypothesen entspricht bzw. nahekommt. Dazu muss berechnet werden, welche Handlungen am ehesten infrage kommen. Es ist leicht zu sehen, inwiefern hier die Rolle des Körpers relevant wird, um diese Handlungen auszuführen.

Andy Clark betont: »These approaches make extensive use of probabilistic ›internal models‹, but they locate them within a framework that is very different from the passive, input-output dominated approaches that characterized much previous work in cognitive and computational neuroscience.« (Clark 2015: 4). Die *aktiv-konstruierende* Auffassung der Wahrnehmung teilen derartige Positionen also mit dem Enaktivismus, wie er u.a. von Gallagher vertreten wird. Dem eigenen Körper kommt hier sogar eine ganz besondere Rolle zu, insofern er dem Gehirn als

Referenzpunkt der Generierung von Modellen dient. Dieser ist zum einen von Bedeutung für die Wahrnehmung von Affordanzen und sozialen Affordanzen, die sich als Handlungs- und Interaktionsmöglichkeiten in Bezug auf *diesen meinen* konkreten Körper anbieten; denn nur für diesen konkreten Körper gelten die repräsentierten sensomotorischen Abhängigkeiten zwischen möglichen Handlungen oder Bewegungen und veränderten Sinnesreizen. Der Körper ist zum anderen ein Referenzpunkt im Sinne einer stabilen Vorannahme (*hyperprior*), die in hohem Maße bestimmt, welche Modelle generiert und welche Hypothesen aus diesen abgeleitet werden, und zwar auf allen Ebenen der Verarbeitungshierarchie.

Auch der Körper des Anderen spielt eine wichtige, wenn auch andere Rolle, insofern sich die mir gewährten Handlungs- und Interaktionsmöglichkeiten nicht zwangsläufig auch dem Anderen bieten. Im generativen Modell des Gehirns wird der Andere somit zwangsläufig *als* Anderer repräsentiert. Die Kontextsensitivität und das egozentrische Format meiner handlungs- und interaktionsorientierten Repräsentationen sind hierbei eminent wichtig. Im Falle einer sozialen Interaktion zweier Menschen spielt auch der Umstand eine wichtige Rolle, dass beide Körper hinreichend ähnlich sind, sowohl äußerlich als auch im Hinblick auf motorische Fähigkeiten und das interne Milieu. Die von Merleau-Ponty betonte »Zwischenleiblichkeit« dient hier der Brückenbildung und Vermittlung und stützt die »Like-me«-Hypothese (Meltzoff 2007), d.h. die Annahme, der Andere sei mir in relevanter Hinsicht hinreichend ähnlich. (Wie oben gezeigt wurde, setzt die Simulations-Theorie diese Annahme vor der erfolgreichen Projektionsstufe voraus.) Allerdings führen die Unterschiede in meinem Zugang zu Informationen *aus* dem eigenen Körper und *über* den des Anderen ebenso zu einer epistemischen Kluft, wie Lisa Quadt in ihrer Dissertation (2016) herausgearbeitet hat. Denn in dem unvermittelten Maße, in dem mein Gehirn über entsprechende Kanäle interozeptive und propriozeptive Informationen über meinen eigenen Körper (z.B. den Herzschlag und die Stellung der Gliedmaße) erhält, kann es zwangsläufig keine Informationen über den körperlichen Zustand einer anderen Person erhalten. Dies bietet den Anlass für die Notwendigkeit kognitiver Strategien zur Überbrückung dieser Kluft im Dienste eines Verstehens des Anderen.

Wie sich die Theorie prädiktiver Verarbeitung zur Kontroverse zwischen Repräsentationalismus und Enaktivismus verhält, ist derzeit umstritten und wird heftig debattiert. Gemäß Clarks Deutung allerdings bewahren prädiktive Theorien der Wahrnehmung ein traditionelles Element, insofern sie an mentalen ›Modellen‹ bzw. Repräsentationen festhalten, auch wenn die »Modelloptimierung« nicht zwangsläufig an der detailgetreuen »Wahrheit« orientiert sein müsse, sondern primär pragmatisch erfolgreiche Handlungen erlauben solle. Denn die Repräsentationen sind nicht im Sinne Fodors und anderer Vertreter des Kognitivismus rein rekonstruktiv, sondern sie sind – zumindest in Clarks Version – in hohem Maße »handlungsorientiert«. D.h., sie dienen dem Ziel, erfolgreiche Handlungen zu ermöglichen, und sie kodieren die Umgebung und die Objekte darin insbesondere (wenn auch nicht allein) im Hinblick darauf, welche Handlungsmöglichkeiten sich diesem konkreten Akteur mit seiner motorischen Ausstattung in Bezug auf sie bieten (Clark 2016: 25). Es kommt dabei also nicht in erster Linie darauf an, ein deckungsgleiches Modell der Welt im Gehirn zu generieren. »Here, sensing delivers an action-based *grip* upon the world, rather than a rich reconstruction apt for detached reasoning.« (Clark 2015: 15) Zu handlungsorientierten Repräsentationen vgl. das vorige Kapitel.

Daniel Hutto und Erik Myin (2017) dagegen behaupten, die Theorie der prädiktiven Verarbeitung könne auch im Vokabular des radikalen Enaktivismus formuliert werden, ohne folglich auf Modelle und Repräsentationen Bezug zu nehmen. Sie zeigen allerdings nicht auf, wie das im Detail funktionieren soll, d.h. wie die Rede von »generativen Modellen«, »Erwartungen« und »Vorhersagen« sowie »Fehlerminimierung« in rein enaktivistische Terminologie übersetzt werden sollte, ohne dass die Kernidee des Ansatzes verloren geht. Ob dies möglich ist, müssen zukünftige Untersuchungen zeigen. Clark (2015) hat Zweifel, da die Theorie prädiktiver Wahrnehmung mindestens auf handlungsorientierte Repräsentationen (wie oben erläutert) festgelegt sei. Anil Seth (2014) hingegen argumentiert, dass die repräsentationalistische Deutung der prädiktiven Verarbeitung im Einklang mit der Kernidee des sensomotorischen Enaktivismus stehe, wie ihn z.B. Alva Noë (2004) im Anschluss an Gibson entwickelt. Wie oben bereits skizziert, ist Noë zufolge Wahrnehmung ein Produkt unserer Anwendung eines praktischen Wissens über die sensomotorischen Abhängigkeiten zwischen unseren Sinnesreizen und unserem körperlichen Verhalten (inkl. Augen-, Kopf- und Körperbewegungen). Wir sehen Gegenstände als dreidimensionale Körper statt als Flächen, weil wir ein intuitives praktisches Wissen darüber anwenden, wie wir mithilfe von Körperbewegungen und Handlungen andere Profile des Gegenstandes in den Blick bekommen können. Analog dazu *sehen* wir oft die Angst oder die Freude im Gesicht des Anderen, weil wir dabei auf unser implizites Wissen darüber rekurrieren können, wie wir selbst Angst und Freude zum Ausdruck bringen (McGeer 2001). Seth setzt dies mit kontrafaktischen Informationen in Beziehung, die die generativen Modelle des Gehirns auf diversen Verarbeitungshierarchien ebenfalls verarbeiteten. Kontrafaktische Hypothesen können z.B. Vorhersagen darüber erlauben, wie ein Gegenstand in der Wahrnehmung erscheinen *würde*, wenn wir bestimmte Handlungen ausführten. In solchen Fällen sagten die Modelle des Gehirns auch rein fiktive Empfindungen voraus, die von einer Reihe bloß *möglicher* Handlungen abhängig sind. Dies demonstriere die prinzipielle Vereinbarkeit dieses Ansatzes mit Grundideen des Enaktivismus, so Seth. Gleichwohl bleibt die kognitive Architektur der Wahrnehmung gemäß der prädiktiven Theorie höchst komplex, inferenziell und repräsentational. Die Vorhersagen repräsentieren mögliche Sinnesreize sowohl konkret als auch allgemein auf allen Ebenen der Verarbeitungshierarchie. In der Tat entspricht sie gemäß der am meisten verbreiteten Auslegung in Begriffen statistischer Bayesianischer Lerntheorie am ehesten der neuen Variante der Theorie-Theorie, wie sie Gopnik und Wellman (2012) unter Berufung auf das Maschinenlernen entwickelt haben (siehe Kapitel 2).

Colin Palmer, Anil Seth und Jakob Hohwy (2015) skizzieren, wie diese Theorie auf soziale Kognition und ihre Einschränkung im Falle des Autismus-Spektrums angewendet werden könnte, und setzen diese zu Gallaghers These der direkten sozialen Wahrnehmung in Beziehung. Entscheidender Ansatzpunkt ist für sie die Annahme, dass die mentalen Zustände Anderer genauso als Ursachen unserer Sinnesreize betrachtet werden wie nicht-soziale Ursachen in der Umgebung. Die Freude meiner Tochter hat ein neuronales Korrelat in ihrem Gehirn, welches – in Wechselwirkung mit anderen Ursachen – dynamisch ihre Bewegungen und ihr Lächeln hervorbringt; die Absicht des Kellners, mir Wein nachzuschenken, hat ebenfalls ein neuronales Korrelat, das in Interaktion mit anderen körperlichen Ursachen entsprechende Bewegungen hervorbringt:

»Just as we have a representation of the wine glass by virtue of its place in the causal pathway that determines retinal firing, we represent mental states because this too allows the brain to better predict its sensory input over time. Thus mentalising slots into predictive processing as constituting the same kind of unconscious inference that the brain is already engaged into representing its environment.« (Palmer et al. 2015: 378)

Das generative Modell des Gehirns setzt also mittels unbewusster Schlussfolgerungen die wahrscheinlichsten mentalen Zustände als Teil seiner Erklärung der empfangenen Sinnesreize an. Diese Beschreibung der Architektur läuft mithin parallel zur Beschreibung der von uns auch in manchen Fällen *bewusst* ausgeführten Schlussfolgerungen. Palmer und Kollegen nennen allerdings zwei spezifische Herausforderungen bezüglich solcher Schlüsse auf mentale Zustände: Erstens, als Zugeständnis an die Theorie-Theorie kann die Konzession gewertet werden, dass mentale Zustände relativ tief in der Kausalstruktur der Welt verborgen seien, insofern sie nur vermittelst bestimmter Verhaltensweisen unsere Sinnesreize (indirekt) beeinflussen können (Palmer et al. 2015: 379). Zweitens müsse bei solchen Schlüssen berücksichtigt werden, dass die andere Person ebenfalls meine mentalen Zustände in Rechnung stellt und repräsentiert, so dass in ihrem Gehirn entsprechende Vorgänge der Fehlerminimierung ablaufen, die meine mentalen Zustände betreffen. Dies ist relevant in der Planung und Durchführung gemeinsamer Handlungen. Um erfolgreich gemeinsam eine Waschmaschine die enge Kellertreppe hinunterzutragen, müssen beide Akteure ihre Handlungen genau koordinieren, was durch Repräsentation der mentalen Zustände des Anderen und Antizipationen seiner Handlungen erfolgen kann, aber auch auf niedrigeren Ebenen durch rein körperliche Koordination (*alignment*) (vgl. Tollefsen & Dale 2012).

Aus diesen Überlegungen wird deutlich, dass die Bewertung der Vereinbarkeit von Gallaghers Theorie der sozialen Wahrnehmung mit neuesten Ansätzen zur neuronalen Architektur der Wahrnehmung durchaus komplex ist. Obwohl Gallaghers Argumentation hauptsächlich phänomenologisch motiviert ist und offen für komplexe zugrunde liegende neuronale Prozesse bleibt, unterscheidet sich der Erklärungsrahmen der prädiktiven Verarbeitung jedoch in einigen Punkten wesentlich von Gallaghers Verteidigung der direkten sozialen Wahrnehmung, die wesentlich von Gibsons ökologischem Ansatz inspiriert ist. Denn Gallagher muss den von Palmer und Kollegen postulierten Schluss auf mentale Zustände als hinter den Verhaltensweisen »verborgene« Ursachen zurückweisen. Ihm zufolge sind sie uns ja direkt durch die Wahrnehmung des anderen Körpers zugänglich. Palmer et al. (2015: 380) sind dennoch der Ansicht, dass die beiden Positionen kompatibel seien, insofern auch der prädiktive Ansatz *direkte* Wahrnehmungserlebnisse der Ursachen ermöglichen möchte und sich die postulierten unbewussten Schlussfolgerungen von denjenigen in Theorie- und Simulations-Theorien unterschieden. Gallagher weist Schlussfolgerungen und andere kognitive Prozesse, die über den Prozess der Wahrnehmung *hinausgehen*, zurück. Wenn die kognitive Architektur der sozialen Wahrnehmung auf neuronaler Ebene eine komplexe Hierarchie unbewusster probabilistischer Schlüsse involviert – wobei die Repräsentation mentaler Zustände auf höheren Ebenen mit der Repräsentation von einfacheren Merkmalen auf niedrigeren Ebenen im Dienste der Minimierung von Vorhersagefehlern interagiert –, dann scheint dies mit der phänomenologischen These vereinbar, dass wir diese mentalen Zustände beim anderen genauso direkt wahrnehmen wie die Gegenstände in unserer Umgebung:

»The view of mentalising as a level of representation in a predictive cortical hierarchy provides us with a functional architecture of unconscious sensory processing that could underlie the ›smart‹ perception of mental states; that is, inferred representations of behavior that are informed by, and closely tied to, the mental states inferred at levels above.« (Palmer et al. 2015: 380)

Micah Allen und Shaun Gallagher (2016) unterscheiden drei Varianten des prädiktiven Ansatzes: Während Hohwy (2013) mit der Betonung des Prozesses der Fehlerminimierung und einer strikten Abgrenzung des Gehirns von der Außenwelt eine internalistische Lesart begründe, verstehen sie Clarks Variante als deutlich enaktivistisch und verkörpert; sie beachten dabei allerdings nicht Clarks Festhalten am repräsentationalistischen Paradigma. Die dritte, von ihnen bevorzugte Variante ist radikaler: »On the enactivist model, we can think of the process (gemeint ist der Prozess der Fehlerminimierung, TS) as a kind of ongoing predictive engagement – a dynamical adjustment in which the brain, *as part of and along with the larger organism*, actively responds in ways that allow for the right kind of ongoing attunement with the environment – an environment that is physical but also social and cultural.« (Allen & Gallagher 2016: 8) Sie weisen zu Recht auf die enge Verzahnung von Wahrnehmung und Handlung hin, die beide als »deeply embodied form of engagement« aufgefasst würden, in hohem Maße abhängig von der morphologischen Struktur des Körpers und seines internen hormonellen Milieus (ebd.: 10). Der Umstand, dass interozeptive Signale des Körpers kognitive Fähigkeiten beeinflussen, lässt allerdings offen, ob das Gehirn – wie z.B. Antonio Damasio (2011) glaubt – diese Signale in neuronalen Karten *repräsentiert* oder nicht. Zentral ist für Allen und Gallagher, ob und wie man die Grenzen des kognitiven Systems bestimme und ob diese Grenzziehung das Gehirn vom Rest der Welt trenne oder ob sie eine »Kopplung« von Akteur und Umgebung erlaube. Die Frage nach den Bedingungen einer adäquaten oder angemessenen Kopplung wurde oben bereits diskutiert.

Ein letztes Problem für die vermeintliche Kompatibilität von Enaktivismus und prädiktiver Verarbeitung hinsichtlich sozialer Wahrnehmung sei nur kurz genannt: Insofern die Theorie der prädiktiven Verarbeitung beansprucht, Gehirnaktivitäten auf allen Ebenen durch denselben Mechanismus der Minimierung von Vorhersagefehlern zu charakterisieren (Hohwy 2013, Clark 2016), verschwimmen die Grenzen zwischen Wahrnehmung, Handlung und höheren kognitiven Funktionen. Denn sie gelten alle als Manifestationen dieses Mechanismus, lediglich auf unterschiedlichen Ebenen der Verarbeitungshierarchie. In dem Maße, in dem Gallagher kognitive Prozesse, die über die Wahrnehmung hinausgehen, als irrelevant für alltägliche Beispiele sozialer Kognition ansieht, bleibt auch seine Interaktions-Theorie grundsätzlich verschieden von der Theorie prädiktiver Verarbeitung. Leon De Bruin und Derek Strijbos (2015) entwickeln daraus ein Dilemma für Gallaghers Position, denn sie argumentieren, dass Gallagher durch die Betonung der Unterscheidung von Wahrnehmungsprozessen einerseits und höheren kognitiven Prozessen andererseits das viel kritisierte »Sandwich-Modell« (Hurley 1998) der Kognition (serielle Trennung von Wahrnehmung – Kognition – Handlung) stillschweigend akzeptiere, obwohl er von seiner enaktivistischen Warte aus gerade diese Trennung kritisch hinterfragt. Die Architektur der prädiktiven Verarbeitung unterläuft diese strikten Trennungen und damit das Sandwich-Modell, insofern (1) die Charakterisierung der Wahrnehmung über unbewusste Schlussfolgerungen die Grenze zur Kognition aufhebt und (2) die Charakterisierung von Handlungen als aktiven Schlussfolgerungen die Abgrenzung von Wahrnehmung und Handlung aufweicht.

Gallagher schlägt zwar die Interaktions-Theorie mit der Möglichkeit der direkten Wahrnehmung als Alternative zum Gedankenlesen über Theorie- oder Simulationsprozesse vor, er erlaubt aber, dass wir in seltenen Fällen sehr wohl auf diese Gedankenlesestrategien zurückgreifen müssen. Wie selten diese Fälle tatsächlich sind, d.h. wie häufig wir auf kognitive Strategien jenseits bloßer Wahrnehmungsprozesse zurückgreifen müssen, ist weiterhin strittig. In vielen Fällen mögen uns soziale Normen und Rollen das Verstehen der Verhaltensweisen anderer Menschen erleichtern oder gar abnehmen; aber in solchen Situationen wie Restaurantbesuchen oder Autoreisen ist es sogar plausibel davon auszugehen, dass es uns dann nicht einmal mehr um die mentalen Zustände der Anderen geht (Overgaard & Michael 2013). Im Straßenverkehr gehen wir ganz natürlich davon aus, dass andere Fahrer und Fußgänger bestimmte Verhaltensweisen an den Tag legen werden. Statt uns um die individuellen Überzeugungen und Absichten der Anderen Gedanken zu machen, legen wir die Konventionen der jeweiligen *Situation* zugrunde. Bricht ein Verkehrsteilnehmer jedoch die Regeln, gehen wir zu Gedankenlesestrategien über, um uns sein Fehlverhalten verständlich zu machen. Er hätte doch bremsen können! Was hat er sich nur dabei gedacht? Enaktivistische Ansätze machen zu Recht die Bedeutung verkörperten praktischen Wissens für soziale Kognition geltend; außerdem rücken sie verdientermaßen die basalen sozial-kognitiven Fähigkeiten von Kleinkindern ins Rampenlicht, die von den klassischen Positionen mitunter heruntergespielt und lediglich als Vorläufer echter sozialer Kognition angesehen werden. Schließlich lenken sie verdienstvoll den Fokus auf wahrnehmungsbasierte Fähigkeiten sozialer Kognition, was weitere Differenzierungen im Phänomenbereich sozialer Kognition mit sich bringt. Allerdings erwiesen sich diese Faktoren sowie die Betonung der Rolle der Interaktion im Unterschied zur Beobachtung als nicht hinreichend, um einen Paradigmenwechsel zu begründen, der die explanatorische Fruchtbarkeit des repräsentationalistischen Ansatzes widerlegen würde.

5.6 Fazit und Ausblick: Pluralismus sozialer Kognition

Schon in der Diskussion von Theorie-, Modularitäts- und Simulations-Theorie haben wir Variationen von Differenzierungen innerhalb des großen Feldes der sozialen Kognition berücksichtigt. Die enaktivistische Interaktions-Theorie brachte weitere Facetten und situative Unterschiede zum Vorschein. Daher besteht das Resultat dieses Buches in einem komplexen Bild von Kompetenzen und Strategien, die der sozialen Kognition zugrunde liegen, die sich aber kaum mithilfe einer einzigen Theorie einfangen lassen. Denn keine der diskutierten Theorien kann allein die Erklärungslast für alle Facetten sozialer Kognition tragen. Es scheint z.B. schwierig, alle Fälle sozialer Kognition als Fälle von Simulationsprozessen oder als explizite Einfühlung zu konzeptualisieren. Auch auf Rationalisierungen und psychologische Gesetzmäßigkeiten scheinen wir nicht in allen Fällen angewiesen zu sein. Zudem ist es notorisch schwierig zu bestimmen, ob bestimmte Fähigkeiten oder Begriffe angeboren oder früh erworben sind. Dies zeigte sich insbesondere in der Kontroverse zum Verstehen falscher Überzeugungen bei Kleinkindern. Alle Ansätze scheinen also mit kleineren und größeren konzeptionellen Problemen behaftet zu sein, obwohl es ihnen jeweils gelingt, wichtige Befunde aus der Entwicklungspsychologie mithilfe der von ihnen jeweils unterschiedlich charakterisierten kognitiven Prozesse adäquat zu beschreiben.

Vertreter aller Theorien sehen die Notwendigkeit, den vielschichtigen Phänomenen sozialer Kognition durch entsprechende theoretische Differenzierungen Rechnung tragen zu müssen. Vertreter der Theorie-Theorie sehen Wandlungen in den psychologischen Alltagstheorien von Kindern vor, die in dem radikalen Einschnitt im fünften Lebensjahr münden, wenn sie die falschen Überzeugungen Anderer verstehen und in ihren Verhaltenserklärungen und -vorhersagen berücksichtigen. Manche unterscheiden zwischen zwei grundverschiedenen Systemen der sozialen Kognition, z.B. zwischen einer minimalen und einer vollentwickelten Theorie des Geistes. Diejenigen, die eine modularistische kognitive Architektur bevorzugen, unterscheiden in der Regel eine Reihe spezialisierter Systeme im Gehirn, die zu unterschiedlichen Zeiten in der Ontogenese aktiviert werden. Vertreter der Simulations-Theorie erklären die Entwicklung sozialer Kognition hingegen als Reifungsprozess der Einbildungskraft, führen aber ebenfalls eine grundsätzliche Unterscheidung zwischen Gedankenlesen niedriger und höherer Stufe ein. Schließlich erwies sich, dass Vertreter einer enaktivistischen Interaktions-Theorie die grundlegende Stufe der sozialen Kognition mit neuen Akzentuierungen als wahrnehmungsbasierte Manifestation von sozialer Kognition konzipieren, die durch die Anwendung eines entweder angeborenen oder jedenfalls sehr früh erworbenen verkörperten praktischen Wissens konstituiert sein soll. Diese Differenzierungen sind vor allem dem interdisziplinären Charakter der Debatten zur sozialen Kognition geschuldet. Denn zumeist sind es empirische Befunde, die die philosophische Theoriebildung in Bedrängnis bringen und vorantreiben.

Eine wesentliche Einsicht des enaktivistischen Ansatzes betrifft die geläufige Identifikation der sozialen Kognition mit dem Gedankenlesen, wie sie Theorie-Theorie und Simulations-Theorie konzipieren. Denn eine wesentliche Motivation für die verkörperte enaktive Interaktions-Theorie ist Gallaghers Vermutung, dass wir auf Strategien des Zuschreibens von mentalen Zuständen – sei es anhand von Schlüssen oder von Simulationen – weit seltener angewiesen sind, als es auf den ersten Blick scheint. Seine Argumente setzten, wie sich zeigte, bei phänomenologischen Beschreibungen an und beriefen sich auf die Möglichkeit einer direkten Wahrnehmung salienter verkörperter mentaler Zustände sowie die Rolle der sozialen Interaktion. Auch wenn die Radikalität des Ansatzes nicht völlig überzeugen kann und insbesondere die Natur der subpersonalen Mechanismen der sozialen Kognition offenlässt, so bleibt doch das Verdienst, wichtige Faktoren hervorzuheben, die in den konkurrierenden Ansätzen zu kurz kamen. Victoria McGeer (2001) pflichtet Gallagher bei, wenn sie infrage stellt, ob wir tatsächlich ständig zum Gedankenlesen genötigt sind oder ob wir nicht vielmehr erstens auf der Basis unseres verkörperten praktischen Wissens in der Lage sind, uns verständlich zu machen, und diese Fähigkeiten schließlich auch zum Verstehen anderer Personen einzusetzen und zweitens in vielen Fällen Aspekte der Situation uns einen großen Teil des kognitiven Aufwands abnehmen. Es wurde bereits auf die Bedeutung von Normverständnis, Schemata, Skripts (z.B. Restaurantbesuch, Vorstandssitzung) und anderen Strukturen hingewiesen, die bestimmte Abläufe vorgeben und organisieren, in denen wir einfachhin davon ausgehen, dass andere Teilnehmer in solchen praktischen Kontexten deren implizite Normen beherrschen und berücksichtigen. McGeer schreibt:

»If we learn to govern our behavior in ways that make us more readable to others, then their work as interpretive agents is greatly reduced. The same is true for us, if they learn to govern themselves likewise. This banal observation challenges an all too common assumption that understanding must require remarkable interpretive skills on the part of each individual if we are to explain the ease with which we ordinarily interact with one another. ... If we make ourselves more readable to one another by conforming to shared norms of readability, it follows that much of the work of understanding one another in day-to-day interactions is not really done by us at all, explicitly or implicitly. The work is done already and carried by the world, embedded in the norms and routines that structure such interactions.« (McGeer 2001: 119)

Auch wenn die Debatten zur Theorie- und Simulations-Theorie Ende des zwanzigsten Jahrhunderts noch unter der Prämisse geführt wurden, dass nur eine von ihnen zutreffen könne, zeigte die vorliegende Diskussion, dass theoretische Defizite teils aus dem Weg geräumt werden können, indem in einem pluralistischen Ansatz Elemente aus anderen Theorien fruchtbar integriert werden. So wird die Simulations-Theorie nicht mehr in ihrer reinen Variante vertreten; sie kann aber, wie Goldman aufgezeigt hat, um diverse theoretische Hilfsannahmen ergänzt werden. Ob Goldman berechtigt ist, im Kern von einem Simulations-Prozess zu reden, bleibt ein Problem, das hier nicht endgültig entschieden werden muss. Die relativ statische Differenzierung inhaltlich abgegrenzter kognitiver Module kann eventuell mithilfe substanzieller Beiträge aus dem Enaktivismus und der Philosophie der Verkörperung dynamisiert werden. Der Enaktivismus sowie die Theorie prädiktiver Verarbeitung machen die Möglichkeit der sozialen Wahrnehmung stark, weichen aber auf je unterschiedliche Weise zugleich die scharfen Grenzen zwischen Wahrnehmung, Kognition und Handlung auf. Statt strikt funktional abgegrenzte Module zu unterscheiden, sucht die Theorie der prädiktiven Verarbeitung nach einem allgemeinen Grundmuster kognitiver Operationen. Insbesondere am Beispiel von Clarks situierten handlungsorientierten Repräsentationen und deren Rolle bei der Erklärung basaler sozialer Wahrnehmung wurde deutlich, inwiefern ein Kompromissvorschlag, der wichtige Einsichten der verkörperten Kognitionswissenschaft aufgreift, einem radikalen Enaktivismus überlegen sein könnte. Des Weiteren ist die theoretische Option der prädiktiven Wahrnehmung attraktiv, weil sie in der Regel mit den Mitteln der Bayesianischen Wahrscheinlichkeitstheorie verknüpft wird und damit an Gopniks und Wellmans Variante der Theorie-Theorie anschließen kann. Dies bedeutet, dass eine Kombination von kognitiven Modellen gemäß der Theorie-Theorie und generativen Modellen in der prädiktiven Wahrnehmungstheorie in einen gleichermaßen einheitlichen wie explanatorisch fruchtbaren Ansatz münden könnte. Beiden liegt dasselbe Bayesianische Grundprinzip zugrunde, sie verfügen über starke explanatorische Mittel zur Erklärung von Lernfortschritten in der kognitiven Entwicklung, und eine Kombination beider könnte auch die unterschiedlichen Stufen bzw. Phänomene von sozialer Kognition einfangen.

Viele Philosophen und Psychologen gehen heute noch weiter und vertreten einen Pluralismus bezüglich sozial-kognitiver Strategien, die uns in unterschiedlicher Weise Zugang zum Geist Anderer gewähren. Ein solcher Pluralismus scheint dem facettenreichen Phänomen der sozialen Kognition sowie dem Spektrum mentaler Zustände am ehesten gerecht zu werden. Diese Einsicht teilt auch Zahavi aus phänomenologischer Sicht:

> »It is by now increasingly recognized that social understanding, rather than being one single cognitive process, is a collection of different abilities that interact in various ways, and that we need multiple complementary accounts in order to cover the variety of abilities, skills, and strategies that we draw on and employ in order to understand and make sense of others. At the same time, however, fundamental disagreements persist concerning the nature of social cognition.« (Zahavi 2014: 101)

Solche Uneinigkeiten treten zutage, wenn es darum geht, (a) die diversen Strategien und Fertigkeiten zu charakterisieren, (b) die Problematik festzulegen, für die solche Strategien Lösungen anbieten, und (c) die theoretischen Implikationen mitzutragen, die diverse Lösungen mit sich bringen.

Für einen Pluralismus spricht vor allem die Komplexität unserer sozialen Beziehungen und Interaktionen. Eine Reihe von Faktoren bestimmen, von welchen Strategien wir in einer gegebenen Situation Gebrauch machen: (a) Dazu gehören Eigenschaften der Situation selbst. Beobachten wir die betreffende Person bloß aus der Distanz oder haben wir die Möglichkeit zur Interaktion? Es ist zudem wichtig, (b) in welcher Beziehung wir zu ihr stehen oder standen. Ist sie ein enges Familienmitglied oder eine Fremde, der wir soeben erst begegnet sind? Gehört sie in irgendeiner Form meiner »peer-group« an, sind wir beide Kölner, Philosophen, männlich oder gerade angetrunken (oder alles zugleich)? Dann verhelfen in der Regel Stereotypen zur Kenntnis der Befindlichkeit unseres Gegenübers. (c) Oft kann auch der Kontext selbst einen Teil unserer kognitiven Last übernehmen, wenn es sich z.B. um eine standardisierte Situation wie einen Restaurantbesuch, eine Geburtstagsfeier, eine Beerdigung oder eine kulturelle Veranstaltung handelt, die nach bestimmten Scripts ablaufen. Hier können Emotionen und Absichten in der Regel direkt wahrgenommen werden. In Kontexten, die vom Alltag stark abweichen, sind wir hingegen oft auf Reflexion und theoretische Schlussfolgerungen angewiesen. Wenn wir z.B. mit einem eher seltsamen oder gar pathologischen Verhalten einer anderen Person konfrontiert sind, dann genügt es oft nicht einmal, Hintergrundwissen und alltagspsychologische Gesetzmäßigkeiten zu berücksichtigen; wir müssen dann häufig die Rationalität der betreffenden Person selbst infrage stellen. Daher sind alle diskutierten theoretischen Alternativen von Interesse, auch wenn keine für sich in Anspruch nehmen kann, *die einzige* universelle Antwort auf die Frage nach der Natur der sozialen Kognition geben zu können.

Zukünftige empirische Forschungen werden ohne Zweifel das hier skizzierte Bild der Debatte herausfordern und zu weiteren theoretischen Differenzierungen führen. Unklar ist zudem noch die Rolle der Spiegelneuronen. Neue Messmethoden könnten deren Funktion beim Menschen zukünftig genauer bestimmen helfen. Weiterhin ungeklärt und mysteriös ist das Rätsel des Autismus, das hier aus diesem Grund nur am Rande diskutiert wurde. Als Philosoph ist es sowohl ein Vergnügen als auch harte Arbeit, diese empirischen Entwicklungen aktiv zu begleiten. Ich hoffe, vielen Lesern nicht nur einen ersten Einblick in die spannende interdisziplinäre Forschung zur sozialen Kognition gewährt, sondern auch Lust auf eine vertiefende Lektüre gemacht zu haben.

Danksagung

Dieses Buch ist nicht bloß das Resultat meiner (hoffentlich gründlichen) Lektüre der zahlreichen Texte, die im Literaturverzeichnis aufgelistet sind. Der Entstehungsprozess ist sogar eng mit der hier verhandelten Thematik verwoben, weil der Inhalt in hohem Maße der sozialen Interaktion mit vielen Kolleginnen und Kollegen geschuldet ist.

An erster Stelle gilt mein Dank meinem Team in Bochum, Krzysztof Dolega, Judith Martens, Luke Roelofs, Alfredo Vernazzani und Elmarie Venter, sowie ehemals Joulia Smortchkova und Mark-Oliver Casper. Sie alle haben durch intensive Gespräche, durch ihre eigenen Arbeiten sowie im Falle von Judith Martens auch durch die Zusammenarbeit an zwei gemeinsamen Publikationen maßgeblich die Arbeit an diesem Buch begleitet und positiv beeinflusst. Claudia Smart und meine unermüdlichen Hilfskräfte Nike Zohm und Giulia Weißmann unterstützen mich tatkräftig und stets zuverlässig. Ich kann mich glücklich schätzen, so liebenswerte und kompetente Mitarbeiterinnen und Mitarbeiter zu haben!

Am Institut für Philosophie in Bochum ist außerdem immer was los. Viele internationale Gäste kommen zu Besuch und stellen ihre philosophischen Theorien oder empirischen Befunde vor. Dies bietet mir häufig die Gelegenheit, meine eigenen Positionen zur Diskussion und auf den Prüfstand zu stellen. Ich habe daher über die Jahre hinweg vom Austausch mit vielen Personen profitiert, bei denen ich mich für wichtige Hinweise und Erläuterungen, für Inspiration und Korrektur bedanken möchte: Ken Aizawa, Vivian Bohl, Stephen Butterfill, Susan Carey, Daniel Dennett, Frances Egan, Uta und Chris Frith, Shaun Gallagher, Jakob Hohwy, Dan Hutto, Beate Krickel, Robert Matthews, Richard Menary, Erik Myin, Josef Perner, Vasu Reddy, Erik Rietveld, Rob Rupert, Leonhard Schilbach, Tobias Starzak, Bert Timmermans, Kai Vogeley, Karina Vold und Dan Zahavi.

J. Suilin Lavelle und Shannon Spaulding waren beide zu Forschungsaufenthalten meine Gäste in Bochum. Unsere Interessen überlappen nicht nur in vielerlei Hinsicht, wir alle drei arbeiteten auch zur selben Zeit an ähnlichen, aber doch sehr unterschiedlich akzentuierten Einführungen zur sozialen Kognition. Die vielen Diskussionen mit ihnen haben meine Überlegungen und folglich dieses Buch stark beeinflusst. Frank Esken , Philipp Steinkrüger und Julia Wolf haben große Teile des Manuskripts gründlich gelesen. Ihnen allen gebührt großer Dank für ihre äußerst hilfreichen Verbesserungsvorschläge. Steffen Herrmann vom Junius Verlag danke ich für das wertvolle Lektorat und die sehr geduldige Betreuung von der Planung bis zur Drucklegung.

Mein Kollege Albert Newen hat mich seit 2006 in vielerlei Hinsicht gefördert, teils ganz persönlich, aber auch prinzipiell durch seine unermüdlichen Initiativen, mit denen er das Institut für Philosophie II in Bochum und das Center for Mind, Brain, and Cognitive Evolution zu einem exzellenten, äußerst dynamischen und international sichtbaren Arbeitsplatz geformt hat. Auch unsere gemeinsamen Bemühungen um eine adäquate philosophische Theorie der sozialen Kognition schlagen sich in diesem Buch nieder. Ganz besonderer Dank geht auch an die VolkswagenStiftung, die meine Forschungen im Rahmen einer Lichtenberg-Professur seit 2014 finanziell ermöglicht.

Schließlich möchte ich mich für die unbedingte moralische und anderweitige Unterstützung durch meine Familie bedanken, bei meinen Eltern Hans und Margret und meinem Bruder Peter mit seiner Familie, bei Barbara, Bernhard und Daniela Büter. Vor allem aber gilt mein ausdrücklicher Dank meiner geliebten Frau Verena und unseren wundervollen Kindern Mathilde und Johann. Sie haben dieses Buch nicht nur durch ihre Liebe, ihr Verständnis und ihr Vertrauen überhaupt erst möglich gemacht; sie haben mir auch ganz konkret durch ihre soziale Kompetenz und Empathie beispielhaft zur Seite gestanden und alltäglich trockene Inhalte des Buches anschaulich einer empirischen Prüfung unterzogen. Ihnen ist dieses Buch gewidmet.

Köln, im März 2018

Literaturverzeichnis

Allen, M., Gallagher, S. (2016). Active inference, enactivism and the hermeneutics of social cognition. *Synthese* https://doi.org/10.1007/s11229-016-1269-8.

Amodio, D.M., Frith, C.D. (2006). Meeting of minds: the medial frontal cortex and social cognition. *Nature Reviews Neuroscience* 7(4), S. 268–277.

Apperly, I. (2010). *Mindreading*. Psychology Press.

Apperly, I. (2012). What is ›theory of mind‹? Concepts, cognitive processes and individual differences. *The Quarterly Journal of Experimental Psychology* 65, S. 825–839.

Apperly, I.A., & Butterfill, S. (2009). Do humans have two systems to track beliefs and belief-like states? *Psychological Review* 116, S. 953–970.

Asperger, H. (1956). *Heilpädagogik. Einführung in die Psychopathologie des Kindes für Ärzte, Lehrer, Psychologen, Richter und Fürsorgerinnen.* 2. erw. Auflage. Wien: Springer.

Astington, J.W. (2000). *Wie Kinder das Denken entdecken.* München u.a.: E. Reinhardt.

Bach-y-Rita, P. (1983). Tactile visual substitution: past and future. *International Journal of Neuroscience* 19 (1-4), S. 29–36.

Back, E., Apperly, I.A. (2010). Two sources of evidence on the nonautomaticity of true and false belief ascription. *Cognition* 115 (1), S. 54–70.

Baillargeon, R., Scott, R.M., Bian, L. (2016). Psychological reasoning in infancy. *Annual Review of Psychology* 67, S. 159–186.

Banaji, M., & Gelman, S. (Hrsg.) (2013). *Navigating the Social World: What Infants, Children, and Other Species Can Teach Us.* Oxford: Oxford University Press.

Barlassina, L., Gordon, R.M. (2017). Folk Psychology as Mental Simulation. *The Stanford Encyclopedia of Philosophy* (Summer 2017 Edition),

E.N. Zalta (ed.), URL = <https://plato.stanford.edu/archives/sum2017/entries/folkpsych-simulation/>.

Baron-Cohen, S. (1995). *Mindblindness*. Cambridge, Mass.: MIT Press.

Baron-Cohen, S., Leslie, A., Frith, U. (1985). Does the autistic child have a theory of mind. *Cognition* 21, S. 37–46.

Baron-Cohen, S., Lombardo, M., Tager-Flusberg, H. (Hrsg.). (2013). *Understanding Other Minds*. 3. Aufl. Oxford: Oxford University Press.

Baron-Cohen, S. (2005). The empathizing system: a revision of the 1994 model of the mindreading system. In: B.J. Ellis & D.F. Bjorklund (Hrsg.), *Origins of the social mind. Evolutionary psychology and child development*. New York/London: Guilford Press, S. 468–492.

Baron-Cohen, S. (2009). Autism: The empathizing-systemizing (E-S) Theory. *The Year in Cognitive Neuroscience* 2009: Ann. N.Y. Acad. Sci. 1156, S. 68–80.

Barrett, H., Broesch, T., Scott, R., He, Z., Baillargeon, R., Wu, D., et al. (2013). Early false-belief understanding in traditional non-Western societies. *Proceedings of the Royal Society* B 280, S. 1–5.

Batson, C.D. (2009). These things called Empathy: Eight related but distinct phenomena. In: J. Decety und W. Ickes (Hrsg.), *The social neuroscience of empathy*. Cambridge, Mass.: MIT Press.

Battaly, H.D. (2011). Is empathy a virtue? In: A. Coplan und P. Goldie (Hrsg.), *Empathy. Philosophical and psychological perspectives*. Oxford: Oxford University Press, S. 277–301.

Beran, M., Brandl, J., Perner, J., & Proust, J. (Hrsg.) (2012). *Foundations of Metacognition*. Oxford: Oxford University Press.

Bermudez, J.-L. (2004). The domain of folk psychology. In: A. O'Hear (Hrsg.), *Mind and Persons*. Cambridge: Cambridge University Press.

Bermúdez, J. (2005). *Philosophy of Psychology: A contemporary introduction*. London: Routledge.

Bermúdez, J. (Ed.). (2006). *Philosophy of Psychology: Contemporary readings*. Routledge.

Bierbaumer, N. (2014). *Dein Gehirn weiß mehr, als du denkst. Neueste Erkenntnisse aus der Hirnforschung*. Berlin: Ullstein.

Blair, R. J., Jones, L., Clark, F., & Smith, M. (1997). The psychopathic individual: a lack of responsiveness to distress cues? *Psychophysiology* 34, S. 192–198.

Block, N. (1981). Psychologism and Behaviorism. *Philosophical Review* 90, S. 5–43.

Botterill, G., & Carruthers, P. (1999). *The Philosophy of Psychology*. Cambridge: Cambridge University Press.

Botvinick, M., Cohen, J. (1998). Rubber hands »feel« touch that eyes see. *Science* 391 (756), doi:10.1038/35784.

Breyer, T. (2015). *Verkörperte Intersubjektivität und Empathie. Philosophisch-anthropologische Untersuchungen*. Frankfurt: Klostermann.

Buccino, G., Lui, F., Canessa, N., Patteri, I., Lagravinese, G., Benuzzi, F., Porro, C.A., Rizzolatti, G. (2004). Neural circuits involved in the recognition of actions performed by non-conspecifics: an fMRI study. *Journal of Cognitive Neuroscience* 16, S. 114–126.

Buttelmann, D., Carpenter, M., Tomasello, M. (2009). Eighteen-month-old infants show false belief understanding in an active helping paradigm. *Cognition* 112, S. 337–42.

Butterfill, S., Apperly, I.A. (2013). How to construct a minimal theory of mind. *Mind and Language* 28(2), S. 606–637.

Byrne, A., Logue, H. (2009). *Disjunctivism. Contemporary Readings*. Cambridge, Mass.: MIT Press.

Call, J., & Tomasello, M. (2008). Does the chimpanzee have a theory of mind? 30 years later. *Trends in Cognitive Sciences* 12, S. 187–192.

Calvo-Merino, B., Glaser, D., Grèzes, J., Passingham, R., Haggard, P. (2005). Action observation and acquired motor skills: an FMRI study with expert dancers. *Cerebral Cortex* 15, S. 1243–1249.

Carruthers, P. (2006). *The Architecture of Mind*. Oxford: Oxford University Press.

Carruthers, P. (2011). *The Opacity of Mind*. Oxford: Oxford University Press.

Carruthers, P., & Smith, P. (Hrsg.) (1996). *Theories of Theories of Mind*. Cambridge: Cambridge Univeristy Press.

Carruthers, P., Laurence, S., & Stich, S. (Hrsg.) (2005). *The Innate Mind vol. 1: Structure and Contents*. Oxford: Oxford University Press.

Carruthers, P., Laurence, S., Stich, S. (Hrsg.) (2006). *The Innate Mind vol. 2: Culture and Cognition*. Oxford: Oxford University Press.

Carruthers, P., Laurence, S., & Stich, S. (Hrsg.) (2007). *The Innate Mind vol. 3: Foundations and the Future*. Oxford: Oxford University Press.

Castelli, F., Happé, F., Frith, U., Frith, C. (2000). Movement and mind: a functional imaging study of perception and interpretation of complex intentional movement patterns. *NeuroImage* 12, S. 314–325.
Chalmers, D.J. (1996). *The conscious Mind. In search of a fundamental theory*. New York: Oxford University Press.
Choi, Y, Luo, Y. (2015). 13-months-olds' understanding of social interactions. *Psychological Science* 26, S. 274–283.
Chomsky, N. (1980). *Rules and representations*. New York: Columbia University Press.
Churchland, P. (1981/2007). Eliminativer Materialismus und propositionale Einstellungen. In: T. Metzinger (Hrsg.), *Grundkurs Philosophie des Geistes. Bd. 1: Das Leib-Seele-Problem*. Paderborn: Mentis.
Clark, A. (1997). *Being there*. Cambridge, Mass.: MIT Press.
Clark, A. (2001). *Mindware. An introduction to the Philosophy of Cognitive Science*. New York: Oxford University Press.
Clark, A. (2013). Whatever next? Predictive brains, situated cognition, and the future of cognitive science. *Behavioral and Brain Sciences* 36(3), S. 181–204.
Clark, A. (2015). Radical predictive processing. *The Southern Journal of Philosophy* Vol. 53, Spindel Suppl., S. 3–27.
Clark, A. (2016). *Surfing Uncertainty. Prediction, Action, and the embodied Mind*. Oxford: Oxford University Press.
Clark, A., Chalmers, D.J. (1998). Der erweiterte Geist. In: T. Metzinger (Hrsg.), *Grundlurs Philosophie des Geistes. Bd. 3: Intentionalität und mentale Repräsentation*. Paderborn: Mentis 2008, S. 501–517.
Clayton, N., Dally, J.M., Emery, N.J. (2007). Social cognition by food-caching corvids. The western scrub-jay as a natural psychologist. *Philosophical Transactions of the Royal Society* B 362, S. 507–522.
Clements, W.A., Perner, J. (1994). Implicit understanding of belief. *Cognitive Development* 9, S. 377–397.
Cosmelli, D., Thompson, E. (2010). Embodiment or Envatment?: Reflections on the bodily basis of consciousness. In: J. Stewart, O. Gapenne, E. Di Paolo (Hrsg.), *Enaction. Towards a new paradigm for cognitive science*. Cambridge, Mass.: MIT Press, S. 361–386.
Crick, F., Koch, C. (1992). Towards a neurobiological theory of consciousness. *Seminars in the Neurosciences* 2, S. 263–275.

Csibra, G. (2008). Action mirroring and action understanding: An alternative account. In: P. Haggard, Y. Rossetti, M. Kawato (Hrsg.), *Sensorimotor foundations of higher cognition. Attention and performance XXII.* Oxford: Oxford University Press, S. 435–459.

Currie, G. (1996). Simulation-theory, theory-theory, and the evidence from autism. In: P. Carruthers, P.K. Smith (Hrsg.), *Theories of Theories of Mind.* Cambridge: Cambridge University Press.

Damasio, A.R. (2011). *Selbst ist der Mensch.* München: Siedler Verlag.

Decety, J., Ickes, W. (Hrsg.) (2009). *The social neuroscience of empathy.* Cambridge, Mass.: MIT Press.

De Jaegher, H. (2009). Social understanding through direct perception? Yes, by interacting. *Consciousness and Cognition* 18, S. 535–542.

De Jaegher, H., & Di Paolo, E. (2007). Participatory Sense-Making: An enactive account to social cognition. *Phenomenology and the Cognitive Sciences* 6, S. 485–507.

De Jaegher, H., Di Paolo, E., & Gallagher, S. (2010). Can social interaction constitute social cognition? *Trends in Cognitive Sciences* 14(10), S. 441–447.

de Vignemont, F. (2009). Drawing the boundary between low-level and high-level mindreading. *Philosophical Studies* 144, S. 457–466.

de Vignemont, F., Jacob, P. (2012). What is it like to feel another's pain? *Philosophy of Science* 79(2), S. 295–316.

de Villiers, J. (2007). The interface of language and Theory of Mind. *Lingua* 117, S. 1858–1878.

Dörrenberg, S., Rakoczy, H., Liszkowski, U. (2018). How (not) to measure infant Theory of Mind: Testing the replicability and validity of four non-verbal measures. *Cognitive Development* doi:10.106/j.cogdev.2018.01.001.

Drayson, Z. (2017). Direct perception and the predictive mind. *Philosophical Studies.* doi: 10.1007/s11098-017-0999-x.

Esken, F., Rakoczy, H. (2013) Theory of Mind. In: A. Stephan, S. Walter (Hrsg.), *Handbuch Kognitionswissenschaft.* Stuttgart: Metzler, S. 444–451.

Fingerhut, J., Hufendiek, R., Wild, M. (2013). *Philosophie der Verkörperung.* Berlin: Suhrkamp.

Fiske, S., Tylor, S.E. (1991). *Social cognition.* 2nd Edition. New York: McGraw Hill.

Fiske, S., Tylor, S.E. (2017). *Social cognition: From Brains to Culture.* 3rd Edition. Sage Publications.
Flavell, J.H., Green, F.L., Flavell, E.R. (1986). Development of knowledge about the appearance-reality-distinction. *Mon. Soc. Res. Child Development* 51(1), S. 1–87.
Fletcher, L., & Carruthers, P. (2013). Behavior reading versus mentalizing in animals. In: J. Metcalfe, & H. Terrace (Hrsg.), *Agency and Joint Attention.* Oxford: Oxford University Press, S. 82–99.
Flombaum, J., & Santos, L. (2005). Rhesus monkeys attribute perceptions to others. *Current Biology* 15, S. 447–452.
Fodor, J.A. (1983). *The Modularity of Mind.* Cambridge, Mass.: MIT Press.
Fodor, J.A. (1987). *Psychosemantics: The problem of meaning in the philosophy of mind.* Cambridge, Mass.: MIT Press.
Fodor, J., Pylyshyn, Z. (1981). How direct is visual perception. Reflections on Gibson's ›ecological approach‹. *Cognition* 9(2), S. 139–196.
Friston K. (2010). The free-energy principle: a unified brain theory? *Nature Reviews Neuroscience* 11(2), S. 127–138.
Frith, C. (2010). *Wie das Gehirn unsere Welt erschafft.* Heidelberg: Akademie Verlag.
Frith, U. (2013). *Autismus. Eine sehr kurze Einführung.* Bern: Huber.
Frith, U., Frith, C.D. (2000). Wie werden mentale Zustände im Gehirn repräsentiert? In: A. Newen, K. Vogeley (Hrsg.), *Selbst und Gehirn. Menschliches Selbstbewusstsein und seine neurobiologischen Grundlagen.* Paderborn: Mentis, S. 233–263.
Frith, U., Frith, C.D. (2003). Development and Neurophysiology of Mentalizing. *Philosophical Transactions of the Royal Society*, Series B: Biological Sciences (358), S. 459–473.
Frith, C.D., Frith, U. (2008). Implicit and explicit processes in social cognition. *Neuron* 60(3), S. 503–510.
Froese, T. (2018). Searching for the conditions of genuine intersubjectivity: from agent-based models to perceptual crossing experiments. In: A. Newen, L. de Bruin, S. Gallagher (Hrsg.), *The Oxford Handbook of 4E Cognition.* Oxford: Oxford University Press.
Fuchs, T. (2010). *Das Gehirn – ein Beziehungsorgan. Eine phänomenologisch-ökologische Konzeption.* 3. Aufl. Stuttgart: Kohlhammer.

Fuchs, T., De Jaegher, H. (2009). Enactive Intersubjectivity: Participatory sense-making and mutual incorporation. *Phenomenology and the Cognitive Sciences* 8(4), S. 465–486.

Gallagher, S. (2001). The practice of mind: Theory, simulation, or interaction? *Journal of Consciousness Studies* 5(7), S. 83–108.

Gallagher S. (2004). Understanding interpersonal problems in autism: Interaction Theory as an alternative to Theory of Mind. *Philosophy, Psychiatry, Psychology* 11, S. 199–217.

Gallagher, S. (2005). *How the Body Shapes the Mind.* Oxford: Oxford University Press.

Gallagher, S. (2007) Simulation trouble. *Social Neuroscience* 2 (3-4), S. 353–65.

Gallagher, S. (2008a). Direct perception in an intersubjective context. *Consciousness and Cognition* 17, S. 535–543.

Gallagher, S. (2008b). Inference or interaction: social cognition without precursors. *Philosophical Explorations* 11, S. 163–174.

Gallagher, S. (2011). Phenomenology, neural simulation and the enactive approach to intersubjectivity. In: J. McCurry (Hrsg.), *Phenomenology, Cognition and Neuroscience.* Duquesne University Press, S. 18–39.

Gallagher, S. (2012). Kognitionswissenschaften – Leiblichkeit und Embodiment. In: E. Alloa, T. Bedorf, C. Grüny, T. Klass (Hrsg.), *Leiblichkeit. Begriff, Geschichte und Aktualität eines Konzepts.* Tübingen: Mohr Siebeck/UTB, S. 320–333.

Gallagher, S., Allen, M. (2016). Active inference, enactivism and the hermeneutics of social cognition. *Synthese* https://doi.org/10.1007/s11229-016-1269-8.

Gallagher, S., Zahavi, D. (2008). *The Phenomenological Mind.* London: Routledge.

Gallese, V. (2005). Embodied simulation: From neurons to phenomenal experience. *Phenomenology and the Cognitive Sciences* 4, S. 23–48.

Gallese, V. (2009). Motor abstraction: a neuroscientific account of how action goals and intentions are mapped and understood. *Psychological Research* 73, S. 486–498.

Gallese, V., Fadiga, L., Fogassi, L., Rizzolatti, G. (1996). Action recognition in the premotor cortex. *Brain* 119, S. 593–609.

Gallese, V., Goldman, A. (1998). Mirror neurons and the simulation theory of mindreading. *Trends in Cognitive Sciences* 2, S. 493–501.

Gallese, V., Sinigaglia, C. (2012). What is so special about embodied simulation? *Trends in cognitive sciences* 15(11), S. 512–519.

Gazzola, V., van der Worp, H., Mulder, T., Wicker, B., Rizzolatti, G., & Keysers, C. (2007). Aplasics born without hands mirror the goal of hand actions with their feet. *Current Biology* 17, S. 1235–1240.

Gergely, G., Csibra, G. (2003). Teleological reasoning in infancy: the naïve theory of rational action. *Trends in cognitive sciences* 7(7), S. 287–292.

Gibson, J.J. (1982). *Wahrnehmung und Umwelt. Der ökologische Ansatz in der visuellen Wahrnehmung*. München: Urban & Schwarzenberg.

Goldman, A.I. (1989/1995). Interpretation psychologized. In: M. Davies, T. Stone (Hrsg.), *Folk Psychology: The Theory of Mind Debate*. Oxford: Blackwell Publishers.

Goldman, A.I. (2006) *Simulating Minds. The Philosophy, Psychology and Neuroscience of Mindreading*. Oxford: Oxford University Press.

Goldman, A.I. (2008). Mirroring, mindreading and simulation. In: J. Pineda (Ed.), *Mirror Neuron Systems: the role of mirroring in social cognition*. Humana Press, S. 311–330.

Goldman, A.I. (2011). The bodily formats approach to embodied cognition. In: *Current controversies in Philosophy of Mind*. Ed. by U. Kriegel. London: Routledge, S. 91–108.

Goldman, A.I., Jordan, L. (forthcoming). Mindreading by simulation: the roles of imagination and mirroring. In: M. Lombardo, H. Tager-Flusberg, S. Baron-Cohen (Hrsg.), *Understanding other minds*. Oxford: Oxford University Press.

Gopnik, A. (1999). Theory of Mind. In: R.A. Wilson, F. Keil (Hrsg.), *The MIT Encyclopedia of the Cognitive Sciences*. Cambridge, Mass.: MIT Press.

Gopnik, A., Wellman, H. (1992). Why the child's Theory of Mind really »is« a theory. *Mind and Language* 7, S. 145–171.

Gopnik, A., & Wellman, H. (2012). Reconstructing constructivism: causal models, Bayesian learning mechanisms, and the theory-theory. *Psychological Bulletin* 138, S. 1085–1108.

Gordon, R. (1986). Folk psychology as Simulation. *Mind & Language* 1(2), S. 158–171.

Gordon, R. (1995). *The structure of emotions*. Cambridge: Cambridge University Press.

Gordon, R. (1996). Radical Simulationism. In: P. Carruthers, P.K. Smith (Hrsg.), *Theories of theories of mind*. Cambridge University Press.

Gweon, H., Dodell-Feder, D., Bedny, M., Saxe, R. (2012). Theory of Mind performance in children correlates with functional specialization of a brain region for thinking about thoughts. *Child Development* 83, S. 1853–1868.

Happé, F. (1994). An advanced test of theory of mind: understanding of story character's thoughts and feelings by able autistic, mentally handicapped, and normal children and adults. *Journal of Autism and developmental disorders* 24, S. 129–154.

Happé, F. (1995). *Autism: An introduction to psychological theory.* Cambridge, Mass.: Harvard University Press.

Hare, B., Call, J., Tomasello, M. (2001). Do chimpanzees know what conspecifics know? *Animal Behaviour* 61, S. 139–151.

Harris, P., Donnelly, K., Guz, G.R., Pitt-Watson, R. (1986). Children's understanding of the distinction between real and apparent emotion. *Developmental Psychology* 57(4), S. 895–909.

Harris, P. (1989). *Das Kind und die Gefühle*. Bern.

Harris, P. (1995). From Simulation to Folk Psychology: The case for development. In: M. Davies, T. Stone (Hrsg.), Folk Psychology: *The Theory of Mind Debate*. Oxford: Blackwell Publishers.

He, Z., Boltz, M., Baillargeon, R. (2012). 2.5-year-olds succeed at a verbal anticipatory-looking false-belief task. *British Journal of Developmental Psychology* 30, S. 14–29.

Heidegger, M. (1996). Einleitung in die Philosophie (Vorlesungen 1919-1944). In: ders.: *Gesamtausgabe* Bd. 27. Frankfurt/M.: Klostermann.

Heider, F. (1958). *Psychologie der interpersonalen Beziehungen*. Stuttgart.

Helton, G. (2017). Visually perceiving the intentions of others. *The Philosophical Quarterly* doi: 10.1093/pq/pqx051.

Henrich, J., Heine, S., & Norenzayan, A. (2010). The weirdest people in the world? *Behavioral and Brain Sciences* 33, S. 61–83.

Herschbach, M. (2008). Folk psychological and phenomenological accounts of social perception. *Philosophical Explorations* 11(3), S. 223–235.

Heyes, C. (2010). Where do mirror neurons come from? *Neuroscience and Biobehavioural Reviews* 34, S. 575–583.

Heyes, C. (2014a). Submentalizing: I am not really reading your mind. *Perspectives on Psychological Science* 9(2), S. 131–143.

Heyes, C. (2014b). False belief in infancy: a fresh look. *Developmental Science* 17(5), S. 647–659.

Heyes, C.M., Frith, C. D. (2014). The cultural evolution of mind reading. *Science* 344 (6190), S. 1243091.

Hickok, G. (2015). *Warum wir verstehen, was andere fühlen. Der Mythos der Spiegelneuronen*. München: Hanser.

Hurley, S. (1998). *Consciousness in Action*. Cambridge, Mass.: Harvard University Press.

Hutto, D. D. (2008). *Folk Psychological Narratives: The sociocultural basis of understanding reasons*. MIT Press.

Hutto, D.D., Myin, E. (2013). *Radicalizing enactivism*. Cambridge, Mass.: MIT Press.

Hutto, D.D., Myin, E. (2017). *Evolving enactivism*. Cambridge, Mass.: MIT Press.

Iacoboni, M., Molnar-Szackas, I., Gallese, V., Buccino, G., Mazziotta, J.C., Rizzolatti, G. (2005). Grasping the intentions of others with one's own mirror neuron system. *PLoS Biology* 3, (e79), S. 529–35.

Iacoboni, M. (2008). *Woher wir wissen, was andere denken und fühlen. Die neue Wissenschaft der Spiegelneuronen*. München: Deutsche Verlagsanstalt.

Jacob, P. (2008) What do mirror neurons contribute to human social cognition? *Mind and Language* 23(2), S. 190–223.

Jacob, P. (2011). The direct-perception-model of empathy: a critique. *Review of Philosophy and Psychology* 2(3), S. 519–540.

Jacob, P., Jeannerod, M. (2003). *Ways of seeing. The scope and limits of visual cognition*. Oxford: Oxford University Press.

Jacob, P., Jeannerod, M. (2005). The motor theory of cognition. A critique. *Trends in cognitive sciences* 9(1), S. 21–25.

Johansson, G. (1973).Visual perception of biological motion and a model for its analysis. *Percept. Psychophys.* 14, S. 201–211.

Johnson, M.H., Dziurawiec, S., Ellis, H., & Morton, J. (1991). Newborns' preferential tracking of face-like stimuli and its subsequent decline. *Cognition* 40(1–2), S. 1–19.

Kanner, Leo. (1943). Autistic Disturbances of Affective Contact. Nervous Child: *Journal of Psychopathology, Psychotherapy, Mental Hygiene, and Guidance of the Child* 2, S. 217–250.

Karmiloff-Smith, A. (1998). Development itself is the key to understanding developmental disorders. *Trends in cognitive sciences* 2(10), S. 389–398.

Keysers, C. (2013). *Unser empathisches Gehirn. Warum wir verstehen, was andere fühlen.* München: Bertelsmann.

Kelly, S.D. (2002). Merleau-Ponty on the body: The logic of motor intentionality. *Ratio* XV (N.S.), S. 376–391.

Kinzler, K.D., Spelke, E.S. (2007). Core systems in human cognition. *Progress in Brain Research* 164, S. 257–264.

Knudsen, B., Liszkowski, U. (2012). Eighteen- and 24-month-old infants correct others in anticipation of action mistakes. *Developmental Science* 15, S. 113–22.

Kobayashi, H. & Kohshima, S. (2001). Unique morphology of the human eye and its adaptive meaning: comparative studies on external morphology of the primate eye. *Journal of Human Evolution* 40, S. 419–435.

König, S.U., Schumann, F., Keyser, J., Goeke, C., Krause, C., Wache, S., et al. (2016). Learning New Sensorimotor Contingencies: Effects of Long-Term Use of Sensory Augmentation on the Brain and Conscious Perception. *PLoS ONE* 11(12), e0166647. https://doi.org/10.1371/journal.pone.0166647.

Kovács, A., Teglas, E., Endress, A.D. (2010). The social sense: susceptibility to others' beliefs in human infants and adults. *Science* 330, S. 1830–1834.

Krupenye, C., Kano, F., Hirata, S., Call, J., & Tomasello, M. (2016). Great apes anticipate that other individuals will act according to false beliefs. *Science* 354 (6308), S. 110–114.

Kuhn, T.S. (1967). *Die Struktur wissenschaftlicher Revolutionen.* Frankfurt/M.: Suhrkamp.

Lavelle, S. (2012). Theory-Theory and the direct perception of mental states. *Review of Philosophy and Psychology* 3(2), S. 213–230.

Leekam, S.R., Perner, J. (1991). Does the autistic child have a metarepresentational deficit? *Cognition* 40, S. 203–218.

Lewis, D. (1970). How to define theoretical terms. *The Journal of Philosophy* 67, S. 427–446.

Lewis, D. (1972/1989). Psychophysische und theoretische Gleichsetzungen. In: D. Lewis, *Die Identität von Körper und Geist.* Frankfurt/M.: Klostermann, S. 21–38.

Lewis, D. (1994). Die Reduktion des Geistes. In: D. Lewis, *Materialismus und Bewusstsein.* Frankfurt/M.: Klostermann, S. 11–52.

Lieberman, M. D. (2007). Social Cognitive Neuroscience: A Review of Core Processes. *Annual Review of Psychology* 58, S. 259–289.

Lillard, A. (1998). Cultural variations in theories of mind. *Psychological Bulletin* 123, S. 3–32.

Lipps, T. (2013a). Leitfaden der Psychologie. In: Lipps, *Schriften zur Psychologie und Erkenntnistheorie*. Hrsg. von F. Fabbianelli. Bd. 3, S. 15–278. Würzburg: Ergon.

Lipps, T. (2013b). Das Wissen von fremden Ichen. In: Lipps, *Schriften zur Psychologie und Erkenntnistheorie*. Hrsg. von F. Fabbianelli. Bd. 4, S. 311–332. Würzburg: Ergon.

Low, J., &Watts, J. (2013). Attributing false beliefs about object identity reveals a signature blind spot in humans' efficient mind-reading system. *Psychological Science* 24, S. 305–311.

McGeer, V. (2001). Psycho-practice, psycho-theory and the contrastive case of autism. *Journal of Consciousness Studies* 8, S. 109–32.

McGeer, V. (2007). The regulative dimension of folk psychology. In: D. Hutto, & M. Ratcliffe (Eds.), *Folk Psychology Re-Assessed*. Springer, S. 137–156.

Meltzoff, A.N. (2007). The ›like me‹ framework for recognizing and becoming an intentional agent. *Acta Psychologica* 124(1), S. 26–43.

Meltzoff, A.N. (2011). Social cognition and the origins of imitation, empathy, and theory of mind. In: U. Goswami (Hrsg.), *The Wiley-Blackwell Handbook of Childhood cognitive development*. 2nd Ed. Oxford: Blackwell.

Metzinger, T. (2010). *Der Ego-Tunnel*. Berlin Verlag.

Mill, J.S. (1889). *An examination of Sir William Hamilton's Philosophy*. London.

Milner, A.D., Goodale, M.A. (1995). *The visual brain in action*. Oxford: Oxford University Press.

Münch, D. (Hrsg.) (1992). *Kognitionswissenschaft: Grundlagen, Probleme, Perspektiven*. Frankfurt/M.: Suhrkamp.

Murray, L. & Trevarthen, C. (1985). Emotional regulation of interactions between two-month-old infants and their mothers. In: T. Field, N. Fox (Hrsg.), *Social perception in infancy*. Norwood, NJ: Ablex, S. 177–197.

Newen, A. (2015). Understanding others. The person-model theory. In: T. Metzinger, J. Windt (Hrsg.). *Open-Mind*. www.open-mind.net.

Newen, A., Schlicht, T. (2009) Understanding other minds: a cricitism of Goldman's theory and an outline of the person model theory. *Grazer Philosophische Studien* 79, S. 209–242.
Nichols, S., Stich, S. (2003). *Mindreading*. Oxford University Press.
Onishi, K., Baillargeon, R. (2005). Do 15 month-old infants understand false beliefs? *Science* 308, S. 255–58.
Oosterhof, N., Nikolaas, N., Tipper, S., & Downing, P. (2012). Visuomotor imagery of specific manual actions: a multi-variate pattern analysis fMRI study. *Neuroimage* 63 S. 262–271.
Palmer, C., Seth, A., Hohwy, J. (2015). The felt presence of other minds: Predictive processing, counterfactual predictions, and mentalising in autism. *Consciousness and Cognition* 36, S. 376–389.
Perner, J., Leahy, B. (2015). Mental files in development: dual naming, false belief, identity, and intensionality. *Review of Philosophy and Psychology* 7, S. 491–508.
Pinker, S. (1994). *Der Sprachinstinkt*. München: Kindler.
Poulin-Dubois, D., Yott, J. (2017). Probing the depth of infants' theory of mind: disunity in performance across paradigms. *Developmental Science* doi:10.1111/desc.12600.
Povinelli, D., Penn, D. (2011). Through a floppy tool darkly. In: T. McCormack, C. Hoerl, & S. Butterfill (Eds.), *Tool use and causal cognition*. Oxford University Press, S. 69–88.
Povinelli, D., Vonk, J. (2004). We don't need a microscope to explore the chimpanzee's mind. *Mind and Language* 19, S. 1–28.
Premack, D., Woodruff, G. (1978). Does the chimpanzee have a theory of mind? *The Behavioural and Brain Sciences* 1, S. 515–526.
Putnam, H. (1964). Die Natur mentaler Zustände. In: P. Bieri (Hrsg.), *Analytische Philosophie des Geistes*. 4. Aufl. Weinheim u. Basel: Beltz Verlag.
Pylyshyn, Z. (1984). *Computation and Cognition*. Cambridge, Mass.: MIT Press.
Quadt, L. (2016). *Towards a unifying perspective on social cognition*. Inauguraldissertation an der Johannes-Gutenberg-Universität Mainz. Unveröffentlichtes Manuskript.
Rakoczy, H. (2017). In defense of a developmental dogma: children acquire propisitional attitude folk psychology around age 4. *Synthese* 194, S. 689–707.

Ramachandran, V.S. (2000). Mirror Neurons and imitation learning as the driving force behind the ›great leap forward‹ in human evolution. *Edge.org*

Recanati, F. (2012). *Mental Files.* Oxford: Oxford University Press.

Richardson, M.J., Marsh, K.L., Isenhower, R., Goodman, J., Schmidt, R.C. (2007). Rocking together: Dynamics of intentional and unintentional interpersonal coordination. *Human Movement Science* 26, S. 867–891.

Rizzolatti, G., & Arbib, M. A. (1998). Language within our grasp. *Trends in Neuroscience* 21 (5), S. 188–94.

Rizzolatti, G., Fadiga, L., Fogassi, L. Gallese, V. (1996). Premotor cortex and the recognition of motor actions. *Cognitive Brain Research* 3, S. 131–41.

Rizzolatti, G., Craighero, L. (2004). The mirror-neuron system. *Annual Review of Neuroscience* 27, S. 169–192.

Rizzolatti, G., Fogassi, L., & Gallese, V. (2004). Cortical mechanisms subserving object grasping, action understanding, and imitation. In: M. Gazzaniga (Hrsg.), *The cognitive neurosciences* III. Cambridge, Mass.: MIT Press, S. 427–440.

Rizzolatti, G., Sinigaglia, C. (2008). *Empathie und Spiegelneurone.* Frankfurt/M.: Suhrkamp.

Roessler, J., Perner, J. (2012). Teleology: Belief as perspective. In: *Understanding other minds.* Hrsg. von S. Baron-Cohen, H. Tager-Flusberg, M. Lombardo. 3. Aufl. Oxford: Oxford University Press.

Rubio-Fernández, P., Geurtz, B. (2012). How to Pass the False-Belief Task Before Your Fourth Birthday. *Psychological Science* (November), doi:09 56797612447819.

Sacks, O. (1995). *An anthropologist on Mars.* New York: Vintage Books.

Samuels, R. (2002). Nativism in Cogntive Science. *Mind and Language* 17, S. 233–265.

Saxe, R. (2005). Against simulation: the argument from error. *Trends in Cognitive Sciences* 9, S. 174–179.

Saxe, R. (2006). Uniquely human social cognition. *Current opinion in neurobiology* 16, S. 235–239.

Saxe, R. (2013). The new puzzle of theory of mind development. In: M. Banaji, & S. Gelman (Hrsg.), *Navigating the Social World: What Infants, Children, and Other Species Can Teach Us.* Oxford: Oxford University Press, S. 107–112.

Scaife, M., Bruner J.S. (1975). The capacity for joint visual attention in the infant. *Nature* 253, S. 265–266.
Scheler, M. (1973). *Wesen und Formen der Sympathie*. 6. Aufl. Bern: Francke Verlag.
Schick, B., de Villiers, J., de Villiers, P., & Hoffmeister, R. (2007). Language and theory of mind: a study of deaf children. *Child Development* 78, S. 376–396.
Schilbach, L., Timmermans, B., Reddy, V., Costall, A., Schlicht, T., Bente, G., Vogeley, K. (2013) Towards a Second-Person Neuroscience. *Behavioral and Brain Sciences* 36, S. 393–462.
Schlicht, T. (2007). *Erkenntnistheoretischer Dualismus. Das Problem der Erklärungslücke in Geist-Gehirn-Theorien*. Paderborn: Mentis.
Schlicht, T. (2013) Mittendrin statt nur dabei. Wie funktioniert soziale Kognition? In: *Grenzen der Empathie*. Hrsg. von Thiemo Breyer. Freiburg: Alber.
Schlicht, T. (2018). Critical note. In: A. Newen, L. de Bruin, S. Gallagher (Hrsg.), *The Oxford Handbook of 4E Cognition*. Oxford: Oxford University Press.
Schlicht, T., Smortchkova, J. (Hrsg.) (2018). *Mentale Repräsentation. Grundlagentexte*. Berlin: Suhrkamp.
Schlossberger, M. (2005). *Die Erfahrung des Anderen. Gefühle im menschlichen Miteinander*. Berlin: Akademie Verlag.
Schneider, D., Slaughter, V., & Dux, P. (2017). Current evidence for automatic Theory of Mind processing in adults. *Cognition* 162, S. 27–31.
Scholl, B., Leslie, A.M. (1999). Modularity, development and ›theory of Mind‹. *Mind and Language* 14, S. 131–153.
Schulz, L., Gopnik, A. (2004). Causal learning across domains. *Developmental Psychology* 40(2), S. 162–176.
Scott, R.M., Baillargeon, R. (2009). Which penguin is this? Attributing false beliefs about object identity at 18 months. *Child Development* 80(4), S. 1172–96.
Scott, R.M., Baillargeon, R. (2014). How fresh a look? A reply to Heyes. *Developmental Science* 17(5), S. 660–664.
Searle, J.R. (2009). Kollektive Absichten und Handlungen. In: *Kollektive Intentionalität. Eine Debatte über die Grundlagen des Sozialen*. Hrsg. von H.B. Schmid und D. Schweickard. Berlin: Suhrkamp.

Sellars, W. (1957/1999). *Der Empirismus und die Philosophie des Geistes.* Übers., hrsg. und eingel. von T. Blume. Paderborn: Mentis.

Senju, A., Southgate, V., Frith, U. (2009). Mindblind eyes: an absence of spontaneous theory of mind in Asperger Syndrome. *Science* 325, S. 883–885.

Senju, A., Southgate, V., Snape, C., Leonard, M., & Csibra, G. (2011). Do 18-month-olds really attribute mental states to others? A critical test. *Psychological Science* 22, S. 878–880.

Seth, A. K. (2014). A predictive processing theory of sensorimotor contingencies: Explaining the puzzle of perceptual presence and its absence in synaesthesia. *Cognitive Neuroscience* 5(2), S. 97–118.

Shapiro, L. (Ed.). (2014). *The Routledge Handbook of Embodied Cognition.* Routledge.

Shimizu, Y.A., Johnson, S. (2004). Infant's attribution of a goal to a morphologically unfamiliar agent. *Developmental Science* 7(4), S. 425–430.

Siegal, M., Peterson, C.C. (1998). Preschoolers understanding of lies and innocent and negligent mistakes. *Developmental Psychology* 34(2), S. 332–341.

Siegel, S. (2014). Affordances and the contents of perception. In: B. Brogaard (Hrsg.), *Does perception have content?* New York: Oxford University Press.

Singer, T., Seymour, B., O'Doherty, J., Kaube, H., Dolan, R., Frith, C.D. (2004). Empathy for pain involves the affective but not sensory components of pain. *Science* 303, S. 1157–1162.

Singer, T., de Vignemont, F. (2006). The empathic brain: how, when and why? *Trends in cognitive sciences* 10(10), S. 435–441.

Slors, M. (2012). The Model-Model of the Theory-Theory. *Inquiry* 55(5), S. 521–542.

Southgate, V., Senju, A., & Csibra, G. (2007). Action anticipation through attribution of false belief by 2-year-olds. *Psychological Science* 18, S. 587–92 .

Southgate, V., Chevallier, C., Csibra, G. (2010). Seventeen-month-olds appeal to false beliefs to interpret others' referential communication. *Developmental Science* 16, S. 907–912.

Southgate, V. (2013). Early manifestations of mindreading. In: *Understanding other minds.* Hrsg. von S. Baron-Cohen, H. Tager-Flusberg, M. Lombardo. 3. Aufl. Oxford: Oxford University Press.

Spaulding, S. (2010). Embodied Cognition and Mindreading. *Mind & Language* 25(1), S. 119–140.
Spaulding, S. (2013). Mirror Neurons and Social Cognition. *Mind & Language* 28(2), S. 233–257.
Spaulding, S. (2015). On direct social perception. *Consciousness and Cognition* 36, S. 472–482.
Spelke, E.S. (2000). Core knowledge. *American Psychologist* 55, S. 1233–1243.
Spelke, E.S. (2003). What makes us smart? Core knowledge and natural language. In: D. Gentner, S. Goldin-Meadow (Hrsg.), *Language in Mind: Advances in the investigation of language and thought.* Cambridge, Mass.: MIT Press.
Spelke, E.S., Kinzler, K.D. (2007). Core knowledge. *Developmental Science* 10, S. 89–96.
Spelke, E.S., Kinzler, K.D. (2009). Innateness, learning, and rationality. *Child Development Perspectives* 3, S. 96–98.
Stein, E. (1917). *Zum Problem der Einfühlung*. München.
Stich, S., Ravenscroft, I. (1994). What is folk psychology? In: S. Stich, *Deconstructing the mind.* Oxford: Oxford University Press, S. 115-135.
Stüber, K. (2006). *Rediscovering Empathy*. Cambridge, Mass.: MIT Press.
Sun, Y.-B., Wang, Y.-Z., Wang, J.-Y. (2015). Emotional mimicry signals pain empathy as evidenced by facial electromyography. *Nature Scientific Reports* 5, S. 16988 doi: 10.1038/srep16988.
Surian, L., Geraci, A. (2012). Where will the triangle look for it? Attributing false beliefs to a geometric shape at 17 months. *British Journal of Developmental Psychology* 30(1), S. 30–44.
Tager-Flusberg, H. (2007). Evaluating the theory-of-mind hypothesis of autism. *Current Directions in Psychological Science* 16, S. 311–315.
Tager-Flusberg, H., & Sullivan, K. (2000). A componential view of theory of mind: evidence from Williams syndrome. *Cognition* 76, S. 59–90.
Thompson, E. (2007). *Mind in Life*. Cambridge, Mass.: Belknap Press.
Thompson, E. (2011). Lebewesen als Naturzwecke und autopoietische Systeme. In: T. Schlicht (Hrsg.), *Zweck und Natur*. München: Fink, S. 167–193.
Titchener, E. (1909). *Lectures on the experimental psychology of thought processes*. New York: MacMillan.

Tollefsen, D., Dale, R. (2012). Naturalizing joint action: A process-based approach. *Philosophical Psychology* 25:3, S. 385–407.

Tomasello, M. (2001). *Die kulturelle Entwicklung des menschlichen Denkens*. Frankfurt/M.: Suhrkamp.

Tomasello, M. (2010). *Warum wir kooperieren*. Berlin: Suhrkamp.

Trevarthen, C. (1979). Communication and cooperation in early infancy: A description of primary intersubjectivity. In: *Before Speech. The beginning of interpersonal communication*. Hrsg. von M. Bullowa. Cambridge: Cambridge University Press, S. 321–347.

Trevarthen, C., Reddy, V. (2007). Consciousness in infants. In: *The Blackwell Companion to Consciousness*. Hrsg. von M. Velmans und S. Schneider. Oxford: Blackwell, S. 41–57.

Tronick, E., Als, H., Adamson, S., Brazelton, B. (1978). The infant's response to entrapment between contradictory messages in face-to-face interaction. *Journal of the American Academy of Child Psychiatry* 17, S. 1–13.

Umiltà, M.A., Kohler, E., Gallese, V., Fogassi, L., Fadiga, L., Keysers, C., Rizzolatti, G. (2001). »I know what you are doing«: a neurophysiological study. *Neuron* 32, S. 91–101.

Vierkant, T. (2012). Self-knowledge and knowing other minds: the implicit/explicit distinction as a tool in understanding theory of mind. *British Journal of Developmental Psychology* 30, S. 141–55.

Walter, S. (2014). *Kognition*. Stuttgart: Reclam.

Warrington, E., Shallice, T. (1984). Category-specific semantic impairments. *Brain* 107, S. 829–854.

Watson, J.B. (1913). Psychology as the behaviorist views it. *Psychological Review* 20, S. 158–177.

Wellman, H., Fang, F., Liu, D., Zhu, L., & Liu, G. (2006). Scaling of theory-of-mind understanding in Chinese children. *Psychological Science* 17, S. 1075–1081.

Wicker, B., Keysers, C., Plailly, J., Royet, J.-P., Gallese, V. & Rizzolatti, G. (2003). Both of us disgusted in my insula: The common neural basis of seeing and feeling disgust. *Neuron* 40, S. 655–64.

Wimmer, H., & Perner, J. (1983). Beliefs about beliefs: representation and constraining function of wrong beliefs in young children's understanding of deception. *Cognition* 13, S. 103–28.

Zahavi, D. (2014). *Self and Other. Exploring Subjectivity, Empathy and Shame*. Oxford: Oxford University Press.
Zawidski, T. (2013). *Mindshaping*. MIT Press.

Namenregister

Tobias Schlicht ist Lichtenberg-Professor für Philosophie des Bewusstseins und der Kognition am Institut für Philosophie II der Ruhr-Universität Bochum. Er studierte Philosophie, Germanistik und Mittlere und Neuere Geschichte an der Universität zu Köln und promovierte dort 2007 mit einer Arbeit, die unter dem Titel *Erkenntnistheoretischer Dualismus. Das Problem der Erklärungslücke in Geist-Gehirn-Theorien* beim Mentis Verlag (Paderborn) erschien. Seine Arbeitsschwerpunkte liegen in der Philosophie des Geistes und den Kognitionswissenschaften, insbesondere Bewusstsein und Subjektivität, soziale und situierte Kognition. Zu seinen Veröffentlichungen zählen außerdem u.a. die Textsammlungen *Mentale Repräsentationen. Grundlagentexte*, hrsg. zusammen mit Joulia Smortchkova (Berlin: Suhrkamp 2018) und *Zweck und Natur. Historische und systematische Perspektiven zur Teleologie* (München: Fink 2011).